学术近知丛书·历史文化系列

《古孤竹国文化探源》

2014年教育部人文社科规划基金项目

"地域文化视角下的孤竹国历史文化及其当代价值研究"（14YJA850009）成果

古孤竹国文化探源

The Cultural Origins of the Ancient Guzhu Kingdom

秦学武　等　著

人民出版社

序

郭宝亮

学武的《古孤竹国文化探源》就要出版了,他嘱我写个序言。说实话,我是个外行,按说是没有资格写这个序的,但作为他的师友和读者,谈谈对学武及其本书的粗浅印象,倒也无伤大雅。

我和学武相识是在 1986 年。那一年我留校任教兼做 86 级辅导员,秦学武是这个年级的一员。那时的学武,个头儿高挑,浓眉大眼,英俊中透着几分刚气,颇有些北方游牧民族血统的迹象。四年的学习,学武是有心人,待他以优异成绩毕业回到家乡秦皇岛,便在一家高校工作,之后他成长为文法学院的院长。繁忙的行政工作,没有耽误他在专业上的进取,他到北京师范大学访学,而后又考回母校继续攻读博士学位。他经常往返于石家庄与秦皇岛之间,努力做到"革命与生产两不误",他以坚强的毅力,克服了难于想象的各种困难,圆满完成学业。如今,历经生命顿挫、终又顽强站立起来的学武带领他的团队完成了学术专著《古孤竹国文化探源》的写作,他的这种不屈不挠的追求进取精神怎能不令我万分感佩和无比自豪呢?

伯夷叔齐的故事我们已经耳熟能详了,但以夷齐精神为代表的古孤竹国历史文化,我们却知之甚少,《古孤竹国文化探源》一书为我们解开了其中的不少谜底。可以说,这部著作是学武及其团队多年潜心研究的成果,是一部颇有品相的学术专著。首先,该书的总体思路是以孤竹文献整理为基础,理清孤竹国的历史文脉,构建孤竹文化的文献体系;基于中华文明多来源的视角,系统研究西辽河文明视域下孤竹国的历史文化和精神文化,阐明中国传统文化视域下孤竹文化的源流价值与当代价值。全书共分五章:从孤竹国的历史谱系,孤竹国的地理谱系,孤竹国的精神谱系,孤竹国的文化谱系,孤竹国的当代价值展开论述,内容十分丰富。如此全面系统地考证探源孤竹国的历史文化,并对其文化的历史价值和当代价值进行系统研究,据我所知尚属首次。从这一意义上说,本书具有重要的开拓意义。

其次,该书是在翔实的史料基础上进行论述的。这也是该书的最具难度的地方。孤竹国地处冀东、辽西地区,是商代北方重要侯国,存续约940年,距今约3600年。与齐鲁文化、三晋文化、吴越文化等地域文化相比,孤竹文化缺少系统、显豁的文献遗存,整理各类孤竹文献和相关研究成果,理清孤竹国的历史文化脉络,为孤竹文化研究提供权威、系统的文献资料,就成为孤竹国文化探源的首要任务。孤竹史料散见于《山海经》《水经注》《论语》《史记》等中国典籍,《三国遗事》《东史纲目》等高丽王朝典籍,以及《锦州府志》《永平府志》《滦州志》等方志中,全面收集中、韩、朝等有关孤竹文化的传世文献、甲金文字、碑帖材料和"非遗"材料,以及当代各种考古研究成果,需要投入巨大的精力。可以想见,学武及其团队是克服了很多困难,收集了大量的各种史料,才使得呈现在我们面前的这部著作有了扎实、厚重的学术品相。

最后,本书首次从地域文化、中国传统文化和西辽河文明的视角,对以夷齐精神为代表的古孤竹国进行了谱系溯源和文化阐释。对于中华文明的起源,究竟是华夏一线,还是众氏多元?一直是个争论不休的问题。学武倾向于学界中华文明"多元一体"的观点,将黄河文明、长江文明、西辽河文明并举。本研究站位西辽河文明,探究商周时期古史文化的源头,打开冀东、辽西地区地域文化研究的新视域,从而拓展商周侯国文化的研究范围,丰富商周时期西辽河流域的侯国文化景观。同时,又从中国传统文化溯源的视角,认为以"德、礼、廉、仁、义"为核心的孤竹文化,与儒家仁政思想一脉相承,对道家隐逸思想也深有影响。先秦诸子基于各家学说对夷齐故事进行了阐释,使得夷齐的文化蕴涵更加丰富;而孔子对夷齐的推崇,又极大地提高了夷齐的地位。阐释孤竹文化的精神内涵,有利于揭示其在中国传统儒道文化形成中的源流关系和重要地位。

当然,探讨古孤竹国的文化传统,目的还是要将这一宝贵的文化遗产加以继承和发扬光大。因此,本书专辟一章,阐述孤竹文化的当代价值。孤竹国文化精神的核心是"德、礼、廉、仁、义",与儒家仁政思想一脉相承,故而,在建设中国特色社会主义、实现民族复兴中国梦的伟大实践中,具有重要的文史价值、文学价值、教育价值和廉政价值,对于区域经济社会发展也具有重要的推动作用。这种自觉打通古今,将厚重古老的文化精神与当今区域文化建设联系起来的想法是具有重要的理论意义和实践意义的。

总而言之,《古孤竹国文化探源》一书,图文并茂,内容丰实,它使得伯夷叔齐的传说落到了实处,是一部集专业性、学术性与可读性为一体的专著。我们期待着学武在学术的道路上,日益精进,不断取得新的成就。

是为序。

2020 年 8 月 26 日

目　录

第一章 孤竹国的历史谱系:部族源流与侯国兴废

孤竹国是商周时期的北方侯国,分布在今冀东、辽西一带。冀东和辽西地跨燕山南北,自古以来就是连接东北与华北乃至中原的必经之地,也是诸多民族(部族)起源和迁徙、融合之地。先商、孤竹、令支、屠何、山戎、东胡、肃慎等原生民族在这里发祥,貊族、匈奴、乌桓、鲜卑、靺鞨、女真、蒙古族、满族和汉族等民族曾在这里流转。从战国时期山戎侵扰燕、齐引发齐桓公北伐,到北魏时期鲜卑族跨越长城南迁;从辽金时期契丹、女真族入关后的汉化,到清军入关后的汉满融合。历史上的数次民族大迁徙加速了这一地区汉族与山戎、鲜卑、女真、满族等少数民族的融合,而明代之后的移民垦荒和军屯也增强了汉族文化在这个地区的影响力。[1]

孤竹国的史料散见于《逸周书》《竹书纪年》《国语》《管子》《山海经》《水经注》《论语》《孟子》《韩非子》《古文尚书》《尚书大传》《史记》《汉书》《后汉书》《三国志》等传世典籍,以及《锦州府志》《永平府志》《卢龙县志》《滦州志》等方志。国内已发现商代孤竹国遗存实物百余件,其中殷墟带"竹"字甲骨40余件。

一、孤竹释名

孤竹,亦作"觚竹",最早见于殷墟甲骨文和商周金文。甲骨文多单字"竹",叶玉森(1934)、郭沫若(1965)、李孝定(1982)等释为"竹之象形",商承祚(1923)、孙海波(1934)、朱芳圃(1934)、徐中舒(1987)等释为"丹"。曹定

---

① 赵朕:《冀东文化圈的历史特质》,《社会科学论坛》2010 年第 16 期。

云的《殷代的"竹"和"孤竹"》阐释详备,从殷墟卜辞、"妇好"墓石和《说文解字》中用字的形体演变入手,揭示了两者的差异:"竹"为植物之竹、"毌"为动物之毛,"竹"说始为公认。同时,他认为:甲骨卜辞中"竹"为氏族名,而非私名,商周金文中"孤竹"为诸侯国名,殷代铜器铭文"鈇竹"即为后世文献中的"孤竹"(或觚竹),先有竹氏,后有孤竹国。唐兰(1973)①、李学勤(1983)②从辽宁喀左北洞出土的铜罍铭文(图1-1、图1-2、图1-3、图1-4)③中考释出"孤竹",并且把铜器中的古国名与其地望高度对应,极大推动了孤竹国的历史文化研究。

(一)"孤竹"的指称对象

传世文献中的"孤竹"含义丰富,在不同文本语境或不同时代指称的对象有多种:

一是地名,即传说中的蛮荒之地。《尔雅·释地》:"觚竹、北户、西王母、日下,谓之四荒。"郭璞注:"觚竹在北,北户在南,西王母在西,日下在东,皆四方昏荒之国,次四极者。"邢昺疏:"觚竹者,《汉书·地理志》:辽西令支有孤竹城是乎。"南朝宋裴骃《史记集解》:"《尔雅》:觚竹、北户、西王母、日下谓之四荒也。"④

二是古代一种管乐器,因用孤竹制成,故名;或为古曲名。《周礼·春官·大司乐》载:"凡乐,圜钟为宫,黄钟为角,大蔟为徵,姑洗为羽,雷鼓、雷鼗,孤竹之管,云和之琴瑟,云门之舞,冬日至,于地上圜丘奏之。"⑤郑玄注:"云和,空桑,龙门,皆山名。"《晋书·乐志》载:"虽复《象舞》歌工,自胡归晋,至于孤竹之管,云和之瑟,空桑之琴,泗滨之磬,其能备者,百不一焉。"⑥北周庾信《为晋阳公进玉律秤尺斗升表》载:"奏黄钟而歌大吕,变孤竹而舞《云门》。"

三是商周时期的诸侯国名。甲骨卜辞中有"竹"氏活动的记录。在今河北卢龙、迁安一带和辽宁喀左等地出土的商代青铜器,有的器身铸有"孤竹"

---

① 唐兰:《从河南郑州出土的商代前期青铜器谈起》,《文物》1973年第7期。

② 李学勤:《试论孤竹》,《社会科学战线》1983年第2期。

③ 图1-1、图1-2、图1-3、图1-4中有关孤竹的铭文,分别源自中国社科院考古所《殷周金文集成》的图09810、图09793、图02033、图07293。

④ 司马迁:《史记》,中华书局1959年版,第431页。

⑤ 郑玄注,贾公彦疏:《周礼注疏》,北京大学出版社1999年版,第809页。

⑥ 房玄龄:《晋书》,中华书局1974年版,第677页。

图 1-1

图 1-2

图 1-3

图 1-4

铭文。中国社会科学院考古研究所编《殷周金文集成》所见青铜器物有"孤竹"字样 12 处。《晋书·帝纪第一》："遂进师,经孤竹,越碣石,次于辽水。"①这些是古孤竹国存在之痕迹。(南朝宋)裴骃《史记集解》曰:"《地理志》曰:'令支县有孤竹城,疑离枝即令支也,令离声相近。'应劭曰:'令音铃。'铃离声亦相近。《管子》亦作离字。"(唐)司马贞《史纪索隐》:"离枝音零支,又音令祇,又如字。离枝,孤竹,皆古国名。"②孤竹亡国后,孤竹一词或指孤竹城,或指孤竹县,或借指伯夷、叔齐。(晋)葛洪《抱朴子·博喻》曰:"孤竹不以绝粒易鹿台之富,子廉不以困匮贸铜山之丰。"

四是部族之名。(晋)孔晁注《逸周书》曰:"孤竹、不令支,皆东北夷。"(汉)司马迁《史记》、(唐)司马贞《史记索隐》等传世典籍,以及范文澜、唐兰、李学勤、刘子敏等当代学者对此多有论述。曹定云(1988)③认为:甲骨卜辞中的"竹"是商代氏族名称。武丁晚期和祖庚(甚至祖甲)时期的卜人"竹"曾被封侯晋爵。"赿竹"是"竹"之后人。"竹"和"赿竹"是前后互相承袭的发展阶段,祖丁以前称"竹";廪辛(可能包括祖甲后期)以后称"赿竹"。"赿竹"是"竹"权力和地位直接继承者。"赿竹"即为后世典籍中的"孤竹"。因此,孤竹又称"竹国"。近年来出土了太保罍、盉等西周早期青铜,林沄(1998)④认为铭文中"使羌、狸、且于御髟"中的"髟"与殷墟卜辞中的"髟"即为文献中的孤竹国。

(二)孤竹国名释义

学界对孤竹国名的阐释有以下几种:

一是"孤竹"通"觚竹"。"觚"是青铜制的酒器,"竹"是用以记事的竹简,二者反映了这个诸侯国的贵族生活和文化发展水平。张博泉(1994)⑤认为:"从'孤竹'二字的文义者。结合以上理由,孤亦不应作'无父''孤儿'等的'孤'字解。孤与觚通。觚有礼器、法度、简策之义,孤又作'特'字讲;竹指金

---

① 房玄龄:《晋书》,中华书局 1974 年版,第 10 页。

② 司马迁:《史记》,中华书局 1959 年版,第 1491 页。

③ 曹定云:《殷代的"竹"和"孤竹"——从殷墟"妇好"基石磬铭文论及辽宁喀左北洞铜器》,《华夏考古》1988 年第 3 期。

④ 林沄:《释史墙盘铭中的"逑虘髟"》,《林沄学术文集》,中国大百科全书出版社 1998 年版,第 174—183 页。

⑤ 张博泉:《箕子与朝鲜论集》,吉林文史出版社 1994 年版,第 20 页。

石丝竹之器,亦有简策之义。综合言之,孤竹这个国名是取之国家的主要特征的礼乐而命名的,用以标识是礼乐之邦。以特生之竹为乐器,称之曰'孤竹',并以'孤竹'名国。"

二是"觚"和"竹"同为书写用物。颜师古注《急就篇》:"觚者,学书之牍,或以记事,削木为之。"

三是"孤竹"即孤生之竹或特生之竹。《汉语大词典》中"孤竹"是一种竹子的名称。《周礼·春官·大司乐》:"孤竹之管。"郑玄注:"孤竹,竹特生者。"贾公彦疏:"孤竹,竹特生者,谓若峄阳孤桐。"(南朝梁)萧统《文选·东京赋》:"孤竹之管。"注曰:"孤竹,国名,出竹。"(宋)罗泌《路史·国名纪》注:"本以孤生之竹,可管而名。"① 但从汉语构词角度看,"孤竹"这种偏正关系的释义尚难在经典文献中得到普遍证实,双音节造词作为汉语构词的主要手段是从魏晋南北朝开始的。

四是"孤竹"是一根竹子,像一个坚挺的阳具,代表氏族图腾。龚维英在《原始崇拜纲要》中说:"从男根崇拜的角度看,竹之挺拔,正男根之象也。"② 孤竹更像翘然崛起的阳具。王士立(2010)③ 认为这种解释的理据更为充分。

五是孤竹之孤,为东夷族系中介族之"介"的转出和借用;孤竹之竹,为东夷族系中邾娄族之"邾"的转出和借用。前人考证说:"今之即墨胶州,为古介族繁衍之地,孤竹与介同族,孤竹姓墨胎氏,介葛亦然,故即墨于以得名。滕东有木台,亦即墨胎,可知墨、胎一姓。彼时多在山左,以证孤竹,亦必在北部滨海一带。至卢龙之孤竹,或为后徙,即族迁名随之例。"④ 李德山(1996、2016)认为,孤竹是由"介邾"转写而来,其族是介、邾两族的合成,并指出"我国古代的东夷族系,素有两族合聚后,族名被合称之例"。因为孤竹与介族均为墨胎氏,且是"同族"关系,那么其族名的由来与介族、邾娄族有关。⑤ 这种观点或为一说。

① 罗泌:《路史》,中华书局影印本(《四部备要》)1936年版,第321页。
② 龚维英:《原始崇拜纲要:中华图腾文化与生殖文化》,中国民间文艺出版社1989年版。
③ 王士立:《古域唐山与儒学流布》,《唐山师范学院学报》2010年第11期。
④ 王献唐:《炎黄氏族文化考》,齐鲁书社1985年版,第344页。
⑤ 李德山:《东北古民族与东夷渊源关系考论》,东北师范大学出版社1996年版,第82页;李德山:《论孤竹国及对汉文化的继承与传播》,《渤海大学学报(哲学社会科学版)》2016年第2期。

二、孤竹族的源起

（一）孤竹的族源

在中国传统民族观中,华夏与夷狄是对出的一组概念。黄河中游地区,古称华夏。"黄河下游,以泰山为中心,东濒大海,西抵今天河南东部和安徽北部的广大地区,古为青、兖和徐州的一部分。夏商时期的中原人把这里视为东方,呼其民为'夷'或'东夷'。"①傅斯年(1935)②认为,居于西方以炎、黄二族为主的诸夏民族为一方,居于东方与诸夏民族长期对峙竞争的是东夷集团。春秋时期,中国的少数民族统称为南蛮、北狄、东夷、西戎。《礼记·王制》载:"东方曰夷。"可见,居于"中国"的华夏族与居于四野的少数民族,是根据地域的大致范围来确定的。

夷族是先秦时期在我国东部沿海地区及环渤海湾而居的一个族群,(南朝宋)范晔《后汉书·东夷列传》载:"(夏商之时)夷有九种,曰畎夷、于夷、方夷、黄夷、白夷、赤夷、玄夷、风夷、阳夷。"《竹书纪年》也提到在商代有以上诸夷的名称。到周代,《尚书》《诗经》等典籍记载,夷有徐夷、淮夷、嵎夷、莱夷、东夷等。(晋)孔晁为《逸周书·王会》作注:"孤竹,东北夷。"可见,孤竹是东夷族的诸多部落之一,此外还有肃慎、高夷、令支、屠何、俞人、周头、青丘等。

关于孤竹的族源,学界普遍认为孤竹与殷商的始祖契同为东北夷。章炳麟(1925)《伯夷叔齐种族考》认为:孤竹乃"古之东夷,齐桓公灭令支、孤竹时为山戎,而后为鲜卑(锡伯,为之转语)。"③徐中舒(1927)《从古书中推测之殷周民族》④认为商为戎夷之族。翦伯赞(1944)《先秦史》认为:"在新石器时代商族业已广泛地分布于渤海沿岸,换言之,环渤海而居者,皆为商族。其北徙者'巢山处海',世称东夷;其南徙者'渐居中土',世谓殷商。其实东夷与殷

① 赵辉:《中华文明的曙光》,载《中华文明探源工程文集·社会与精神文化卷》,科学出版社 2009 年版。
② 傅斯年:《夷夏东西说》,载《庆祝蔡元培先生六十五周岁论文集》,中央研究院历史语言研究所 1935 年版。
③ 章炳麟:《伯夷叔齐种族考》,《华国月刊》1925 年第 9 期。
④ 徐中舒:《从古书中推测之殷周民族》,《国学论丛》1927 年第 1 期。

商,实为同一种族的分支。"①20世纪40年代以来,考古工作者在辽西、冀东等孤竹故地出土了铸有"孤竹"等相关铭文的青铜器物,证实了此地区在商代属于孤竹国。

孤竹族是华夏民族还是游牧民族? 学界看法不一。苗威(2008)②认为,"孤竹是华夏族的一支,应是定居的农业民族而不是逐水草而居的游牧民族"。刘子敏(1994)③认为,孤竹是以农业为主的定居民族,即使到了周代,孤竹族众(或称部民④)"以农业为主要社会经济活动的定居状态并没有改变"。考古文化学证明,孤竹部民拥有比较发达的农业和较长时间的定居生活,社会经济以农业为主,而不是游牧民族。李学勤(1983)⑤认为,"孤竹虽有国君,其人民的社会状况仍以游牧为主","孤竹城只是其国君所居,或一部分华夏化的民族定居的地点"。唐兰(1973)⑥认为,孤竹属"四荒国家","还在游牧的情况下"。孟古托力、崔向东等进一步认为,孤竹族为东夷(或东北夷)的一支。孟古托力(2003)⑦指出:孤竹是一支华夏化的东北夷,"孤竹国上层的华夏化甚深,广大民众的华夏化与其有一定距离"。孤竹族是游牧民族还是华夏民族之争,反映了民族问题研究中的华夏观与夷狄观的对峙。

综合而言,商周时期的孤竹国族众不仅与商王室同姓,而且是商政权北部拥有相当力量的诸侯国。20世纪七八十年代,在辽西喀左等地考古发现了大量殷商青铜器,就鼎、簋、罍、瓿、尊等青铜容器看,绝大部分器物的形制、纹饰及材质都是中原商器的传统风格。⑧ 这充分说明,彼时的孤竹族部民已经深受华夏中原文化影响了。从其名号的文化内涵、语言文字及某些习俗,伯夷、叔齐的事迹,还有考古发现等方面判断,这支东北夷在商代大体完成了华夏化

① 翦伯赞:《先秦史》,北京大学出版社1990年版,第144页。
② 苗威:《关于孤竹的探讨》,《中央民族大学学报(哲学社会科学版)》2008年第3期。
③ 刘子敏:《孤竹不是游牧民族》,《延边大学学报(社会科学版)》1994年第1期。
④ 雷海宗:《世界史分期与上古中古史中的一些问题:历史教学》1957年第7期,称之为"部民";沈长云:《中国早期国家阶段的社会形态问题——兼介绍一种关于三代社会性质的提法》,《河南大学学报(社会科学版)》2003年第4期,亦主张这种提法。
⑤ 李学勤:《试论孤竹》,《社会科学战线》1983年第2期。
⑥ 唐兰:《从河南郑州出土的商代前期青铜器谈起》,《文物》1973年第7期。
⑦ 孟古托力:《孤竹国释论——一支华夏化的东北夷》,《学习与探索》2003年第3期。
⑧ 魏凡:《就出土青铜器探索辽宁商文化问题》,《辽宁大学学报(哲学社会科学版)》1983年第5期。

进程,成为东北地区及燕山南麓世居类型的汉族之先世。

(二)孤竹的族氏

沈长云《华夏民族的起源与形成过程》对"早期国家"有着深入论述:"在我国,国家的形成经历了由早期的部族国家(由氏族和部落组成的国家)到完全以地域组织为基础的国家这样两个发展阶段。在早期国家里面,由于生产力水平等条件的限制,地域组织并没有建立,人们仍然生活在血缘组织之中。他们的财产单位或生产劳动的基本单位是家—长制大家族。在这之上是宗族,这种宗族或者比宗族更大的血缘组织在文献中称作'邦'。整个天下有许多这样的'邦',合称为'万邦'。每个邦又都有自己的名称,叫'某某氏';若干个具有姻亲关系的'氏'组织成一个核心,再加上一些外围氏族,即成为早期国家。"①从这个意义上说,"某某氏"就是早期国家"邦"的族氏。

孤竹的族氏,在传世文献和出土文献中有不同的记载。《尔雅·释地》云:"觚竹、北户、西王母、日下,谓之四荒。"(晋)郭璞注:"觚竹在北。"因此,古人之孤竹是指生活在辽阔北方的原始部族。(宋)罗泌《路史》卷十三《后纪四·禅通纪》则曰:"禹有天下,封怡以绍列山,是为默台。成汤之初,析之离支,是为孤竹。"孤竹在殷商之前的禹夏时期应是名为"默台"的原始部族。

《史记·伯夷列传》曰:"伯夷、叔齐,孤竹君之二子也。"《索隐》按:"其传盖《韩诗外传》及《吕氏春秋》也。其传云孤竹君,是殷汤三月丙寅日所封。相传至夷、齐之父,名初,字子朝。伯夷名允,字公信。叔齐名致,字公达。解者云夷,齐,谥也;伯,仲,又其长少之字。"《史记正义》曰:"本前注'丙寅'作'殷汤正月三日丙寅'。"②(东汉)班固《汉书·地理志》载:"辽西郡令支县孤竹城注。"引应劭语:"伯夷之国也,其君姓墨台氏。"③《史记·殷本纪》载:"帝舜乃命契,……封于商,赐姓子氏。"商始祖契因辅佐大禹治水有功而赐为子姓。《史记·殷本纪》又载:"契为子姓,其后分封,以国为姓,有殷氏、来氏、宋氏、空桐氏、稚氏、北殷氏、目夷氏。"④可见,孤竹(目夷氏)与商同为子姓。"商汤三月丙寅封孤竹",说明其在商初年已被封为子姓方国。钱穆谓:"殷后分封,

---

① 沈长云:《华夏民族的起源与形成过程》,《中国社会科学》1993 年第 1 期。
② 司马迁:《史记》,中华书局 1959 年版,第 2121 页。
③ 班固:《汉书》,中华书局 1962 年版,第 1625 页。
④ 司马迁:《史记》,中华书局 1959 年版,第 109 页。

有目夷氏,或即墨胎氏。"[1]李学勤(1983)[2]认为,目夷氏,即墨胎氏,为孤竹国姓,是商朝的同姓国。

《史记正义》引《括地志》云:"孤竹故城在平州卢龙县南十二里,殷时诸侯孤竹国也,姓墨胎氏。"[3](宋)邓名世《古今姓氏书辩正·卷四十》载:"墨台,亦作默夷,孤竹君之后也。汉有墨台绾。"[4]《春秋少阳篇》载:"伯夷姓墨名允,字公信。伯,长也。夷,谥也。叔齐名智,字公达,伯夷之弟,齐亦谥也。"历代延承了这种观点,如(明)蒋一葵《尧山堂外纪》、(宋)王楙《野客丛书》、(宋)庄绰《鸡肋编》等。传抄过程中,偶尔有把伯夷名"允"写作"元"的现象。亦可知"墨"是复姓"墨胎"的省用形式。

甲骨文中多为单字"竹",而无"孤竹"。商王武丁时期,甲文出现"竹侯"之称。可见,先有孤竹氏,后有孤竹国。青铜器物有"目夷"的合文𤔲。[5] 曹定云《殷代的"竹"和"孤竹"》将其释为"𣄦竹"。合文是古代比较常见的现象。"目"的甲骨文为𦣞,"夷"的甲骨文是𠄢。孤竹族徽把"夷"拆分为上下两半,再把"目"置于其中。族徽外边的形体是"亚"字,金文中与孤竹相关的铭文中有"亚微、亚宪",李学勤的《试论孤竹》认为它是孤竹国的族氏。《邺中片羽》所收器物有铭文"亚宪,竹,宁"及"亚宪,宁,孤竹,丁父"。金耀对亚微罍铭文进一步推考,得孤竹最后三代国君之名,并将三人与甲骨文献中的名号、商朝官名系联起来,得出带有"亚"字表示侯国在商朝为官的族氏。

可见,"墨台氏"即为孤竹国整个部族的族氏。孤竹国君,姓"墨胎氏",也写作"墨台氏""墨夷氏""默夷氏"或"目夷氏",这些都是用来记音的,"目"与"墨"在古代同纽,"夷"与"台"在古代同韵。这是学界的基本共识。

三、孤竹国的存续及其朝国关系

孤竹国的存续在古代典籍中没有编年史式的记载,但据不同历史时期的

---

① 钱穆:《史记地名考》,商务印书馆 2001 年版,第 25 页。

② 李学勤:《试论孤竹》,《社会科学战线》1983 年第 2 期。

③ 司马迁:《史记》,中华书局 1959 年版,第 116 页。

④ 邓名世撰,王力平点校:《古今姓氏书辩正》,江西人民出版社 2006 年版,第 629 页。

⑤ 罗振玉:《三代吉金文存》,中华书局 1983 年版,第 11 页。

重要事件,学者们推断出的"孤竹国"建立与灭亡的时间还是得到了多数人认可。在其存续的时间内,厘清孤竹国与商朝、周朝的关系,有助于厘清孤竹国的发展脉络,发掘孤竹文化的内涵。

(一)孤竹国的存续

孤竹国在殷商初年已被封为子姓侯国。(汉)司马迁《史记·伯夷列传》载:"其传曰:伯夷、叔齐,孤竹君之二子也。"(唐)司马贞《史记索隐》载:"按其传盖《韩诗外传》及《吕氏春秋》也。其传云:孤竹君,是殷汤三月丙寅日所封。"(唐)张守节《史记正义》载:"殷汤正月三日丙寅。"近代经学家刘师培认为:"《史记·殷本纪》引《汤诰》云:'维三月,王自至于东郊。'即此月也。又《伯夷列传》索隐云:'孤竹君,是殷汤三月丙寅所封',所据当亦古籍。其曰'三月丙寅'者,为三月十八日,亦与'三统历'术符。《正义》本作'殷汤正月三日丙寅',误。"(唐)李泰《括地志》云:"孤竹古城在卢龙县南十二里,殷时诸侯孤竹国也。"殷商建朝约在公元前1600年,可推断孤竹封国的时间也应在公元前1600年。

清康熙二年《永平府志·世纪》载:"汤十有八祀三月,王至东郊,立圣贤古有功者之后,封孤竹等国各有差。"(清)吴乘权《纲鉴易知录》载:"商王成汤十月八祀三月,王至东郊,论诸侯功罪,立禹后与古圣贤有功者之后,封孤竹等国,各有差。"嘉庆十五年《滦州志》载:"商汤十有八祀乙未,王至东郊,立圣贤古有功者之后,封孤竹等国各有差。"《滦州志·纪事》载:"商汤十八祀,乙未,封墨胎氏于孤竹。"

(鲁)左丘明《国语·齐语》载:"遂北伐山戎,制令支、斩孤竹而南归。"《史记·齐太公世家》载:"(齐桓公)二十三年(前663年)山戎伐燕,燕告急于齐。"《左传·庄公三十年》载:"冬,遇于鲁济,谋山戎也。以其病燕故也。"何为"病燕"?《穀梁传》同年云:"燕,周之分子也。贡职不至,山戎为之伐矣。"集解云:"言由山戎为害,伐击燕,使之隔绝于周室。"《史记·齐太公世家》载:春秋齐桓公二十三年(前663年),"遂伐山戎,至于孤竹而还"。因此,《左传》载鲁庄公三十年即齐桓公二十二年(前664年)冬为"谋山戎",故齐桓公以匡扶周室之名北伐山戎救燕当在公元前663年。

王士立(2010)[①]认为,西周时期,孤竹从属于周的同姓诸侯国燕,后来逐

---

① 王士立:《古域唐山与儒学流布》,《唐山师范学院学报》2010年第11期。

渐为山戎所迫,春秋时期则成为山戎的与国。因此,孤竹国兴于殷商,衰于西周,亡于春秋。

结合古代文献与考古材料,学界对孤竹国的存续已有共识:从司马贞《史记索隐》"商汤三月丙寅封孤竹"(约前1600年)起,至《韩非子·说林上》载"管仲、隰朋从桓公伐孤竹,春往冬返"(前663年),齐桓公北伐山戎救燕并"斩孤竹"止,孤竹国距今约3600年,存续约940年。

(二)孤竹与商周的朝国关系

商周时期的朝国关系与今天的国家关系不同,传统的文献常把国与国的联合体表述为王(天子)与各级诸侯的关系。如果用朝国关系(或王侯关系)来解释孤竹国与商朝、周朝的臣属关系,那么这种国与国的联合体,是否是一个中央集权的大国,底下辖有众多小国? 抑或两者就是国与国的关系?

林沄(1981)①认为:诸侯制实质是国与国的联盟关系。侯与王,主要是军事同盟关系。他们之间是盟主国与附从国的等级关系。即便到了周朝,这种国家联合体并不是只有一个以周为核心的联合体。在南方还曾有以楚国为核心的国家联合体,在东方曾有徐国为核心的国家联合体,还有插画式存在,但不加入联合体、独立存在的矢国(在周原附近)和吕国(在河南)。

商周时期,朝国一般是以最大的城邑为都城,并形成直接控制的"王畿",而"王畿"之外分布的则是大大小小"据点式"的诸侯国。这些封国或远或近,成为拱卫朝国的重要安全屏障。孤竹、燕国分别是商朝、周朝的同姓封国,即为当时商、周王朝镇守北方的重要诸侯国。

1. 孤竹国为商朝的同姓诸侯国

从公元前1600年"商汤三月丙寅封孤竹",到公元前1046年商纣灭亡,孤竹国在殷商的存续时间大约是550年。这一时期作为商朝在北方的同姓诸侯国,孤竹国成为拱卫商朝北方安全的重要屏障。

商朝祖先契因辅佐夏禹治水有功,被封于商。《史记·殷本纪》载:"殷契,母曰简狄,有娀氏之女,为帝喾次妃。三人行浴,见玄鸟堕其卵,简狄取吞之,因孕生契。契长而佐禹治水有功。帝舜乃命契曰:'百姓不亲,五品不训,

---

① 林沄:《甲骨文中的商代方国联盟》,《古文字研究》(第六辑),中华书局1981年版,第67—92页。

汝为司徒而敬敷五教,五教在宽。'封于商,赐姓子氏。"①《史记·殷本纪》载:"太史公曰:余以《颂》次契之事,自成汤以来,采于《书》《诗》。契为子姓,其后分封,以国为姓,有殷氏、来氏、宋氏、空桐氏、稚氏、北殷氏、目夷氏。"②《史记·索隐》载:"其传云孤竹君,是殷汤三月丙寅日所封。"③《括地志·平州》载:"孤竹古城在平州卢龙县南十二里,殷时诸侯孤竹国也。姓墨胎氏。"商朝的附属国主要有共国、黎国、阮国、孤竹国、有扈氏国、密须国,这些附属国的特点是聚族而居,多居于边地。在这些附属国中,孤竹国存续的时间相对较长。李学勤(1983)④认为,目夷氏,即墨台氏,为孤竹国姓,是商朝同姓国。金耀(即金岳,1983)⑤认为,孤竹国与商王室之间虽为同姓,但已过五服,两族的通婚关系加强了孤竹国在商朝的地位。

研究者从出土的殷墟"妇好"墓中认定出土的刻有铭文的石磬就是孤竹送给殷王(或妇好)的。甲骨卜辞发现,商王室的王妇中亦有竹族之女,如骨臼刻辞中有"妇示五屯","妇"是嫁在王室为妇的孤竹之女。甲骨文中"母竹"字样,说明"妇竹""妻竹"等曾经生子,在商王室诸子中有了孤竹族的血统。

笔者认为,孤竹部族与商族属同一族群,从契到汤历经八代。如果从商朝同姓国和地域的重要性两个方面来看待孤竹国和商朝的关系则更为合理。孤竹国建于殷商之初,商汤特封墨台氏于孤竹,使之与燕山西南王亥、上甲微"大宗"的商族大幽国等诸方国,共同组成商人在北方的屏障,以此加强商王朝对北方的控制。这种形势使孤竹国在商代前期能够顺利发展,并一直与商王朝享有良好的共存空间。

中国古代有同姓不婚的传统,甲骨文中有关"妇竹""母竹""妻竹""竹妾"的文字记载,是孤竹国女子嫁与殷商王室成为诸妇的称谓。这不仅证实了孤竹国与商王室的通婚关系,也集中反映了两者的通婚已是一种政治行为,且形成了生死与共的特殊关系。姻亲的纽带与地理位置的险要愈加证明:孤

---

① 司马迁:《史记》,中华书局 1959 年版,第 91 页。
② 司马迁:《史记》,中华书局 1959 年版,第 109 页。
③ 司马迁:《史记·卷六十一·伯夷列传第一》,中华书局 1959 年版,第 2123 页。
④ 李学勤:《试论孤竹》,《社会科学战线》1983 年第 2 期。
⑤ 金耀:《亚微罍考释——兼论商代孤竹国》,《社会科学战线》1983 年第 5 期。

竹已成为这一时期与商朝关系紧密且重要的北方同姓诸侯国。此时,孤竹国是独立性较大的政治实体。孤竹君承认商王朝的宗主权,并为商朝承担戍边、纳贡义务。

2. 孤竹国为周朝的异姓诸侯国

《竹书纪年·卷上》载:"二十一年春正月,诸侯朝周,伯夷、叔齐自孤竹归于周。"①周灭商之后,将土地以及民众分封给王族、功臣和贵族,以此来保卫周朝疆土,并且所封的侯国与周朝有着不同的关系。《史记·周本纪》载:"武王追思先圣王,乃褒封神农之后于焦,黄帝之后于祝,帝尧之后于蓟,帝舜之后于陈,大禹之后于杞。于是封功臣谋士,而师尚父为首封。封尚父于营丘,曰齐。封弟周公旦于曲阜,曰鲁。封召公奭于燕。封弟叔鲜于管,弟叔度于蔡。余各以次受封。"②《左传·襄公十五年》载周代的列位等级:"王及公、侯、伯、子、男、甸、采、卫、大夫各居其列。"③《国语·郑语》曰:"妘姓邬、郐、路、逼阳,曹姓邹、莒,皆为采卫,或在王室,或在夷、狄,莫之数也。"④以姓氏划分其诸侯国,包括姓氏不明的,共有21类,247个诸侯国。《史记·周本纪》记载周穆公要征伐犬戎,祭公谋父所提到的五服:"夫先王之制,邦内甸服,邦外侯服,侯卫宾服,夷蛮要服,戎翟荒服。"⑤《尚书·禹贡》之五服为"甸服、侯服、绥服(有的称宾服)、要服、荒服",各五百里之遥。其中甸服是指王畿地区,是王的直辖统治区;侯服、宾服主要是指王所建的诸侯国;要服、荒服主要是指归附于王的少数民族地区。孤竹国根据其地理位置以及历史延续而言,应该是要服、荒服类的少数民族地区,与周朝的关系是纳贡赋的关系。

在周朝的诸侯国之中,与孤竹国有关联的诸侯国有姬姓诸侯国燕国、晋国,姜姓诸侯国齐国,其他姓氏不明的诸侯国令支、肥国。为了厘清这些相互关联的诸侯国之间的关系,用表1-1呈现并加以说明。

①　沈约注:《竹书纪年》,上海涵芬楼藏明天一阁刊本,张元济等辑,上海商务印书馆景印十八年重印本,第17页。
②　司马迁:《史记》,中华书局1959年版,第127页。
③　杨伯峻:《春秋左传注》,中华书局1990年版,第1022页。
④　韦昭注:《国语》,上海古籍出版社1978年版,第511页。
⑤　司马迁:《史记》,中华书局1959年版,第136页。

表 1-1 孤竹及相关诸侯国存续简表

国　名	起止年	灭其者	建国君主	亡国君主
孤竹国	前 1600 年—前 663 年	齐国	不详	不详
令支国	不详—前 600 年	齐国	不详	不详
肥国	不详—前 530 年	晋国	不详	肥子绵皋
燕国	前 11 世纪—前 222 年	秦国	燕召公	燕王喜
齐国	前 11 世纪—前 221 年	秦国	齐太公	齐王建
晋国	前 11 世纪—前 403 年	韩、赵、魏三分	唐叔虞	晋静公

表 1-1 中,各个诸侯国之间的关系在历史典籍的记载中并不显豁,有的甚至同一事件还有诸多说法,但据此可以大致推断其关系。《国语·齐语》载:"遂南征伐楚,济汝,逾方城,望汶山,使贡丝于周而反。荆州诸侯莫敢不来服。遂北伐山戎,刜令支、斩孤竹而南归。海滨诸侯莫敢不来服。"①《史记·齐太公世家》载:"二十三年,山戎伐燕,燕告急于齐。齐桓公救燕,遂伐山戎,至于孤竹而还。"于是齐桓公称曰:"寡人南伐至召陵,望熊山;北伐山戎、离枝、孤竹;西伐大夏,涉流沙;束马悬车登太行,至卑耳山而还。诸侯莫违寡人。寡人兵车之会三,乘车之会六,九合诸侯,一匡天下。昔三代受命,有何以异于此乎?吾欲封泰山,禅梁父。"②《史记·秦本纪》云:"成公元年,梁伯、芮伯来朝。齐桓公伐山戎,次于孤竹。"③《史记·秦始皇本纪》曰:"成公享国四年,居雍之宫。葬阳。齐伐山戎、孤竹。"④《史记·封禅书》:"桓公曰:'寡人北伐山戎,过孤竹;西伐大夏,涉流沙,束马悬车,上卑耳之山;南伐至召陵,登熊耳山以望江汉。兵车之会三,而乘车之会六,九合诸侯,一匡天下,诸侯莫违我。昔三代受命,亦何以异乎?'"⑤《汉书·郊祀志》完全抄录了《史记·封禅书》的文字。同一篇目中的不同段落文字,在记叙这件事时多有出入,尤其是孤竹部分有"至孤竹""次孤竹""伐孤竹""斩孤竹"四种结论,大致这个时期,孤竹国不再以独立的侯国存续,而是纳入了燕国的版图。依据是

① 左丘明著,韦昭注:《国语》,上海古籍出版社 2008 年版,第 79 页。
② 司马迁:《史记》,中华书局 1959 年版,第 1488、1491 页。
③ 司马迁:《史记》,中华书局 1959 年版,第 185 页。
④ 司马迁:《史记》,中华书局 1959 年版,第 286 页。
⑤ 司马迁:《史记》,中华书局 1959 年版,第 1361 页。

公元前530年肥国被晋国所灭,而《辽史·地理志》曰:"卢龙县。本肥如国。春秋晋灭肥,肥子奔燕,受封于此。"《史记正义》引《括地志》云:"孤竹古城在卢龙县南十二里,殷时诸侯孤竹国也。"①说明肥国的公子奔燕,燕君将其分封在孤竹旧地。

(唐)魏徵《隋书·裴矩传》载:"高丽之地,本孤竹国也。周代以之封于箕子。"《竹书纪年》载:"(纣王)二十一年春正月,诸侯朝周。伯夷、叔齐自孤竹归于周。"《史记·伯夷列传》云:"伯夷、叔齐闻西伯昌善养老,盍往归焉。"《史记·周本纪》云:"甸服者祭,侯服者祀,宾服者享,要服者贡,荒服者王。"②

《左传·昭公九年》记詹桓伯忆周初封域之语曰:"我自夏以后稷,魏、骀、芮、岐、毕,吾西土也;及武王克商,蒲姑、商奄,吾东土也;巴、濮、楚、邓,吾南土也;肃慎、燕、亳,吾北土也。"显然,在周初封建之时,燕国已取代商时的孤竹成为其拱卫北方的重要侯国。

根据这些材料可以看出,孤竹国是商、周时期的荒服者,主要是奉戴商、周为王。周朝对孤竹国采取的是怀柔与打击政策,周王继续分封孤竹国成为周朝的异姓诸侯国,其内部结构没有变动,君侯的地位保留。同时,周王分封同姓诸侯国燕国,镇守北方,监督孤竹等原商族势力,抑制山戎、东胡等部族,共同拱卫周朝。

总之,夏商时期"天下万邦"政治格局中的所谓"邦""国",均非夏商王朝人为封建的结果,而是早已存立于世的地方氏族组织。商周易代之际,周朝"封诸侯、建藩卫",此时燕国作为周室屏藩的诸侯,是经过周天子的封建而后成立的。从这个意义上说,商封孤竹国和周封燕国并非是一种"封建",周人的封建是一种历史创举。③

孤竹国在存续千年的发展过程中,与商周的朝国关系大致可分为两个阶段:第一阶段,公元前1600年至公元前1046年,即从孤竹封国到武王灭纣。作为殷商的同姓诸侯国,孤竹国是拱卫商朝北方安全、防止东北部族侵扰的重

---

① 司马迁:《史记》,中华书局1959年版,第2123页。
② 司马迁:《史记》,中华书局1959年版,第136页。
③ 参见沈长云:《论殷周之际的社会变革——为王国维诞辰120周年及逝世70周年而作》,《历史研究》1997年第6期。

要屏障。第二阶段,公元前 1046 年至公元前 663 年,即从周朝建立到齐桓公"斩孤竹"。孤竹国作为周朝的异姓诸侯国,处于周朝的同姓诸侯国——燕国的控制之下。春秋时期,作为商朝遗族,孤竹与令支、屠何等燕山南北的诸侯国,形成反周势力,成为山戎的"与国",一道反对燕侯对北疆的治理。此时,逐渐崛起、强大的山戎,侵扰郑国、燕国,甚至越燕扰齐,因此,齐桓公二十三年北伐,山戎、孤竹、令支亡国,遂退出历史舞台。

四、孤竹的部族兴衰与民族融合

(一)孤竹与商族的关系

先秦文献对商族先祖起源多有记载,《诗经·商颂·玄鸟》中的"玄鸟生商"广为传颂:"天命玄鸟,降而生商,宅殷土芒芒。"商族以玄鸟为图腾,玄鸟即燕子。胡厚宣(1977)[1]从明义士所编《殷虚卜辞》(1917)之(虚 738)、方法敛所编《库方二氏藏甲骨卜辞》(1935)之(库 1064)、郭沫若所编《殷契粹编》(1937、1965)之(粹 51)、商承祚所编《殷契佚存》(1933)之(佚 888)等著述的拓片中发现甲骨文存在商族鸟图腾的证据。

《山海经·海内经》载:"北海之内,有山,名曰幽都之山,黑水出焉。其上有玄鸟、玄蛇、玄豹、玄虎、玄狐蓬尾。有大玄之山。有玄丘之民。有大幽之国。有赤胫之民。"[2]契母简狄与姊妹浴于玄丘水。玄丘水,即古辽西的玄水(今青龙河),为濡水(今滦河)的支流。幽都即玄都,亦即燕山。在汉字学中燕山之"燕",玄鸟(燕子)、玄水之"玄",青龙河之"青","幽都之山"之"幽",以及卢龙之"卢",都含有"黑"的语义。这也体现了商族先祖的黑色崇拜。玄水、大玄之山、玄都山、玄丘等为崇拜黑色的玄鸟氏族集居区,即先商子姓部族居住的中心。可见,这一地区即为古辽西燕山山脉东段的青龙河、滦河流域。

关于商族的起源地,学界聚讼纷纭,目前主要有五种说法:一是"陕西说",认为商族发祥于陕西商洛或关中地区。清代学者陈寿祺的《八迁五迁

---

① 胡厚宣:《甲骨文所见商族鸟图腾的新证据》,《文物》1977 年第 2 期。
② 陈成:《山海经译注》,上海古籍出版社 2008 年版,第 379 页。

辨・左海经辨》(1804—1814)①,顾颉刚的《殷人自西徂东札记》(1952—
1958)②持此说;二是"东北说",即古辽西地区,今冀东、辽西一带,有人主张发
祥于河北东北部(傅斯年,1932)或环渤海湾一带(徐中舒,1930),有人主张发
祥于辽宁西部(金景芳,1978),有人主张发祥于幽燕(干志耿,1985)、(蔺新
建,1985);三是"冀中说",认为漳河流域是商先发祥地(田昌五,1981)、(邹
衡,2001);四是"晋南说",认为契所居在晋南(李民,1984)、(沈长云、2009);
五是"东方说",认为商族发祥于河南商丘(王国维,1959)、(郭沫若,1976)、
(张光直,1988),东方海岱地区或鲁西南(王玉哲,1984)。笔者认为,商族发
祥于北方幽燕说的核心区域,就是孤竹国所居的玄水沿岸。③

　　(北魏)崔鸿《十六国春秋・前燕录》载:"昔高辛氏游于海滨,留少子厌越
(即契)以君北夷,世居辽左,号曰东胡。"可见商族的先祖是东北夷的一支,居
住在西拉木伦河和老哈河的发源地。翦伯赞④认为商族可能起源于渤海湾的
西北,此地与古辽西正合。顾颉刚⑤认为商文化的来源可能与东北南部或河
北北部有关,此与今夏家店下层文化的分布范围相合。考古工作者在此地发
现殷商文化遗址(夏家店下层文化),系殷人先祖部族集团的文化遗存。夏家
店下层文化除地域和时间相符以外,其特征具有商文化早期特征。⑥

　　20 世纪 30 年代,傅斯年认为商人先祖肇始于东北,建业于渤海与古兖
州,灭夏后占有中原。他认为,"商之起源,当在今河北东北,暨于济水入海
处","商之先祖已据东北为大国矣"。"商之兴也,从东北来,商之亡也,向东
北去。商为中国信史之第一章,亦即为东北史第一叶。"⑦从顾颉刚(1928、

---

① 包凯:《陈寿祺学术思想研究》,湖南大学出版社 2011 年版。
② 顾颉刚在 20 世纪 20 年代师从王国维观点,认为殷人起于东方,到了晚年的 50 年代改
变看法,肯定"殷起于西方,自西徂东"。引自顾颉刚:《殷人自西徂东札记》,《甲骨文与殷商史
(第 3 辑)》,上海古籍出版社 1991 年版,第 259 页。
③ 王钟翰:《中国民族史》,中国社会科学出版社 1994 年版;王震中:《中国古代国家的起
源与王权的形成》,中国社会科学出版社 2013 年版。
④ 翦伯赞:《先秦史》,北京大学出版社 1988 年版。
⑤ 顾颉刚:《古代地理研究讲义乙种》,1928 年;《古史地域的扩张》,《禹贡(半月刊)》1934
年第 2 期。
⑥ 郭大顺、张星德:《东北文化与幽燕文明》,江苏教育出版社 2005 年版。
⑦ 傅斯年:《傅斯年全集》(第二卷),湖南教育出版社 2000 年版,第 396 页。

1934)、傅斯年(1934)、翦伯赞(1944)等学术前贤,到郭大顺(2005)、金景芳(1978)①、张博泉(1981)②、干志耿(1985)③等当代学者,他们均聚焦古辽西即今冀东、辽西地区,认为商族起源地可能在东北地区南部和河北北部。考古学家苏秉琦(1999)进而指出:"殷人的祖先可以追溯到燕山南北的古燕文化,甚至更北的白山黑水之间。"

从20世纪40年代至80年代,以大、小凌河流域为中心,北到西拉木伦河,东达医巫闾山,南到燕山南麓,形成了一个出土先商和商周时期青铜器较为集中的地区。辽西地区的考古发现也印证了学者们的研究判断。人种学家潘其风认为"商族的祖先很可能与北方地区的古代居民有更多的关联,因为这种兼有东亚和北亚两种类型相混合的人种特征,并不是黄河流域中下游原始居民所固有的","从地理分布看,以东亚蒙古人种为主的群体主要分布在燕山长城地带"。潘其风(2008)④认为:"我们似乎有理由推测,假如殷墟中小墓中的那部分以北亚、东亚蒙古人种两种成分相结合为特征的个体,能够代表殷商王族人种类型的话,那么商族的祖先很可能与北方地区的某些古代居民具有更直接的种系渊源关系。"殷墟考古学家杨锡璋(1989)⑤的"商代王世及贵族尊东北方位,可能表示对其先祖起源地的怀念和崇敬"等研究成果也从中佐证了商文化起源于东北说。

因此,孤竹部族和商族祖先生活在古辽西的玄水、濡水一带,同属殷人的一支,以游牧与农业间作的方式生存。夏初,契的孙子相土率部众南下,先后迁至今冀中、鲁西和豫北地区,至盘庚时才在殷(今河南安阳小屯)定居下来,始为殷商。商族部落南下后定居中原,孤竹部族留居发源地并未随相土南迁,遂与商族分离并辗转于燕山腹地不断壮大,并被封立孤竹国。商朝北部多边患,特别是武丁以前,几代商王曾频繁用兵以定边固土。古卢龙塞,是沟通东北与华北地区的必经之地。沿玄水、濡水出卢龙塞,正是古代沟通燕山南北而

---

① 金景芳:《商文化起源于我国东北说》,《中华文史论丛》(第七辑)1978年。
② 张博泉:《关于殷人的起源地问题》,《史学集刊》(复刊号)1981年。
③ 干志耿、李殿福、陈连开:《商先起源于幽燕说》,《历史研究》1985年第5期。
④ 潘其风:《我国青铜时代居民人种类型的分布和演变趋势》,载《庆祝苏秉琦考古五十五年论文集》,文物出版社1989年版,第294—304页。
⑤ 杨锡璋:《殷人尊东北方位》,《庆祝苏秉琦考古五十五年论文集》,文物出版社1989年版,第305—314页。

使用频繁的一条要道,是燕山南北的中枢,也是东北夷狄族经由古辽西跃进燕山以南的咽喉要道。孤竹国扼居在此,起到拱卫商朝北方安全、震慑边境的作用。

(二)孤竹与山戎的关系

戎族是中国古代对北方少数民族的统称。山戎是戎族的一支,亦是东北夷。(唐)孔颖达认为"戎是山间之民",故称山戎。《史记集解》引(汉)何休曰:"山戎者,戎中之别名也。"[1]有学者认为:山戎即北戎(北狄),亦即匈奴的祖先。[2]《史记·匈奴列传》载:"唐虞以上有山戎、猃狁、荤粥,居于北蛮,随畜牧而转移。"[3]可见,山戎在虞夏时期就已居于北方。《史记》又载:"(诸戎)各分散溪谷,自有君长,往往而聚者百有余戎,然莫能相一。"一言戎支系繁多,又言分布极为散乱,处于迁徙、游移状态。经典文献中"山戎"的出现要比孤竹早得多。

《史记·五帝本纪》载:"尧舜方五千里至于荒服,山戎、北发、息慎。"《匈奴列传》又云春秋时"燕北有东胡、山戎",说明其与北燕的相对地理位置。当代学者对山戎的地理分布莫衷一是,主要说法有[4]:一是山戎在春秋前期既与赤狄、白狄、貊、无终等一起东移,存在于燕北和冀东地区。[5] 二是山戎在齐桓公讨伐后又东迁、西迁,已经同东胡、匈奴及中原的秦晋等国融合。此后,山戎之称在文献中消失。三是山戎即无终戎、令支戎和孤竹戎。当年齐桓公北伐的就是这三支戎族。

春秋以前,山戎活动在燕国北部,即今冀北、辽西一带。考古发掘和研究证明,周代的山戎聚居区是在冀北,即自七老图山至滦河流域、燕山、军都山一带。[6]田广林(1986)[7]认为:内蒙东部、河北北部和辽宁西部一带的老哈河、大凌河流域是山戎的居住中心,其活动范围广达山西、河北、山东、内蒙古和辽宁

① 司马迁:《史记》,中华书局 1959 年版,第 1488 页。
② 陈平:《略论"山戎文化"的族属及相关问题》,《华夏考古》1995 年第 3 期。
③ 司马迁:《史记》,中华书局 1959 年版,第 2879 页。
④ 参见李焕青:《"山戎"名号考》,《中央民族大学学报(哲学社会科学版)》2010 年第 1 期。
⑤ 蒙文通:《赤狄白狄东迁考》,《禹贡》(第七卷)第 1、2、3 期合刊。
⑥ 苗威:《山戎、东胡考辨》,《中国边疆史地研究》2008 年第 4 期。
⑦ 田广林:《山戎初探》,《昭乌达蒙族师专学报(社会科学版)》1986 年第 2 期。

等地。

春秋时期诸戎"东有济水之戎,北有山戎、北戎,中西部有伊洛戎、姜戎、允姓戎与茅戎、犬戎,西部有邽戎、冀戎,偏南还有蛮戎。他们的地域大多不出今陕西、山西、河北、山东、河南五省之地"①。

春秋初年,东周式微,周边少数民族得以发展。山戎的经济为农业、畜牧和狩猎兼有的混合型经济。② 山戎"随畜牧而转移",说明当时是典型的游牧生活。《逸周书·王会》载:"孤竹距虚,不令支玄貘,不屠何青熊,东胡黄罴,山戎戎菽。"记述了周成王"成周之会"时,孤竹、不令支、不屠何、东胡、山戎等十五个辽西古族向周王室进贡方物时的情景,山戎朝贡"戎菽"。其地"出冬葱与戎菽,布之天下"③,说明冬葱(大葱)和戎菽(大蚕豆)是其特产,反映了山戎的农作物种植技术已经达到很高水平。

孤竹与山戎地域相邻。孙进己等认为:"山戎的西南应为孤竹和燕,山戎之西为无终,山戎之北当以努鲁尔虎山及老哈河上游与东胡为邻,山戎之东应为濊貊。"④《辽史·地理志》:载:"平州,辽兴军,上,节度。商为孤竹国,春秋山戎国。"⑤《汉书·齐太公世家》载:"齐桓公救燕,遂伐山戎,至于孤竹而还。"《管子·封禅篇》载:"寡人北伐山戎,过孤竹。"足见孤竹与山戎、令支相距较近。桓公北伐山戎后,山戎地归燕,可见山戎在燕之北,伐山戎必经孤竹、令支,故山戎在孤竹令支之北,山戎的分布区,应是冀北山地,即七老图山至滦河流域、燕山、军都山一带。⑥

《管子·大匡》记:"桓公乃北伐令支,下凫之山,斩孤竹,遇山戎。"⑦说明齐桓公时孤竹还保留着族称和国号,未与山戎完全融合。《国语·齐语》:"(齐桓公)遂北伐山戎,刜令支、斩孤竹而南归。"韦昭注《国语》:"二国,山戎之与也。"即云令支与孤竹是山戎的盟友,是春秋时期燕国之北的反周势力。

---

① 辛迪:《春秋诸戎及其地域分布考》,《中国国家博物馆馆刊》2013年第4期。
② 崔向东:《先秦时期辽西地区古族氏述论》,《渤海大学学报(哲社版)》2016年第8期。
③ 黎翔凤:《管子校注》,中华书局2004年版,第514页。
④ 孙进己、王绵厚:《东北历史地理》(第一卷),黑龙江人民出版社1988年版,第187页。
⑤ 脱脱:《辽史》,中华书局1974年版,第500页。
⑥ 北京市文物研究所山戎文化考古队:《北京延庆军都山东周山戎部落墓地发掘记略》,《文物》1989年第8期。
⑦ 清代张佩纶将"凫之山"注为碣石山;郭沫若将"遇"释为"遏",为"阻遏"之义。

《史记·齐太公世家》曰："齐桓公救燕,遂伐山戎,至于孤竹而还。"从记载有关齐桓公北伐的文献来看,孤竹与山戎等族侵扰燕、齐,故齐桓公北伐时"刺令支、斩孤竹"、破屠何。《春秋地理考实》僖公二年令支、孤竹为"山戎所居",后为齐国所灭。

山戎族崛起后,四出攻伐。与相邻的令支、孤竹等一起袭扰燕国、郑国和齐国。其时燕国弱小,"燕外迫蛮貉,内措齐、晋,崎岖强国之间,最为弱小,几灭者数矣"。(《史记·燕召公世家》)鲁隐公九年(前 714 年),"山戎侵郑"(《左传》),后又两次伐燕。《史记·匈奴列传》载:"是后六十有五年(前 706年),而山戎越燕而伐齐,齐釐公与战于齐郊。其后四十四年(前 664 年,即燕庄公二十七年丁巳冬),而山戎伐燕,燕告急于齐,齐桓公北伐山戎,山戎走。"①《说苑·权谋》又载:"齐桓公将伐山戎、孤竹,使人请助于鲁。鲁君进群臣而谋,皆曰:'师行数千里,入蛮夷之地,必不反矣。'"这说明齐桓公劳师远征,而且是征伐蛮夷之地的强大山戎。面对日渐强大外溢的山戎势力,令支、孤竹的屏障不再起到作用,燕国不得不请求齐国的支援。《春秋穀梁传》载:齐桓公"越千里之险,北伐山戎,为燕辟地"。山戎在齐桓公的打击下瓦解后逐渐衰落,一部分向北退却,融入东胡,一部分与燕人融合。②

(三)孤竹与燕的关系

古燕族亦称燕豪,属于东夷族支系,很早就居住在古辽西地区,是我国东北地区历史久远的古族。古燕国为商代受封侯国,其族名在武丁时期的甲骨文中已有记载。"燕",即燕子,甲骨卜辞作"炎",西周金文作"匽",战国金文作"偃"。③ "匽"是周朝统治者给予燕的新封号,意为安定北方。燕亳地望主要在滦源、凌源、建平与西辽河源地区。④

崔向东(2016)⑤认为:燕和商先有着同族关系,商时古燕族与其他部族杂居辽西,是商镇守东北的重要方国。……考古发掘证明,周初的燕国与商代有

---

① 司马迁:《史记》,中华书局 1959 年版,第 2881 页。

② 崔向东:《先秦时期辽西地区古族氏述论》,《渤海大学学报(哲社版)》2016 年第 1 期;苗威也有相似论述,见于其《山戎、东胡考辨》,《中国边疆史地研究》2008 年第 4 期。

③ 转引自崔向东:《先秦时期辽西地区古族氏述论》,《渤海大学学报(哲社版)》2016 年第 1 期。

④ 于志耿、李殿福、陈连开:《商先起源于幽燕说》,《历史研究》1985 年第 5 期。

⑤ 崔向东:《先秦时期辽西地区古族氏述论》,《渤海大学学报(哲社版)》2016 年第 1 期。

着十分密切的关系,这说明早在西周封燕国之前,此地已有一个商代燕国"燕亳"存在了。西周初年,子姓燕国的名义仍在,古燕族仍保留着氏族组织,喀左、凌源、朝阳一带"在西周初期当为燕人的重镇之一"①。孤竹与古燕族相邻而居,大约在商代晚期,随着商王朝控制力的削弱,古燕族开始逐渐强大,并开始向燕山以北扩展疆域,孤竹北迁当受此影响。

周初燕国与商之前的古燕族一脉相承。葛英会(2013)②认为:武王灭商后所封诸侯,凡因袭商代邦国名称的称"封某于某",而新起名称的则称"封某于某,曰某"。这是两种不同的辞例。《史记·周本纪》"封召公奭于燕"正说明燕国由商朝子姓侯国到周初封国,是古燕国的自然延伸。及至《史记·燕召公世家》载:"召公奭与周同姓,姓姬氏。周武王之灭纣,封召公于北燕。"燕国始为周朝的同姓诸侯国,成为周朝镇守北方的重要屏障。但其初始统治区域应该仅限于北京、天津一带。北京琉璃河曾出土西周初年匽侯克器,李学勤将铭文释为"令克侯于匽,羌兔霎微",此器当为记录成王为燕侯授土授民之器,说明西周早期燕国的活动核心就在今北京地区。又据《史记·十二诸侯年表》"齐、晋、秦、楚其在成周微甚,封或百里或五十里",燕国早期封地当不出齐、晋、秦、楚之例,故其都邑范围应该在今北京市周边地区。

周朝初期,燕国在与同处燕山南北的山戎、令支、孤竹、屠何等反周势力的博弈中,其势力范围处于进退、游移状态。燕国既要防御山戎、东胡、秽、貊等民族的骚扰,还要代表周王朝管理辽西地区孤竹、令支、箕等同族和封国。可见,周初封燕,是商周易代后,周王室为应对殷商故地遗族势力强大而采取的重大战略举措。

那么,在商周易代之际的燕国到底扮演什么样的角色? 此时的孤竹国与燕国的关系又是怎样? 学者们常以"周武王之灭纣,封召公于北燕"(《史记·燕召公世家》)为据,认为孤竹国随着武王"封召公奭于燕"(《史记·周本纪》)而成为燕的与国。但北燕处幽州之地,距离周京甚远,武王克商之后,势力还未到达,而且先秦典籍均未记载召公封燕之事。齐思和(1940)、傅斯年(2002)、童书业(1980)、刘节(1948)等学者曾撰文对此表示怀疑。

---

① 陈梦家:《西周铜器断代(二)》,《考古学报》1955 年第 10 期。
② 葛英会:《殷墟甲骨刻辞与商周金文中的孤竹史迹》,《中国孤竹文化》,中国文史出版社2013 年版,第 86 页。

陈家宁(2008)对"封召公奭于燕"之事进行了详细论证。他"结合铭文、文献及考古发现分析,北燕之君为召公之后,姬姓。武王克商后,商邑北部仍为殷商旧部势力范围。成王与周公平武庚之乱,武庚率残部北逃,仍蓄谋叛乱,后成王再次命召公北征,剿灭武庚子圣,直捣燕、亳,遂封随军的召公元子克于北燕,而召公仍回辅周室。"①

他从出土铭文(中国社会科学院考古研究所《殷周金文集成》2728、2628、2703、2269、2749、4132)和《燕召公世家》《尚书·君奭》《封禅书》《索隐》等文献证明:首封于北燕的是召公奭的长子克,而非召公奭。1986 年北京房山琉璃河 1193 号墓出土的克罍、克盉的铭文亦证之。这也说明在克首封之前,燕(匽)地虽有受封于召公之记载,然无召公就任之实。此期间,召公官为太保,在周辅佐王室。这里的殷商属国势力依然强大,山戎、孤竹扰燕乃至越燕袭齐即是明证。战国七雄之燕,应为克及其后人。

西周之时,辽西地区基本为燕国控制。从辽西出土的诸多周代青铜器可证明这一点,彼时的竹侯、眞族等皆服事于燕侯。西周末期幽王时期(前781—前 771 年),辽西反周势力逐步增强,燕国势力退出这一地区。②

春秋时期,山戎等不断侵扰燕国、齐国。《史记·燕召公世家》载:"(庄公)二十七年,山戎来侵我,齐桓公救燕,遂北伐山戎而还。"《史记·齐太公世家》曰:"(齐桓公)二十三年,山戎伐燕,燕告急于齐。"山戎败亡后,燕国地域大为扩张,有所北迁。今辽宁省凌源县马厂沟曾出土"匽侯盂",故而"燕国的北境至少已达到现今辽宁省的西部大凌河流域"③。《春秋穀梁传》曰:"越千里之险,北伐山戎,为燕辟地。"④《史记·匈奴列传》亦云:"当是之时,秦襄公伐戎至岐,始列为诸侯。是后六十有五年,而山戎越燕而伐齐,齐釐公与战于齐郊。其后四十四年,而山戎伐燕,燕告急于齐,齐桓公北伐山戎,山戎走。"齐桓公北伐山戎,斩孤竹,征服辽西诸族,解除了燕国来自北方的威胁。《管子·小匡》亦载:"破屠何","北至于孤竹、山戎、秽、貉"之地。留居下来的孤竹、山戎族人,融入燕国。从此孤竹、山戎均不再独立出现在历史舞台。留居

---

① 陈家宁:《〈史记〉殷、周、秦〈本纪〉新证图补》,厦门大学出版社 2008 年版。
② 苗威:《山戎、东胡考辨》,《中国边疆史地研究》2008 年第 4 期。
③ 顾颉刚:《三监的结局》,《文史》(第 30 辑),中华书局 1988 年版,第 7 页。
④ 引自辛迪:《春秋诸戎及其地域分布考》,《中国国家博物馆刊》2013 年第 4 期。

的山戎人为发展燕国的货币经济做出了贡献。据考古学信息,燕国所流通的尖首刀币,就是彼时善于经商的山戎、孤竹的遗族所发明的。[1] 战国时期,燕昭王(前311—前279年)革故鼎新,高筑黄金台,燕国空前繁荣。

(四)孤竹与令支的关系

令支,与孤竹族毗邻而居,也是殷商的方国。《汉语大词典》(1994)[2]对"令支"的解释是:春秋时山戎属国。其地大致在今滦河下游的河北迁安、迁西一带。典籍中或作"不令支"("不"为发语词)、"离支""泠支"等。《国语·齐语》载:"遂北伐山戎,刜令支,斩孤竹而南归。"韦昭注:"二国,山戎之与也。刜,击也;斩,伐也。令支,今为县,属辽西。"《逸周书·王会》作"不令支"。《管子·小匡》作"泠支",曰"北伐山戎,制泠支,斩孤竹,而九夷始听"。又《轻重戊》作"离支",曰"今寡人欲北举事孤竹离支,恐越人之至"。《吕氏春秋·有始》作"令疵",《史记·齐太公世家》作"离枝"。有学者[3]认为,可通过音训解释"令支""泠支""离支""令疵""离枝"这些异形词。蒙语[li:r][4]的读音与之相近,意为"梨"。今河北迁安、迁西等地梨树依然常见。

(宋)罗泌《路史》[5]曰:"禹有天下,封怡以绍列山,是为默台。成汤之初,析之离支,是为孤竹。"这里所说的"离支",即令支。罗泌认为孤竹国从令支中析出。《水经注·濡水》载:"濡水从塞外来,东南过辽西令支县北","又东南流,径令支县故城东,王莽之令氏亭也。秦始皇二十二年,分燕置辽西郡,令支隶焉"。孤竹、令支的地望即今之河北省卢龙县、迁安市一带,二者毗邻而居,同在冀东的滦河流域。孤竹和令支二者关系密切,在古文献中常常并列出现。《国语·齐语》云:"(齐桓公)遂北伐山戎,刜令支、斩孤竹而南归。"韦昭注云:"二国,山戎之与也。"即云令支与孤竹是山戎的盟友,足见孤竹与山戎、

---

① 朱活:《谈山东临淄齐故地出土的尖首刀化——兼论有关尖首刀化的几个问题》,《考古与文物》1980年第3期。

② 罗竹风:《汉语大词典》,汉语大词典出版社1994年版,第3—770、4—216、1—1118、10—436、2—1215、7—135、7—135页。

③ 赵志强:《"孤竹"及其相关考》,《汉字文化》2013年第4期。

④ 蒙古语文研究所:《蒙汉词典》,内蒙古大学出版社1999年版,第719、848、756、828、830页。

⑤ 《文渊阁四库全书·史部·路史》卷十三。

令支相距较近。(汉)韦昭注《国语·齐语》有云:"令支,今为县,属辽西,孤竹之城存焉。"①《后汉书·郡国志》亦云:"今令支县有孤竹城。"

《史记集解》载:"《地理志》曰:令支县有孤竹城,疑离枝即令支也。令离声相近。"可见,令支族与孤竹族从地域及族源上关系更为紧密。"令支"大抵封于殷商,为伯夷、叔齐封国。②《逸周书·王会》曰,"孤竹距虚,不令支玄貘,不屠何青熊,东胡黄罴,山戎戎菽",记载了东北地区的古族孤竹、令支、屠何、东胡和山戎参加"成周之会"。可见,西周时期令支、孤竹分开并提,二者已是地域不同、相邻而居的两个古国。公元前663年,山戎及其与国令支与孤竹,三者同为齐桓公所灭。

(五)孤竹族的融合与发展

为了更清晰、直观地了解这些相关部族之间的关系,用表1-2标示其发展演变过程。

表1-2 孤竹及相关族群兴衰表

族名	起源	衰落	可能归属	族属概称
孤竹	虞夏时期	春秋时期	北戎一族	东北夷
令支	不详	春秋时期	北戎一族	东北夷
山戎	虞夏时期	春秋时期	北戎一族	东北夷、北狄
鲜卑	战国之前	北周	无法确定	东胡、东北夷

从表1-2可以看出,孤竹与鲜卑族的关系并没有太多的相关性,即便鲜卑族可能源出于山戎。但是山戎族却影响了令支、孤竹部族的存续时间。周穆公曾经想攻伐山戎,但是臣子却劝阻他,只要这些少数民族部族称戴其为王,就不要用武力讨伐。最终,齐桓公赶走了山戎,灭掉令支、孤竹。自此,孤竹族真正地融入了中原,不再作为东北夷、商周的屏障而存在。

综合史料而言,孤竹作为居于边地的部族,在虞夏时期就已存在。从夏商周时期的族群分布来看,可以推断孤竹族并非戎族,而是与商族同属东北夷,为商族一支。孤竹族在其存续期间,深受中原文化的影响,与商族、燕族、山戎

---

① 左丘明著,韦昭注:《国语》,上海古籍出版社1978年版,第243页。
② 王长丰:《"令支"方国族氏考》,《东南文化》2007年第2期。

族等都有彼此的交融关系,并不影响其整体的文化特性。

周灭商后,孤竹之地"以之封于箕子",故《周易》有"箕子之明夷"的记载。在西周之时,辽西地区基本是被燕国控制着的,孤竹、令支、屠何等辽西诸族很可能被山戎胁迫参与历史上的"伐燕""扰齐"活动,终被齐桓公赶出中原。

关于齐桓公北伐山戎,《史记》《国语》《管子》等多有记载。这场战争使得孤竹国君被斩杀,孤竹族众亦为齐桓公所俘。此后,孤竹族正式退出历史舞台,最终与华夏民族融合。

五、孤竹族后世的姓氏流转

孤竹部族的姓氏,前文已有论述,即子姓、墨胎氏。目前有三种主要说法:墨胎姓、姜姓、子姓。墨胎姓,是学界的主流意见。孔华、杜勇(2017)[①]提出妊姓说。

氏族目录中以国为氏的有 233 个,孤竹是其中之一。[②] 但未说伯夷、叔齐姓孤竹,或与孤竹国有关。孤竹君王姓氏为墨胎,与其被商分封相关。关于孤竹族后世的姓氏,并无太多清晰的线索和资料,只能从姓氏的变化流转梳理孤竹君后人的流向。

(一)中国古代社会的姓氏

在中国古代社会,"姓氏制度的沿革也从一个侧面反映社会制度的转变"(马雍,1983)。(汉)许慎《说文解字》曰:"姓,人所生也。古之神圣,母感天而生子,故称天子。从女,从生,生亦声。""母感天而生子",揭示了古代母系社会知母而不知父的婚育现实。(北宋)刘恕《通鉴外纪》云:"姓者,统其祖考所自出,氏者,别其子孙所自分。"(清)顾炎武《日知录》明确地说:"男子称氏,女子称姓。氏一再传而可变,姓千万年而不变。"可见,先有姓,后有氏。姓源于知其母而不知其父的母系社会,以母为姓;氏源于父系社会,以父为氏,以别支脉。

(鲁)左丘明《左传·隐公八年》载:"天子建德,因生以赐姓,胙之土而命之氏。"孔颖达疏曰:"姓者,生也,以此为祖,令之相生,虽下及百世,而此姓不

---

① 孔华、杜勇:《孤竹姓氏与都邑变迁新考》,《中国高校社会科学》2017 年第 2 期。
② 徐寒:《中华私藏书》,中国书店出版社 2001 年版,第 19231 页。

改。族者,属也,与其子孙共相连属,其旁支别属则各自立氏。"(北宋)欧阳修《新唐书·柳冲列传》载:"或氏于国,则齐、鲁、秦、吴;氏于谥,则文、武、成、宣;氏于官,则司马、司徒;氏于爵,则王孙、公孙;氏于字,则孟孙、叔孙;氏于居,则东门、北郭;氏于志,则三乌、王鹿;氏于事,则巫、乙、匠、陶。"

诚如《左传》《国语》《新唐书》所言,先秦时期,赐姓命氏乃天子之权利,而诸侯在其统治的范围内亦有命氏之权。姓或由帝王所赐,或以国(地)为姓,或以官爵为姓,或以图腾崇拜为姓,或以所执事为姓。(南宋)郑樵《通志·氏族略·序》曰:"三代之前,姓氏分而为二,男子称氏,妇人称姓。氏所以别贵贱,贵者有氏,贱者有名无氏。"可见,此时人的姓、氏不仅是种胤、家族的标志,更是地域、官爵、地位、身份等的象征。

春秋时期"礼崩乐坏",姓氏别婚姻、明贵贱的作用日渐不彰。战国时期,用以决定姓氏的社会制度和社会性质发生巨变,"集政治、血缘、地缘关系于一体的姓氏制度自然发展到其末日"(严军,1994),大量氏名化为姓,姓、氏渐为合流。至秦汉,姓氏合而为一,不再分立。原本作为别婚姻、明贵贱、分宗属(大宗、小宗)的姓氏制度,变成一种表示血缘关系的家族符号。而秦汉以后,人们对姓的从一而终,以及同姓不婚的传统,反映了在宗法制度下,中国古代社会对宗族、血脉的高度重视。

(二)墨台姓、墨姓、台姓

司马贞《史记索隐》引《地理志》曰:"孤竹城在辽西令支县。应劭云伯夷之国也。其君姓墨胎氏。"《史记正义》引《括地志》曰:"孤竹古城在平州卢龙县南二十里,殷时诸侯孤竹国也。"《史记·殷本纪》曰:"契为子姓,其后分封,以国为姓,有殷氏、来氏、宋氏、空桐氏、稚氏、北殷氏、目夷氏。"西晋皇甫谧《帝王世纪》载:"汤特封墨胎氏于孤竹。"《路史》载:"禹台天下,封怡以绍烈山,是为墨台。"在不同时期的文献中,目夷氏,也常写作墨夷氏、墨台氏、墨胎氏。《汉语大词典》没有收录"目夷",只收录了"墨台",释为"复姓"。

《论语疏》案《春秋少阳篇》云:"伯夷姓墨,名允,字公信。伯,长也。夷,谥。叔齐名智,字公达,伯夷之弟。齐亦谥也。"(宋)邓名世《古今姓氏书辩正·卷四十》曰:"墨,孤竹君后,本姓墨胎,避难改为墨氏。"①又曰:"亦作墨

① 邓名世撰,王力平点校:《古今姓氏书辩正》,江西人民出版社2006年版,第628页。

夷、默夷,孤竹君之后也。"①(宋)章定《名贤氏族言行类稿》载:"怡,《姓纂》曰:本姓墨台,孤竹君之后,因避事改焉。"②又曰:"墨,孤竹君之后,本姓墨台,后改为墨氏。"③

(唐)林宝《元和姓纂·卷二》:"怡,本姓墨台,孤竹君之后,因避事改焉。后魏有怡宽,辽西人。生峰,后周乐陵公。生昂,郜公;光,清河公。"(南宋)郑樵《通志·氏族略第四》载:"墨台氏:子姓,宋成公子墨台之后,《汉书》有墨台悟。""墨氏:《姓纂》云,孤竹君之后,本墨台氏,后改为墨氏,望出梁郡。战国时宋人墨翟,著书号《墨子》。""台氏:亦作怡,本墨台氏,避事改焉。后魏辽西郡守宽,玄孙峰,后周乐陵公。峰子昂,长沙公。昂弟光,安平侯。"《通志·氏族略第五》又载:"墨氏:孤竹君之后,有墨台,墨翟,望出梁郡。"(宋)邓名世《古今姓氏书辩正·卷四》曰:"台,出自墨台氏,去墨为台,或云骀氏,后改焉。"④

(南宋)郑樵《通志·氏族略》对"墨台氏"梳理得非常清楚:墨台氏,子姓,为孤竹君之后,后改为墨氏,或因避事改为台氏,并列举了不同时期的代表人物,如《汉书》中的墨台悟、战国宋人墨翟,以及后魏的台宽,后周的台峰、台昂、台光等,其中宋人墨翟最为后世熟知。郭沫若在《先秦天道观之进展》认为:墨翟便出自墨胎氏。⑤

(三)姜姓、申姓

《庄子·大宗师》曰:"若狐不偕、务光、伯夷、叔齐、箕子、胥馀、纪他、申徒狄,是役人之役,适人之适,而不自适其适者也。"⑥疏:"伯夷、叔齐,辽西孤竹君二子,神农之裔,姓姜氏。"《庄子·骈拇》:"伯夷死名于首阳之下。"⑦疏:"伯夷、叔齐并孤竹君之子也。孤竹,神农氏之后也,姜姓。伯夷,名允,字公信;叔齐,名致,字公达。"认为夷齐是神农氏后裔,姜姓。宋代之后的文献《广

---

① 邓名世撰,王力平点校:《古今姓氏书辩正》,江西人民出版社 2006 年版,第 629 页。
② 章定《名贤氏族言行类稿》,(台湾)商务印刷馆影印《文渊阁四库全书》(卷三),1983 年。
③ 章定:《名贤氏族言行类稿》,(台湾)商务印刷馆影印《文渊阁四库全书》(卷五十二),1983 年。
④ 邓名世撰,王力平点校:《古今姓氏书辩正》,江西人民出版社 2006 年版,第 53 页。
⑤ 转引自龚维英:《对孤竹、伯夷史实的辨识及评价》,《江汉考古》1995 年第 2 期。
⑥ 郭庆藩撰,王孝鱼点校:《庄子集释》,中华书局 1982 年版,第 232 页。
⑦ 郭庆藩撰,王孝鱼点校:《庄子集释》,中华书局 1982 年版,第 323 页。

韵·一屋》:"竹,本姜姓,封为孤竹君,至伯夷、叔齐之后,以竹为氏,今辽西孤竹城是。"①《路史·后纪·炎帝参卢篇》载:"'墨'即'默'字,'台'即'怡'字,本为姜姓国。禹有天下,封怡以绍烈山,是为墨台。成汤之初,析之离支,是为孤竹。"②这里言孤竹在夏朝为墨台,商朝始称孤竹。

申姓历史来源有二:一是出自姜氏,以国名为氏。据(清)陈廷炜《姓氏考略》和(唐)林宝《元和姓纂》、(汉)司马行《史记》等所载,商末时,原姜姓封国在今河北省卢龙一带。孤竹国君之子伯夷、叔齐,在周灭商后"不食周粟",饿死于首阳山(今山西省永济境),后人居住在大河一带。周宣王时,其族一部分被封于谢(今河南省南阳),建立申国,春秋初为楚国所灭,后人以国名为氏,是为申氏。二是留在大河一带未迁走的伯夷、叔齐后人渡过大河,移居陕西,称为西申,后称为申戎,又叫姜氏之戎。西周末年,曾联合犬戎攻周。后被秦所灭。其后人也以申为氏。③

这里提到的申氏,建立了前面提到的关于孤竹国三个君王之间的联系,出自姜氏的说法应该有误,而出自墨胎氏更为可信。但申氏一脉与伯夷、叔齐相关,他们的后人被分封在谢,建立申国,后移居陕西,被称为申戎。因此可以推断孤竹国旧地与伯夷、叔齐后人无关。

(四)孤竹姓、竹姓、竺姓

(宋)邓名世《古今姓氏书辩正·卷四》载:"《元和姓纂》曰:'辽西竹氏,出自孤竹君,本姜姓,成汤封之辽西,今支县竹城是也。裔孙伯夷、叔齐辞国,饿死首阳山,子孙以国为孤竹氏,亦单称竹氏'。"④(南宋)郑樵《通志·卷二十六·氏族略第二》载:"孤竹氏,商之诸侯也。夷齐让国,其后遂以国为氏。"可见,孤竹姓源自孤竹君,以国为姓,是复姓。

(唐)林宝《元和姓纂·卷十》:"竹,孤竹君,姜姓。殷汤封之辽西。至伯夷叔齐,子孙以竹为氏。"《通志·卷二十六·氏族略第二》又载:"竹氏,姜姓。孤竹君,成汤封之辽西。至伯夷、叔齐,有让国之贤,子孙以竹为氏。后汉竹曾

① 余廼永:《新校互注宋本广韵》,上海辞书出版社2000年版,第457页。
② 罗泌:《路史》,中华书局(《四部备要》影印本),1936年,第79页。
③ 王应麟、周兴嗣编撰:《三字经 百家姓 千字文(双色插图版)》,中国纺织出版社2015年版,第153页。
④ 邓名世撰,王力平点校:《古今姓氏书辩正》,江西人民出版社2006年版,第61页。

为下邳伯,又拟阳侯竹晏,并东莞人。宋朝有竹滋,登进士第,开州人也。"
(宋)章定《名贤氏族言行类稿》曰:"竹,孤竹君,姜姓,殷汤封之辽西令支,至
伯夷、叔齐,子孙以竹为氏焉。"①葛英会认为:"借助商代后期的甲骨文、金文
资料,可以肯定,孤竹或单称竹,在孤竹国已用作姓氏。"②可见,孤竹氏出自孤
竹君,本姜姓,后子孙以国为姓,再其后单称竹氏。

《竺氏家谱》云:"孤竹君,讳初,字子朝,姓墨胎氏。"竺姓出自竹姓,以国
名为氏,后改为竺。夏、商、周三代有孤竹国,到了春秋时,其国君之子伯夷、叔
齐之后以国名为姓,称竹氏。③ 可见,竹氏源于孤竹国名,与伯夷叔齐相关,是
复姓孤竹的单称省用。竹氏后改为竺姓。

以上材料说明,与孤竹国有关的王室一脉之所以有文献保存下来,在某种
程度上,都是因为伯夷、叔齐的故事才得以留存。伯夷、叔齐的后人有两支:申
氏一族居住在大河一带,后移居陕西;另一部分以竹为氏,后为竺。

也有学者认为:孤竹在商末周初分为两支,一支北迁至河北北部,后与山
戎、令支结合,融入北狄;一支向西南迁入贵州地区,于战国时建立夜郎国竹
王,后为楚国庄蹻所灭,遗族大多融入布依族。孤竹在中原者则融入汉族,成
为竹、竺二姓。④

但据(唐)林宝《元和姓纂·卷十》:"竺,本天竺胡人,后汉入中国而称
竺氏。竺固为汉侍中。"这里的竺姓,为天竺胡人,后汉归入中国后,始称
"竺氏"。

六、西辽河文明视域下的孤竹古国

冀东、辽西地区位于燕山南北、沿长城一带。冀东地区的唐山、承德、秦皇
岛与辽西地区的朝阳、锦州、葫芦岛、阜新,以及内蒙古东南部的赤峰、宁城、敖

---

① 章定:《名贤氏族言行类稿》,(台湾)商务印刷馆影印《文渊阁四库全书》(卷五十二),
1983 年。

② 葛英会:《殷墟甲骨刻辞与商周金文中的孤竹史迹》,《中国孤竹文化》,中国文史出版社
2013 年版,第 87 页。

③ 王应麟,周兴嗣编撰:《三字经 百家姓 千字文(双色插图版)》,中国纺织出版社 2015
年版,第 195 页。

④ 何光岳:《孤竹的来源和迁徙》,《黑龙江民族丛刊》1991 年第 2 期。

汉等地,地缘相接、文化相近、人缘相亲。古辽西,包括今天的冀东、辽西和内蒙古东南部。苏秉琦(1983)①称其为考古学文化的"燕山南北长城地带"。这里区位十分重要,关涉到中华文明的起源、形成与发展,多民族的起源、迁徙与融合,不同考古学时期的文化交流,人类活动与生态变迁等重要问题。②

古辽西地区处于蒙古高原与华北平原、东北平原的结合地带,是诸多东北民族的起源、迁徙之地,也是中原农耕文化与北方游牧文化的交流折冲之地。辽西走廊是沟通内蒙古高原、东北和华北的重要地理通道和文化交流廊道。西辽河水系、大小凌河水系和青龙河、滦河水系,是涵育这一地区文明发展的母亲河。西辽河文明是中华文明"多元一体"的重要来源。

(一)西辽河文明与中华文明的"多元一体"

文明是人类文化和社会发展的一个新的阶段,是在生产发展的基础上,社会不断复杂化,由社会分工和阶层分化发展成为不同阶级,出现国家,以及在国家管理下创造出来的物质财富和精神财富的总和。③ 文明社会由物质文明、精神文明和制度文明三部分组成。

夏鼐(1985)④《中国文明的起源》中最早明确提出都市、文字和青铜器可以作为中国古代文明的标志。如今,考古学界通常以城市的形成、金属铜的发明和文字的出现这三要素作为判断文明起源的标准。李学勤认为,是否拥有大型祭祀遗址,也应是检视古代文明发达程度的重要标尺。

中华文明拥有五千年的文明史,是人类历史上唯一延续至今、未曾中断的古老文明。关于中华民族起源问题,以《大戴礼记》《史记》等史籍为代表,"民族一元论"为中国历史成说。顾颉刚从欧阳修、洪迈、崔述、王国维、梁启超等前世(前辈)史家的著述中得到启发,引用"历史演进的方法",在1923年5月的《读书杂志》月刊第9期发表了《与钱玄同先生论古史书》,初步表达了"民族不出于一元论"的想法。随后发表的《答刘、胡两先生书》(1923),他明确提

① 苏秉琦:《燕山南北地区考古——1983年7月在辽宁朝阳召开的燕山南北、长城地带考古座谈会上的讲话(摘要)》,《文物》1983年第12期。

② 崔向东:《论辽西地区在中国历史上的地位》,《渤海大学学报(哲学社会科学版)》2014年第1期。

③ 王巍:《聚落形态研究与中华文明探源》,《中华文明探源工程文集·社会与精神文化卷(I)》,科学出版社2009年版,第14—26页。

④ 夏鼐:《中国文明的起源》,文物出版社1985年版。

出了"民族不出于一元论"的观点,实现了中华民族起源的重大突破。此为中华民族"多元一体"理论的先导,傅斯年进一步阐发为"夷夏东西说"①。

严文明在《文明起源研究的回顾与思考》中最早提出中华文明的"多元一体",他认为:中国文明的起源不是在一个狭小的地方,也不是在边远地区,而是首先发生在地理位置适中、环境条件也最优越的黄河流域和长江流域的广大地区。各地情况不同,文明化的过程也有所不同。它们相互作用,此消彼长,逐渐从多元一体走向以中原为核心、以黄河流域和长江流域为主体的多元一统格局,再把周围地区也带动起来。② 1991 年他正式提出:"中国文明起源的模式是多元一体的,或者说是如一个重瓣花朵般的,而不是简单的多元化模式。"③

苏秉琦的《中国文明起源新探》在区系类型学说的基础上开创性地提出了多元论的条块说和满天星斗说。对文明起源的三种形式:裂变、碰撞和融合,以及文明起源的过程:古文化—古城—古国,进行了系统的阐释。④

2004 年至 2015 年,国家实施"中华文明探源工程",研究表明:距今 5800 年前后,黄河、长江中下游以及西辽河等区域出现了文明起源迹象;距今 5300 年以来,中华大地各地区陆续进入了文明阶段;距今 3800 年前后,中原地区形成了更为成熟的文明形态,并向四方辐射文化影响力,成为中华文明总进程的核心与引领者。

探源工程负责人之一、北京大学的赵辉(2018)认为,"中华文明实际是在黄河、长江和西辽河流域等地理范围内展开并结成的一个巨大丛体","这个丛体内部,各地方文明都在各自发展。在彼此竞争、相对独立的发展过程中,又相互交流、借鉴,逐渐显现出'一体化'趋势,并于中原地区出现了一个兼收并蓄的核心,我们将之概括为'中华文明的多元一体'"⑤。

---

① 汤莹:《顾颉刚的"民族不出于一元论"及其影响》,《史学月刊》2017 年第 8 期。余兼胜的《顾颉刚古史观的形成与其古今文经学认识的关系》与汤莹稍有不同,认为"民族不出于一元论"的观点,始于 1922 年顾颉刚与王伯祥编写的《中学历史教科书》,而正式发表于 1923 年 5 月的《读书杂志》第 9 期。

② 严文明:《文明起源研究的回顾与思考》,《文物》1999 年第 10 期。

③ 严文明:《龙山时代考古新发现的思考,纪念城子崖发掘 60 周年国际学术讨论会文集》,齐鲁书社 1993 年版,第 39—45 页。

④ 苏秉琦:《中国文明起源新探》,辽宁人民出版社 2009 年版。

⑤ 2018 年 5 月 28 日,国务院新闻办公室有关"中华文明探源工程"成果发布会。

从考古学文化看,辽西地区史前古文化源远流长,不仅不落后于中原,有时甚至更先进。红山诸文化①从兴隆洼文化开始,历经数千年的演变,其社会组织形态从氏族到部落,再到"古国",在中华大地上率先迈入文明的门槛;查海遗址的"中华第一龙"、红山文化遗址的玉猪龙、兴隆洼出土的精美玉器等,是中华文化崇龙尚玉传统的源头;"坛(东山嘴)、庙(牛河梁)、冢(积石冢)"等大型礼仪建筑,集中反映了祭天祀地、崇祖尊王的中国传统礼制文化。辽西地区社会发展率先出现文明社会的曙光,成为中国古代文明的起源地之一。这些植根于辽西本土的文化直接成为汉文化观念与制度的源头。

专家认为,多元一体文化现象背后的各地方社会,在其文明起源和早期发展阶段,在各自的环境基础、经济内容、社会运作机制以及宗教和社会意识等方面,存在各种各样的差别,呈现出多元格局,并在长期交流互动中相互促进、取长补短、兼收并蓄,最终融汇凝聚出以二里头文化为代表的文明核心,开启了夏、商、周三代文明。作为一种历史趋势,"多元一体"也成为中华民族和多民族统一国家形成的原因和源头。②

(二)红山文化与西辽河文明

在探索中华文明起源的大背景下,西辽河流域的文明起源因为20世纪80年代初以来红山文化的一系列重大考古发现和研究的深入而得到学术界的广泛关注。

1. 从古辽西到燕辽:辽西地域的多维度分区

从"古辽西"到"燕辽",作为地域名词的"辽西",往往包含着自然地理和行政地理考古文化学等多重信息,所指的地域范围也会存有差异。当代学者在进行有关"辽西"的考古、历史、地理、人文等问题研究时,往往会对其所指和时空范围进行必要的界定。

(1)从行政地理角度

古今"辽西"涵盖的地理区域是有差异的:当代"辽西",是指辽宁省西部的朝阳、锦州、阜新、葫芦岛等地;古代"辽西",则指辽宁省西部朝阳、锦州、阜

---

① 苏秉琦:《辽西古文化古城古国——兼谈当前田野考古工作的重点或大课题》,《文物》1986年第8期。
② 参见《中华文明探源工程文集·社会与精神文化卷(I)》,科学出版社2009年版。

新、葫芦岛,河北省东部唐山、承德、秦皇岛,以及内蒙古自治区东部赤峰、宁城、敖汉等三省(区)交界区域。"辽西"作为古地名,最早始于战国时期。燕国设置燕北五郡:上谷、渔阳、右北平、辽西和辽东,以御胡人。这是史料上"辽西"作为行政建置的最早记载。① 后世的辽西,作为行政区划几经存废更迭,地域范围亦有变迁。

> 《汉书·地理志下》:辽西郡,秦置。……属幽州。……令支,有孤竹城。莽曰令氏亭。肥如,玄水东入濡水。濡水南入海阳。又有卢水,南入玄。莽曰肥而。②

秦朝设置辽西郡,归属幽州。辽西郡有十四个县,令支、肥如均为十四县之一,令支县有孤竹城。肥如是汉代所设县。

> 《后汉书·志·郡国五》:辽西郡秦置。雒阳东北三千三百里。五城,户万四千一百五十,口八万一千七百一十四。阳乐,海阳,令支(有孤竹城),肥如,临渝。③

这段史料记载更为详细,秦设置的辽西郡在洛阳东北三千三百里。有五座城市,其中特别说明令支有孤竹城,体现了与前面史料的一致性。

阳乐:秦始皇二十二年(前 225 年)置,治所在今辽宁省义县西。为辽西郡治。西汉不改。三国魏移治今河北省卢龙县东南,仍为辽西郡治。北齐废。海阳:西汉置,属于辽西郡,治所在今河北滦州市西南。北齐废。令支:秦置,治所在今河北省迁安市西,属辽西郡。三国魏时入肥如县。西晋永嘉年间鲜卑辽都令支城。十六国前燕、后燕为辽西郡治所。北魏太平真君七年(446 年)令支城并入阳乐县。肥如:西汉改肥如侯国置,治所在今河北省卢龙县北。属辽西郡。后燕、北燕都有尚书镇此。为当时北方军事重镇。北魏为辽西郡治,后又为平州治。隋开皇流年(586 年)省入新昌县。临榆:清乾隆二年(1737 年)析抚宁县、滦州地,改山海卫置,治所在今河北省秦皇岛市东北山海关,属永平府。1949 年迁治海阳镇。1954 年并入秦皇岛市和抚宁县。

通过上述文献资料,从不同角度可推断出辽西郡治的大致范围:辽宁省义

---

① 司马迁:《史记》,中华书局 1959 年版,第 2886 页。
② 班固:《汉书》,中华书局 1962 年版,第 1625 页。
③ 范晔:《后汉书》,中华书局 1965 年版,第 3528 页。

县西、河北滦州市、河北省迁安市西、河北省卢龙县东南、河北省秦皇岛市、抚宁县区河北省秦皇岛市东北山海关。辽西郡,战国燕置,秦、汉治阳乐县(今辽宁义县西)。辖境约当今河北省迁西县、乐亭县以东,长城以南,辽宁省松岭山以东,大凌河下游以西地区。因处辽水以西,故名。其后辖境渐小,十六国前燕移治令支县(今河北迁安市西),北燕又移治肥如县(今河北卢龙县北)。北齐废入北平郡。

可见,辽西郡包含了孤竹国的大致地理位置,这个地方在不同的时代有过不同的归属:商朝时,为其同姓封国;周朝春秋时,为其异姓封国,先后为燕、山戎属国,终为齐国所灭。其地被设置为辽西郡,归属的朝代有:秦、汉、后燕、北燕、北魏、隋、清。

(2)从考古文化学角度

考古学界的"辽西文化区""燕北文化区"概念,主要是指医巫闾山以西,北至西拉木伦河两侧,南至燕山以北,包括西拉木伦河、老哈河、大小凌河、滦河及其支流地区。医巫闾山是辽西、辽东的天然分界线,燕山是南部华北平原与东北平原的天然分野。这一地区从兴隆洼文化、赵宝沟文化经红山文化、小河沿文化到夏家店下层文化,时间跨度为距今8000年到3000年。[1]

苏秉琦(1986)[2]认为:考古文化学区系的"辽西"与自然地理的"辽西"不完全是一回事,但两者的范围基本相同。即东起辽河或辽河西的医巫闾山,西至内蒙古的锡林浩特到河北张家口一线,北抵西辽河流域,即拉木伦河两侧,南到大、小凌河流域或燕山山脉。

在"中华文明探源工程"中,燕辽地区是指今天的辽西平原至燕山南麓一带。[3] 涵盖了今辽西、冀东、内蒙古东南及京津相关区域。显然,这比"辽西文化区"的范围有所扩大,与苏秉琦"以燕山南北、长城地带为重心的我国北方地区"所关涉的地域范围基本一致,即北起西拉木伦河,南至海河,东部边缘不及辽河,西部在张家口地区的桑干河上游。

---

① 崔向东:《论辽西地区在中国历史上的地位》,《渤海大学学报(哲学社会科学版)》2014年第1期。

② 苏秉琦:《辽西古文化古城古国——兼谈当前田野考古工作的重点或大课题》,《文物》1986年第8期。

③ 赵辉:《中华文明的曙光》,《中华文明探源工程文集·社会与精神文化卷(I)》,科学出版社2009年版。

崔向东(2014)①认为:从人文地理学角度,结合考古文化学、自然地理和历代行政区划,辽西地域是指燕山以北,西拉木伦河以南,医巫闾山以西和七老图山以东的区域。即今辽宁西部朝阳、锦州、阜新、葫芦岛,内蒙古东部赤峰市和河北东北部承德市的三省交界处。

杨虎(1994)②认为:辽西考古学文化区,涵盖西辽河流域、大凌河与小凌河流域,燕山及其南麓至渤海湾,包括内蒙古东南部的赤峰市、哲里木盟及邻近的吉林西南部白城和四平南部,辽宁西部的朝阳、阜新和锦州,北京、天津及河北东北部的承德、唐山、廊坊等行政区域。

可见,学者们对辽西考古文化区核心区域的认识是一致的,"包括西拉木伦河、老哈河、大凌河、小凌河及它们的支流地区"③。东部以医巫闾山为界(东不过辽河),北部以西拉木伦河为界,西部可达张家口一线的桑干河上游,南部可达海河、滦河,甚至渤海一带。

2. 从红山诸文化到夏家店下层文化:中华文明起源的西辽河篇章

燕辽、江浙、长江中游、黄河中游和黄河下游文化区,是对中国文明的形成贡献最大的、独立演进发展的新石器文化区。④ 公元前三千二三百年,分布于黄河、长江中下游和燕山南北及西辽河流域的诸考古学文化的居民,已跨过了文明的门槛。⑤

红山文化因1935年最早发现于内蒙古自治区赤峰市红山后而得名。红山文化距今6000—5000年,主要分布在内蒙古东南部和辽宁省西部,波及河北省北部,而以老哈河中上游到大凌河中上游之间最为集中。⑥ 红山文化虽广布于燕辽地区,但文化分布的重心地区主要在西拉木伦河与大凌河、小凌河

① 崔向东:《论辽西地区在中国历史上的地位》,《渤海大学学报(哲学社会科学版)》2014年第1期。
② 杨虎:《辽西地区新石器——铜石并用时代考古文化序列与分期》,《文物》1994年第5期。
③ 张忠培:《辽宁古文化的分区、编年及其他》,《辽海文物学刊》1991年第1期。
④ 赵辉:《中华文明的曙光》,《中华文明探源工程文集·社会与精神文化卷(I)》,科学出版社2009年版。
⑤ 张忠培:《中国古代文明之形成论纲》,《考古与文物》1997年第1期。
⑥ 李伯谦:《中国古代文明演进的两种模式——红山、良渚、仰韶大墓随葬玉器观察随想》,《中华文明探源工程文集·社会与精神文化卷(I)》,科学出版社2009年版,第1—13页。

之间的内蒙古东南部和辽西地区。①

　　在辽西地区,经过正式考古发掘命名的考古学文化有小河西文化、兴隆洼文化、赵宝沟文化、富河文化、红山文化(前 4500 年—前 3000 年)、小河沿文化、夏家店下层文化(前 2500 年—前 1600 年)、夏家店上层文化(前 1000 年—前 600 年)。其中夏家店上层文化代表了欧亚草原东段发达的青铜时代晚期文化,约相当于商代初期至春秋晚期。夏家店下层文化主要分布于燕山南北地区,但以辽西地区为核心,辽西地区分布较早,河北北部分布较晚,表现出由北向南的扩延。②

　　辽宁西部的东山嘴、牛河梁遗址群,以及“坛、冢、庙”和精美的玉器(玉猪龙等)的发现,在中国史前时期的诸考古学文化中独树一帜,表现出明显不同于中原及其他地区的文化和社会发展状况,打破了考古学界“红山文化只是史前文化”的固化认识,反映出西辽河流域文明化的进程及其特点。

　　以筒形罐为代表的陶器文化是红山诸文化的重要文化符号,从兴隆洼文化的单一筒形罐,到红山文化时期筒形罐与彩陶并存,到小河沿文化独有的筒形罐,再到夏家店下层文化的盂形鬲,以至燕文化特有的“燕式鬲”,显示在多元文化交汇的背景下,原生文化的顽强传承与不同区域间文化的交流互鉴。③“红山文化彩陶的发现,提供了中国东北地区与中原地区史前文化交流的线索。……这些都与太行山东麓的仰韶文化相似。”“这也从另一个侧面揭示了红山文化得以成为中国东北地区最为发达的史前文化的重要原因。”④

　　红山文化的重要发现昭示中华文明起源的多源性。“它昭示出在辽阔的中华大地,文明的起源可能不是一个源头,也不只是一种模式,各地区可能都有其独自的文化发展和文明的起源道路。”⑤

---

　　①　张弛:《比较视野中的红山文化》,《中华文明探源工程文集·社会与精神文化卷(I)》,科学出版社 2009 年版,第 126—139 页。

　　②　崔向东:《先秦时期辽西地区古氏族述论》,《渤海大学学报(哲学社会科学版)》2016 年第 1 期。

　　③　刘观民、刘晋祥:《苏秉琦先生与大甸子》,《苏秉琦与当代中国考古学》,科学出版社 2001 年版,第 140 页。

　　④　王巍:《红山文化与中华文明起源研究》,《中华文明探源工程文集·社会与精神文化卷(I)》,科学出版社 2009 年版,第 119—125 页。

　　⑤　王巍:《红山文化与中华文明起源研究》,《中华文明探源工程文集·社会与精神文化卷(I)》,科学出版社 2009 年版,第 119—125 页。

20世纪30年代,以梁思永为代表的考古学家,对内蒙古东南部的北方长城地带具有中原与北方双重文化因素的考古文化遗存给予高度关注,并指出了长城地带作为南北文化接触地带研究的重要性(梁思永,1930、1935)。

苏秉琦(1983)①高度重视"以燕山南北、长城地带为重心的我国北方地区在我国古代文明缔造史上的特殊地位和作用",认为红山文化、夏家店下层文化和燕山文化,三者在空间上大致吻合,在文化传统上若断若续。他(1986)②提出了"古文化古城古国"的考古学新理论,最早把辽西地区文明起源的研究由考古文化区域类型研究提升到文明起源研究。他(1992)③认为红山文化在中国史前史中"先行一步"进入古国阶段,红山文化—夏家店下层文化—燕秦文化既是"古国—方国—帝国"的典型,也是"原生型"国家的生成模式,将中国文明起源和国家形成的观点系统化。

刘国祥(2009)④《红山文化与西辽河流域文明起源探索》认为:距今约5500—5000年的红山文化晚期,西辽河流域的史前社会发生了质变,已步入初级文明社会;距今约4000—3500年的夏家店下层文化时期,本地区已进入高级文明社会。西辽河流域在中国文明起源进程中的重要地位倍显突出,为中国文明多元一体格局的形成奠定了坚实的基础。

在中国古代文明的演进历程中,距今5500—4500年这个阶段,无论是北方的红山文化、东南的良渚文化,还是中原的仰韶文化,都已经达到苏秉琦所说的"古国"阶段。但他们所走的道路、所表现的形式不同,如果说他们是"古国",则红山文化古国是以神权为主的神权国家,良渚文化古国是神权、军权、王权相结合的以神权为主的国家,仰韶文化古国则是军权、王权相结合的王权国家。红山文化、良渚文化走向衰落的原因固然可能有环境变化、异文化入侵等因素,但根本原因是他们所走的道路、所表现的形式不同,"无论从考古材

① 苏秉琦:《燕山南北地区考古——1983年7月在辽宁朝阳召开的燕山南北、长城地带考古座谈会上的讲话(摘要)》,《文物》1983年第12期。

② 苏秉琦:《辽西古文化古城古国——兼谈当前田野考古工作的重点或大课题》,《文物》1986年第8期。

③ 苏秉琦:《华人·龙的传人·中国人——考古寻根记》,辽宁大学出版社1992年版,第132—134页。

④ 刘国祥:《红山文化与西辽河流域文明起源探索》,《中华文明探源工程文集·社会与精神文化卷》(Ⅰ),科学出版社2009年版,第140—182页。

料,还是从文献记载看,古代历史上出现的王权国家,因能自觉不自觉地把握社会可持续发展的方向,避免社会财富的浪费,因而要高于、优于神权国家"。"仰韶文化没有走先神权后王权,而是一开始就发展王权的道路。"①

(三)西辽河文明视域下的孤竹国

20世纪40—80年代,以大小凌河流域为中心,形成了一个出土先商和商周时期青铜器较为集中的地区。考古工作者推断夏家店下层文化为先商文化,年代上处于山东龙山文化至商代早期,地域上北至西拉木伦河流域,东达医巫闾山西侧,西部接近冀北或北京地区,南抵渤海沿岸的拒马河一带。说明夏家店下层文化已经到达燕南地区。② 孤竹国处于辽西文化区(燕北文化区),秦、汉、后燕、北燕、北魏、隋、清时期属辽西郡。

李经汉(1980),刘观民、徐光冀(1981),李恭笃、高美漩(1981),邹衡(2001)等学者认为殷商时期的孤竹国处于夏家店下层文化时期,近年来辽西地区的考古发现亦得到证实。苏秉琦(2009)、张博泉(1998)、郭大顺(2005)、赵辉(2009)、刘国祥(2009)、崔向东(2016)等认为,红山文化与夏家店下层文化可能就是商先文化。燕山南北、长城地带以红山文化、夏家店下层文化为代表的西辽河文明,是中华文明"多元一体"的重要来源。孤竹国是"冀东地区文明史的开端"。

李健民在《商代孤竹国历史文化探析及相关考古学认证》③中指出,多元一体是中华古代文明的典型特征。孤竹国是商代燕山南麓重要的诸侯方国,既有浓厚的土著文化特色,又受到中原商文化的强烈影响,在中国古代多元一体文明形成的过程中占有重要的地位。

由于历史、地理、民族等多重因素的影响,河北的区域文化呈现出四个文化圈:以邯郸为核心的冀南赵文化圈、以保定为核心的冀中燕文化圈、以张家口为核心的冀北汉蒙文化圈和以唐山为核心的冀东汉满文化圈。④ 孤竹国具有深厚而独特的文化内涵,与战国的中山国堪称先秦时期河北古国的双璧,在

---

① 李伯谦:《中国古代文明演进的两种模式——红山、良渚、仰韶大墓随葬玉器观察随想》,《中华文明探源工程文集·社会与精神文化卷》(Ⅰ),科学出版社2009年版,第1—13页。

② 王禹浪、孙军、王文轶:《大、小凌河流域的古代文明与历史文化》,《黑龙江民族丛刊》2008年第1期。

③ 李健民在2017年10月28日河北迁安第二届"轩辕黄帝文化"研讨会的发言。

④ 赵朕:《冀东文化圈的历史特质》,《社会科学论坛》2010年第16期。

河北乃至中国历史上均占有重要地位。①

冀东文化丰富多彩，包括以孤竹文化、长城文化、碣石文化为代表的古史文化，以冀东"三支歌"（冀东民歌、地秧歌、吹歌）、戏曲"三枝花"（评戏、冀东大鼓、皮影）等非物质文化为代表的冀东民俗文化，以及滨海旅游文化、红色革命文化、少数民族文化等。冀东文化在方言语词、饮食传统、居住习惯、服饰传统和民间艺术、民间活动等方面凸显出以汉族为底色、汉满等民族融合的鲜明地域特色。

孤竹国的伯夷、叔齐（简称"夷齐"）演绎了"兄弟让国、扣马谏伐、耻食周粟、采薇而食、饿死首阳"等经典传奇，从孔子、孟子等先秦儒家到司马迁、刘向等汉代史家，从屈原、韩愈等文学家到朱熹、顾炎武等思想家，从曾国藩、谭嗣同等近代贤哲到当代伟人毛泽东，对以夷齐为代表的孤竹文化多有臧否。以夷齐"崇礼、守廉、尚德、求仁、重义、反暴"为精神内涵的孤竹文化，对中国传统儒道文化的形成产生了巨大影响，是催生民族品格和道德的"中华德源"。

以孤竹国的文献收集、整理为基础，从历史沿革、代表人物、民族交融、地望疆域等角度系统梳理孤竹古国的发展流变，有助于厘清孤竹国的历史文化脉络，阐明孤竹国的文明化进程，丰富殷商时期西辽河文明侯国文化的内涵和文化样态。

加强孤竹国的历史文化研究，不仅有利于从中华文明多元一体的视角丰富商周时期西辽河文明的内涵，也有利于从中国传统文化形成的视角充分挖掘夷齐精神对中国儒道文化产生的重要而深远的影响。

---

① 冯金忠：《孤竹国研究的回顾与思考》，《文物春秋》2014 年第 3 期。

第二章 孤竹国的地理谱系:疆域变迁与地望之辨

　　商周时期,古辽西地区主要有四个诸侯国,分别是令支(今迁安、迁西一带)、山戎(今承德一带)、孤竹(今河北唐山以东至辽宁朝阳一带)、屠何(今锦州一带)。其东为孤竹、屠何,其西为令支,其北为山戎。令支之西即北燕,孤竹之南为齐国。

　　孤竹"殷汤三月丙寅日封",3600 年前孤竹部族就已活动在燕山南北的古辽西地区。冀东地区的青龙河、滦河流域和辽西地区的大凌河、小凌河流域,是孤竹部族的繁衍生息之地。孤竹国历经商周和春秋时期,在不同的历史时段,围绕孤竹国的核心区域、都邑地望,以及迁徙方向,学者们尚有不同认识。

一、孤竹城的地望之辨

　　孤竹国的都邑遗址及相关孤竹遗迹的考证,是目前孤竹地理谱系研究的焦点。一是孤竹国距今久远,作为商代侯国,留存下来的大型聚落遗址甚少;二是孤竹国核心区的确定与都邑遗址密切相关,同时可以廓清当下"孤竹文化核心区"之争。有学者认为孤竹文化是冀东文明史的开端,还有学者认为"孤竹是殷朝在东北的一个地方的城邦侯国,也是东北文明开发史之初的重要一页"①。

　　关于孤竹国都邑地望,学术界存在两种主张:一种认为自商至周,孤竹国的都邑始终在一个地方;另一种认为商周易代、齐桓公北击山戎之际,孤竹国部族曾发生两次大迁徙,但对迁徙的方向有不同看法,有的认为由冀东滦河的

---

① 张博泉:《箕子与朝鲜论集》,吉林文史出版社 1994 年版,第 22 页。

卢龙、迁安一带迁往辽西喀左、朝阳一带,有的认为由辽西喀左迁往冀东卢龙一带。两种主张看似不同,但其实质均指向一个问题:孤竹部族统治中心是在冀东卢龙一带,还是在辽西喀左一带?

李学勤(1983)①认为:"孤竹城只是其国君所居,或一部分华夏化民众的定居的地点。"这一观点极具洞见。在长达千年的存续期间,孤竹部族的生活范围不会局限于孤竹城一地。文献所及的孤竹城,既有可能是孤竹国君的都邑所在,也有可能是孤竹族民的城邑所在。显然,孤竹城具有都邑和城邑的不同政治属性。而从时间、空间一致性的角度看,历史上孤竹族的迁徙之地所留下的孤竹城既不会一成不变,也不会就是唯一。也就是说,在商周、春秋时期的不同历史时段,孤竹族在冀东和辽西地区先后建有孤竹城的观点是成立的。孤竹族在古辽西地区的数次迁徙,或为后世孤竹城地望的不同观点提供了直接的历史注脚。

孤竹国的都邑之争,主要分为"冀东说"与"辽西说"。冀东说,有迁安、滦州、卢龙之争;辽西说,又有喀左、朝阳之别。李学勤(1983)的《试论孤竹》最具代表性,唐兰(1973)、苗威(2008)、王禹浪(2008)、冯金忠(2014)、李立锋(2013)、薛顺平(2013)、李德山(2016)等学者对此有详细论述。

(一)孤竹城的地望

1. 卢龙城南说

(唐)张守节《〈史记〉正义》引《括地志》,如《史记·周本纪》引《括地志》云:"孤竹古城在平州卢龙县南十二里,殷时诸侯孤竹国也。姓墨胎氏。"②《史记·伯夷列传》引《括地志》云:"孤竹故城在平州卢龙县南十二里,殷时诸侯孤竹国也。"③《括地志》为唐初地理著作,这是"卢龙说"的源出。这几则文献材料说明唐代肯定殷时孤竹城在卢龙。

(唐)杜佑《通典》载:"平州,今理卢龙县。殷时孤竹国。春秋山戎、肥子二国地也。今卢龙县有古孤竹城,伯夷、叔齐之国也。"

(北魏)郦道元《水经注·濡水》引《魏土地记》载:"肥如城西十里有濡水(今滦河),南流径孤竹城西,右合玄水(今青龙河)。"《濡水》又引《地理志》:

---

① 李学勤:《试论孤竹》,《社会科学战线》1983年第2期。
② 司马迁:《史记》,中华书局1959年版,第116页。
③ 司马迁:《史记》,中华书局1959年版,第2123页。

"玄水又西南径孤竹城北,西入濡水。"并记载孤竹城附近有孤竹君祠,"祠在山上,城在山侧,肥如县南十二里,水之会也。"肥如县在唐武德时期改名卢龙,其后相沿未改,康熙《卢龙县志》论证甚详。《大清一统志》则说孤竹山在卢龙县西,孤竹国城在其阴,其说略有不同。

(明)陈循、彭时等《寰宇通志》载:"孤竹古城,在府城西十五里洞山下。殷孤竹君所封地。元时有夷齐庙遗址尚存。"天顺五年《大明一统志》载:"孤竹国,在府城西一十五里。殷孤竹君所封之地。"

(清)顾祖禹《读史方舆纪要·北直八》:"孤竹城,府西十五里。……《汉志》注令支县有孤竹。《括地志》:孤竹古城在卢龙城南十二里,今故迹已不可考。城或后人所筑,而冠以古名云。"雍正十三年《畿辅通志》载:"孤竹故城,在府城南。《括地志》:孤竹故城在卢龙城南十二里。《文献通考》平州:殷时孤竹国地。今卢龙县有孤竹城,伯夷、叔齐之国也。"《卢龙县志》载:"孤竹在城西十五里,滦河之左,洞山之阴。"①洞山即今滦州市孙薛营遗址南面的首阳山。

"卢龙城南说"在学界影响最广。学界多认为孤竹国的都邑在今河北省卢龙县境内,相关考古发现亦得到证实。

20世纪70年代初,河北省卢龙县境内的殷商晚期墓葬曾出土过饕餮纹铜鼎、乳钉纹铜簋、弓形器以及金腕饰等物。有学者认为,从地理位置上看,这些随葬品可能是商代同姓封国孤竹的文化遗物。② 谭其骧的《中国历史地图集》将孤竹国故城确定在河北卢龙县城南。李学勤(1983)③明确指出:孤竹城在今河北卢龙县境是没有疑问的。2011年,河北省历史学会、河北省文物考古学会组织专家学者到卢龙县蔡家坟实地调查,形成了"孤竹国都城就在卢龙城南"的共识。④

2013年卢龙县蔡家坟遗址挖掘,发现了灰坑、房子、灶台、墓葬等诸多孤竹文化遗存,虽然尚未发掘出有关孤竹国都邑的大型聚落遗址,但遗址所呈现

---

① 李茂林:《卢龙县志·卷五·古迹》,(台北)成文出版社1968年版。
② 河北省文物管理处:《河北省三十年来的考古工作:文物考古工作三十年》,文物出版社1979年版。
③ 李学勤:《试论孤竹》,《社会科学战线》1983年第2期。
④ 刘军、孟凡栋:《孤竹国都城就在卢龙城南》,《秦皇岛日报》2011年8月19日第2版。

的新石器晚期、夏至早商时期、商周之际、西周时期、春秋战国时期五个发展阶段,证实了孤竹人在此地生存的稳定性与连续性,与孤竹国存续千年的历史相吻合,因此确定该遗址为孤竹国遗址。①

2. 迁安(令支)说

《迁安县志·沿革》载:"《汉书·地理志》:'令支县有孤竹城',盖即商之孤竹国,周之令支、孤竹二国地也。"显然,商朝时期孤竹国的都邑在辽西郡令支县。《史记集解》曰:"应劭曰:'(孤竹)在辽西令支'。"《汉书·地理志》引应劭云:"故伯夷国,今有孤竹城。"《国语·齐语》云:"遂北伐山戎,刜令支、斩孤竹而南归。"韦昭注:"二国,山戎之与也。令支,今为县,属辽西,孤竹之城存焉。"②《后汉书·郡国志》曰:"辽西郡城五:阳乐、海阳、令支、肥如、临渝。"令支县,即今迁安、迁西一带。前后汉史料皆谓孤竹城在令支县。

《大清一统志》云:"令支故城今迁安县西。"又:"孤竹山在卢龙县西,孤竹城在其阴。"可知,孤竹城与令支故城并非一事,但孤竹城与令支密不可分。迁安与卢龙毗邻而居,历史上同属汉代辽西郡的令支、明清时期的永平府。后世卢龙县的部分辖区划归迁安、滦州。

1984年,河北省迁安市野鸡坨镇小山东庄村发掘一处墓葬,位于滦河西岸、龙山东侧的山坳中。从地理方位、出土的象征权力的青铜器,有学者推断该墓葬为末代孤竹君墓。1992年,河北省迁安市夏官营镇马哨村出土商代青铜器,青铜簋底部铸有"箕"字,青铜鼎内壁铭文为"卜"字。专家认定为箕子家族与孤竹家族联姻的媵器。

唐兰(1973)③指出:"今河北省迁安县附近的古孤竹城,可能是孤竹国的一个都邑。"也有学者(2002)④推断古孤竹城在今迁安、卢龙、滦州三县市交界地区。王禹浪(2008)⑤等认为:孤竹国的国都在今河北省迁安市附近。吕思

---

① 《河北蔡家坟遗址发现大量孤竹文化遗存》,2013年10月17日,见 http://news.xinhuanet.com/2013-10/02/m_117585911.htm。

② 韦昭:《国语》,上海古籍出版社2008年版,第79页。

③ 唐兰:《从河南郑州出土的商代前期青铜器谈起》,《文物》1973年第7期。

④ 朱玉环、田军民、洪娟:《试论孤竹文化》,《中州今古》2002年第6期。

⑤ 王禹浪、孙军、王文轶:《大、小凌河流域的古代文明与历史文化》,《黑龙江民族丛刊》2008年第1期。

勉在《中国民族史》①中也持迁安说。

前后汉与商周距离最近,其传世文献更具权威性和可信度。同时,文献提及的商代令支有孤竹城,说明商代令支属于孤竹。周代令支从孤竹析出,这也是后世言孤竹城在令支、孤竹两地的分歧之源。另一种现实原因,或为商末周初至春秋之间孤竹族数次迁徙,留下的孤竹城不仅是都邑所在,也是华夏化的孤竹族民的聚落生活点。

《汉书·地理志》《永平府志》《寰宇通志》《大明一统志》《乾隆府厅州县图志》等古籍,采用了孤竹国都城令支(迁安)说。结合卢龙、迁安、滦州等县市当前的地理区位,有学者认为"孤竹国都令支说是最贴近实际的推测"②。

3. 滦州黄洛城说

《史记索隐》载:"汤正月丙寅,封支庶墨胎氏于孤竹。"清代《滦州志·纪事》载:"商汤十八祀,乙未,封墨胎氏于孤竹,城黄洛。"③即公元前1618年正月的丙寅日,商汤封墨胎氏为孤竹国君。

《辽史·地理志四》载:"滦州,永安军,中,刺史。本古黄洛城。"④《大明一统志》载:"黄洛城,殷时诸侯之国,在滦州。"⑤《滦州志》引《大明一统志》载:"武丁析孤竹之黄洛,以封诸侯。"⑥约公元前1250年武丁将黄洛城从孤竹国析出,封立诸侯国。《滦州志·沿革表》载:"滦州本古黄洛城,祖置永安军。滦州之名始此。"⑦

今滦州古城即古黄洛城。以黄洛城从孤竹国析出为界,孤竹国前后约330年,滦州市古城区为孤竹国的早期都城。晚期都城在滦州市孙薛营遗址附近,包括滦河北岸的迁安市坨上村和遗址西面的现名"牙城"的地方。⑧

4. 喀左说

(清)吕调阳《〈汉书·地理志〉详释》载:"旗南八里有故龙山城,盖即令

---

①　吕思勉:《中国民族史》,北京联合出版公司2014年版,第55页。
②　杜志军:《孤竹国都城区位考析》,《文物鉴定与鉴赏》2019年第6期。
③　杨文鼎:《滦州志·卷九·封域下·记事》,(台北)成文出版社1968年版。
④　脱脱:《辽史》,中华书局1974年版,第500页。
⑤　李贤、彭时:《大明一统志·卷之五·永平府:古迹》,巴蜀书社2018年版。
⑥　杨文鼎:《滦州志·卷九·古迹·黄洛城》,(台北)成文出版社1968年版。
⑦　杨文鼎:《滦州志·卷二·沿革表》,(台北)成文出版社1968年版。
⑧　参见杜志军:《孤竹国都城区位考析》,《文物鉴定与鉴赏》2019年第6期。

支城也。……又旗东北二十五里有元利州城,盖志所云孤竹城。"认为孤竹城并非处于卢龙附近而在喀左附近。此为后世"喀左说"的源出。这与喀左一带先后出土多批商周时期的青铜器巧合。今朝阳地区出土的唐代和辽代墓志中也常提到孤竹的方位与名称。①

1973年喀左县北洞村1号坑出土的"亚微罍",被李学勤考定为商代孤竹国器,也证明在周初召公封燕前,喀左一带为商代孤竹国疆域。唐兰(1973)②认为"亚微罍"属于商代后期器,并结合文献考证,认为喀左一带属孤竹国,"也就是伯夷、叔齐的老家"。

北洞村2号坑出土的青铜方鼎,内底有铭文"冀侯亚吴"③,"冀侯"即"箕侯",说明与孤竹国关系密切的冀族曾是燕地所在。有学者认为"冀侯"即史书中的箕子。④ 按《史记·宋微子世家》载:"武王既克殷,访问箕子……于是武王乃封箕子于朝鲜而不臣也,"又《尚书大传》载:"武王胜殷,继公子禄父,释箕子之囚。箕子不忍为周之释,走之朝鲜。"⑤

苗威认为,孤竹国旧都在卢龙,后向北扩张,喀左应为新都所在。这一地区,恰恰是夏家店下层文化的分布区,亦即古山戎分布区。⑥ 而孔华(2017)等明确指出,"喀左说"为清人吕调阳所提出,明显出于附会,可置勿论。杜志军认为,孤竹国人因为国破或其他某种原因携重器避居于喀左更近于事实。⑦

(二)孤竹城的地望考辨

学界提出的"卢龙城南说""迁安(令支)说""滦州黄洛城说""喀左说",主要依据传世文献和出土文物来推断孤竹城的地望,缺少大型聚落考古证实,仍存疑问:一是孤竹国都邑确凿的地点在哪里? 二是孤竹国存续千年,商周时期,部族不常厥居,孤竹地望辗转变化的轨迹又是什么? 这些都需要进一步考证。

---

① 王禹浪、孙军、王文轶:《大、小凌河流域的古代文明与历史文化》,《黑龙江民族丛刊》2008年第1期。
② 唐兰:《从河南郑州出土的商代前期青铜器谈起》,《文物》1973年第7期。
③ 喀左县文化馆等:《辽宁喀左县北洞村出土的殷周青铜器》,《考古》1974年第6期。
④ 李路、白军鹏:《孤竹与古燕族、燕国关系考论》,《古籍整理研究学刊》2017年第1期。
⑤ 伏胜:《尚书大传·卷三》(第45册),上海书店1989年版。
⑥ 苗威:《山戎、东胡考辨》,《中国边疆史地研究》2008年第4期。
⑦ 杜志军:《孤竹国都城区位考析》,《文物鉴定与鉴赏》2019年第6期。

　　盘庚迁殷前，商代前期曾有五个王都，即《尚书·盘庚》中所说的"于今五邦"，为"自契至于成汤八迁"中最后一迁。统而言之，商代前后共六个王都。(东汉)张衡《西京赋》曰："殷人屡迁，前八后五。"可见，商人迁都就有十多次。周人自邠至岐，由岐而丰，由丰至镐，亦其例。春秋时期，卫国与邢国的都城也有过几次迁徙。

　　因此，孤竹城的地望考辨，既要考虑商周时期朝国都邑迁徙的"常例"，也要充分虑及孤竹国存续期间朝国兴衰和部族征伐、迁徙带来的影响，不能只凭文献就判定孤竹地望为某处，要用发展的眼光和联系的视角来探究；既需要对文献资料进行系统梳理，从历史沿革、行政区域的变化等方面考证相关地理位置，也有赖于考古材料的系统解读和大型聚落遗址的发掘。地名等"非遗"材料，也是重要的佐证。

　　1. 汉代以降令支、卢龙的辖域变迁

　　《汉书·地理志》记载西汉时期辽西郡辖十四县：且虑，海阳，新安平，柳城，令支，肥如，宾从，交黎，阳乐，狐苏，徒河，文成，临渝，絫。可见后世所言柳城，令支，肥如都为汉代的辽西郡所辖。

　　汉代最早提及令支有孤竹城，同期的汉代"肥如""柳城"并未提及"孤竹城"，而令支作为封国是从周代开始的。可以肯定汉代"令支"中有"孤竹城"，而其辖域范围当为"商之孤竹国，周之令支、孤竹"。郦道元《水经注》里提到"肥如""濡水"和"孤竹城"，并叙述三者之间关系，是因为"令支"之后历史沿革历经变动，《大清一统志·卷十八·永平府一》对"令支"沿革有简明叙述：

　　　　春秋山戎令支国。汉置令支县，属辽西郡，后汉因之。晋初，没于鲜卑，为辽西郡治。后魏太平真君七年，省入阳乐，后为肥如县地。五代时，入辽，改置安喜县，属平州。金大定七年，改曰迁安。元至元二年，省入卢龙，后复置，属永平路。明属永平府，本朝因之。

　　汉代之"令支"地域范围要比清代大，汉代到清代历经千余年，地域范围的变动不可避免。令支，在春秋时期与孤竹成为山戎的附属国，秦时为离支县，汉朝改为令支县，归属于辽西郡。《嘉庆一统志》载："令支故城在今迁安西北。"值得注意的是：从汉代的令支县到金代的迁安县，虽然县名数易，但其地望大致未变。金代时迁安县相对于汉代令支城来说，位置略有北移。故《水经注·濡水》称"令支县故县"，而《大清一统志·卷十九·永平府二》则说:"令支故城在迁安县南。"对于汉代"令支"地望,《中国历史地图集释文汇编·东北卷》提出"河北省迁安县西南赵店子"观点①,《东北历史地理》(第一卷)论证令支"地近孤竹,渤海之滨",而其活动地区应"在今迁安一带",认同此说。令支行政区当有变化,这种变化必然影响到孤竹城的归属,因而无法保证孤竹城一直都在迁安县境内。

《汉书·地理志》注肥如:"应劭曰:'肥子奔燕,燕封于此也'。"据《汉书·地理志》与《后汉书·郡国志》记载,肥如为两汉时期辽西郡属县。位于河北省迁安市东部。《大清统一志》中提到"令支""而后魏太平真君七年,省入阳乐,后为肥如县地"。

卢龙,最早出现在《隋书·地理志》:"卢龙旧置平州。领新昌、朝鲜二县。后齐省朝鲜入新昌,又省辽西郡并所领海阳县入肥如。开皇六年(586)又省肥如入新昌,十八年(598)改名卢龙。"《大清一统志·卷十八·永平府一》对其历史演变做了简要概述:

> 本商孤竹国。春秋为肥子国。汉置肥如县,属辽西郡。后汉至晋因之。后魏延和初,为辽西郡,及平州治。又侨置新昌县,为北平郡治。北齐废辽西郡,入北平。隋开皇六年,省肥如县入新昌,十八年,改新昌曰卢龙。大业初,复为北平郡治。隋末,移郡治临渝,复改卢龙曰肥如。唐武德二年,仍改曰卢龙,移平州来治。辽因之。宋宣和四年,改曰卢城。金复故。元为永平路治,明为永平府治。本朝因之。

综合以上文献资料,可以看出:

第一,令支、肥如、卢龙在历史发展的进程中逐步重合。唐代的卢龙为汉魏晋六朝的肥如,而魏晋六朝的肥如又辖汉代的令支。

第二,汉代所言肥如和北魏时的肥如城邑会有一些变化。据《魏书·地形志上》载:辽西郡领县三:肥如,阳乐,海阳;北平郡领县二:朝鲜,新昌。可知北魏时期的肥如与新昌不在同一个地方,而且当时的肥如也已移位于汉代肥如故城之西,故《水经注·濡水》分别提及当时的"肥如县"和"肥如县故城"。但唐代肥如县位于原侨置新昌县治,之前即北魏时期的肥如县并不在

---

① 谭其骧:《中国历史地图集释文汇编(东北卷)》,中央民族学院出版社1988年版,第3页。

这里。据《读史方舆纪要·北直八》载:"卢龙县,附郭,古肥子国。汉置肥如县,属辽西郡。开皇十八年,改置卢龙县,属平州。肥如县在今卢龙县西北三十里。"①《大清一统志·卷十九·永平府二》亦云:"肥如故城,在卢龙县北。……旧志:肥如城在卢龙县西北三十里。"这说明北魏时期的肥如县与新昌(卢龙)相距三十里,应是两个县城。

第三,唐之卢龙与清之卢龙虽时代久远,会有一些区域统辖变化,但卢龙古城应是变化不大。

表 2-1　令支、卢龙地域变迁表

《汉书·地理志》		《大清一统志》						
商孤竹城	令支	山戎	令支县	肥如	辽属平州郡	迁安	省入卢龙,后又复置	永平府	永平府
	孤竹	失地	肥如县	永平府					
所处朝代	周	春秋	汉代	魏	五代	金	元	明	清

2. 孤竹城的方位

汉代文献并未指出孤竹城的具体方位,只是说明一个事实:令支县有孤竹城。所以确定其方位主要还是依据北魏、唐代和北宋的资料,以濡水、玄水为坐标。相对于行政区域的变动,地理环境更为稳定。

《水经注·濡水》引《魏土地记》载:"肥如城西十里有濡水,南流径孤竹城西,右合玄水。"据《魏书》载:"肥如有孤竹城。"又载:"祠在山上,城在山侧,城在肥如南十二里。"《水经注》载:"孤竹祠在山上,城在山侧。"(宋)乐史《太平寰宇记》载:"卢龙县。本汉肥如县也,属辽西郡。应劭曰:'肥子奔燕,封于此。'唐武德三年省临渝,移平州置此,仍改肥如县为卢龙县,复隋开皇之旧名。……令支城,汉县,属辽西郡,废城在今县界。孤竹城,在今县东,殷之诸侯即伯夷、叔齐之国。又按《县道记》云:'孤竹城在肥如县南十二里。'"通过上述记载我们可以认定孤竹城在"肥如南十二里"。

(清)杨守敬《水经注疏》曰:"上言濡水,经孤竹城西,左合玄水,玄水径孤竹城北,西入濡水,则城在濡水东、玄水南,二水交会处。下言肥如县南十二

---

①　顾祖禹:《读史方舆纪要》,中华书局 2005 年版,第 750 页。

里,水之会也。故《寰宇记》谓孤竹城正在肥如县南十二里,而《括地志》谓在卢龙县南十二里,误。唐卢龙即今县治。今二水合于卢龙西北,古合处去肥如十二里,则不得在卢龙南。"①明确指出孤竹城在濡水、玄水的交汇处。《水经注》、《太平寰宇记》说孤竹城在肥如县南十二里是正确的,而唐代的《括地志》说在卢龙县南十二里则是错误的。②

《水经注·濡水》引《魏土地记》曰:"肥如城西十里有濡水,南流径孤竹城西,右合玄水。"据《隋书·经籍志》载:"卢龙有玄水,流经其县东。"而《魏土地记》与《隋志》又明确指出肥如城应在滦河之东十里,且在青龙河之西。《大清一统志》曰:"肥如故城在今卢龙县西北三十里。"民国《卢龙县志》载:"肥如城在治城(今卢龙城)西北三十里。"《卢龙县志》云:"清风台址在县西北十五里清节祠(夷齐庙),孤竹都邑遗址居其右三里许,今属迁安地,东南为滦河、青龙河汇合平原。"孤竹故城在今卢龙县东北十八里、永平府西十五里无误。今人所言:迁安、卢龙应为同一地点。

李利锋(2013)③以时间为经,详细梳理了汉代至清代有关孤竹城的传世文献,诸如《汉书·地理志》《后汉书·郡国志》《晋书·地理志》《水经注》《通典》《太平寰宇记》《寰宇通志》《读史方舆纪要》《永平府志》《迁安县志》等方志,以及清代朝鲜使者的旅行日记和札记,认为孤竹古城当在今卢龙县西北夷齐庙旧址。

薛顺平(2013)④以《〈史记〉正义》引《括地志》"孤竹古城在卢龙县南十二里"、《中国历史大辞典》标注"孤竹城在卢龙县南"、郭守敬按《汉书·地理志》"孤竹城在濡水东、玄水南,二水交会处"等文献为切入点,以"二水交会处""卢龙城"为坐标,依托近年来卢龙县境内的商代考古发现和有关孤竹文化的"非遗"资料,尤其是对蔡家坟遗址的考古发掘,认为千年孤竹国都锁定蔡家坟村。⑤

① 郦道元注,杨守敬、熊会贞疏:《水经注疏》,江苏古籍出版社 1989 年版,第 1254—1255 页。

② 孔华、杜勇:《孤竹姓氏与都邑变迁新考》,《中国高校社会生活》2017 年第 2 期。

③ 李利锋:《我谈伯夷叔齐》,《中国孤竹文化》,中国文史出版社 2013 年版,第 122—135 页。

④ 薛顺平:《千年孤竹国都锁定蔡家坟村》,《中国孤竹文化》,中国文史出版社 2013 年版,第 337—341 页。

⑤ 孟凡栋等:《实地踏查取证,寻找孤竹国都城》,《秦皇岛日报》2011 年 3 月 1 日第 B2 版。

尹小燕(2017)①认为:《永平府志》之《迁安县疆域图》将"夷齐庙"的位置标为"孤竹城"。府志载明,夷齐庙系明"景泰五年知府张茂复建于孤竹城"。可见,孤竹国古城在夷齐庙附近。《水经注》曰:"玄水西南径孤竹故城北,孤竹国也。"如果说,伯夷叔齐庙建在故孤竹城上,城北为孤竹国,坨上村一带就是国都。

当然,关于孤竹国的都邑,无论是冀东诸说,还是辽西诸说,这些观点或结论都是初步的,还需要考古发掘和史料的进一步验证。李德山(2016)②等学者认为:"孤竹或尝迁国,亦未可知。"③李学勤(1983)④则认为:孤竹国的政治中心或都城只有一个,即位于今卢龙、迁安一带的古孤竹城。至于迁国说,"虽然新奇可喜,我们也不应采用"。孤竹国存世千年,"迁国"或在商末周初,或在公元前 7 世纪初齐桓公称霸之后。否则,就无以解决河北省东部和辽宁省西部共有孤竹国政治中心现象。

林沄在《关于中国早期国家形式的几个问题》(1986)提出"都邑群复合体"的概念,认为在朝国治下,朝如同"都邑群复合体",国如同"都邑群"。"当一个都鄙群构成一个国家时,除了国都之外,所有的邑都是鄙。所以当成立复合体之后,凡是国都统治下的诸都,也可以看作是国都的鄙。"⑤由此观之,迁安、喀左等地的诸多孤竹城如同"邑",而卢龙的孤竹城显然是承担了孤竹国都的职能和地位。谭其骧主编《中国历史地图集》(1982)标注的孤竹国都的位置从商代到战国期间,始终在滦河下游右岸的卢龙。显然,这也契合了众多史籍中的记载。而迁安、喀左等地孤竹城也恰好说明了城邑与都邑相互支撑。从这个意义上说,这与王玉哲先生商代社会"点、面"发展的观点相契合,即所谓孤竹国都城的多点分布特征。

正如李学勤、苗威、朱玉环等学者所言,孤竹国存续期间,其都邑很可能从冀东到辽西数次迁徙,而留下的孤竹城既可能是君王、贵族所居的都邑,也可

① 尹小燕:《孤竹国都在迁安考略——在 2017 年 10 月 28 日河北迁安第二届"轩辕黄帝文化"研讨会的发言》。
② 李德山:《论孤竹国及对汉文化的继承与传播》,《渤海大学学报(哲学社会科学版)》2016 年第 2 期。
③ 陈槃:《不见于春秋大事表之春秋方国稿》,《台湾"中央"研究院历史语言研究所专刊》1982 年,第 60 页。
④ 李学勤:《试论孤竹》,《社会科学战线》1983 年第 2 期。
⑤ 林沄:《关于中国早期国家形式的几个问题》,《吉林大学社会科学学报》1986 年第 6 期。

能是华夏化的族民所居的城邑。这不仅需要考古工作和文献研究的深化以释纷争,也与孤竹故地的古今行政区划变更有关,如滦河与青龙河交汇连片的孤竹国腹地,历史上同属治所在卢龙的永平府管辖,后分立卢龙、迁安、滦州三县市,因此亟须国家在区域文化保护、开发方面的统筹规划。

二、孤竹国的疆域变迁

孤竹国历经商周和春秋时期,疆域范围随着朝代更迭、地名变迁,很难保证地域范围在时间、空间上的一致性。其疆域面积会随着孤竹的由盛到衰而由大到小,活动区域也处于迁徙、游移状态。因此,要以自然地理为坐标,通过政治地理、人文地理等视角梳理出孤竹国疆域变迁的轨迹。即从部族国家角度梳理出孤竹存续期间的治域范围,从文化角度厘清孤竹文化的始生、绵延、流布的传承范围。

(一)孤竹国的治域范围

1. 传世文献中的孤竹国

关于孤竹的地望疆域,《尔雅·释地》《水经注》《汉书·地理志》《括地志》《新唐书》《辽史·地理志》《通典》《大清一统志》《读史方舆纪要》《锦州府志》《滦州府志》等传世文献多有记载。

《尔雅·释地》将"孤竹"释为四荒之一,说明孤竹曾活动在北方的辽阔地区。

《汉书·地理志》载:"令支,有孤竹城。"《通典·州郡八》:"平州,殷时孤竹国。春秋山戎、肥子二国地也。"《读史方舆纪要·北直八》载:"(迁安县)汉令支县地。辽太祖侨置安喜县于故令支。金大定七年,更名迁安县。元至元二年,省入卢龙县。寻复置,属永平路。"颜师古注《汉书·郊祀志上》中"孤竹":"伯夷国也,在辽西令支。"①可见,令支县今属河北省迁安市,平州今属河北省卢龙县。令支县、平州均属商朝孤竹国的地域范围。迁安、卢龙地域相连,均为永平府所辖。

---

① 北京大学中国语言学研究中心语料库,2015年5月22日,见 http://ccl.pku.edu.cn:8080/ccl_corpus/index.jsp? dir=gudai。

《读史方舆纪要·北直八》载:"永平府,古冀州地。有虞时分为营州地。夏仍为冀州地。商时为孤竹国。周属幽州。春秋时为山戎、肥子二国地。战国属燕。秦为右北平、辽西二郡地。汉因之。(《汉志》:右北平郡治平冈道,在今蓟州北境。)"又载:"滦州,府西南四十里。东至山海关百七十里,南至海百十里,西北至顺天府蓟州三百二十里,古孤竹国地。"

永平府东至山海关一百八十里,南至海岸一百六十里,西至顺天府蓟州三百里,北至桃林口六十里,东北至废营州六百九十里。自府治至京师五百五十里,至南京三千一百五十里。当时的永平府府域涵盖了冀东的唐山、秦皇岛两市,以及承德东部、天津蓟州等广大地区。这里曾是孤竹古国的范围。

《隋书·裴矩列传》载:"……矩因奏状曰:"高丽之地,本孤竹国也。周代以之封于箕子,汉世分为三郡,晋氏亦统辽东。"[1]《新唐书·裴矩传》:"矩因奏言:'高丽本孤竹国,周以封箕子,汉分三郡。'"从中可知,高丽也曾是孤竹国的疆域。而《旧唐书·高丽列传》中的高丽为汉乐浪郡故地,距京师五千一百里,东西三千一百里,南北两千里,覆盖的地域不仅包括现在的辽西,也包括辽东的大部分地区。可见,从商时高丽到周代的箕子朝鲜,孤竹所及已达辽东、朝鲜半岛。

《辽史·地理志四》载:"平州,辽兴军,上,节度。商为孤竹国,春秋山戎国。秦为辽西、右北平二郡地,汉因之。"[2]其后平州路"营州"条记载:"营州,邻海军,下,刺史。本商孤竹国。秦属辽西郡。汉为昌黎郡。(按:据《三国志·魏书》卷四、《晋书·地理志》"昌黎郡"载,曹魏置昌黎县,后又置郡。)"《辽史·地理志三》:"兴中府。本霸州彰武军,节度。古孤竹国。汉柳城县地。"[3]可见,《辽史》中的"兴中府""营州""平州"均为商代孤竹国。

《通典·州郡八》载:"营州,今柳城县,殷时为孤竹国地。"柳城县,即今辽宁朝阳。《太平寰宇记·营州》沿袭此说,亦云:"营州柳城郡,今治柳城县……殷时为孤竹国,春秋时为山戎之地。"《辽史·地理志三》记载:"(兴中府)古孤竹国,汉柳城县地。"《汉书·地理志四》:"(营州)本商孤竹国。"(明)顾炎武《日知录集释》:"古孤竹国,汉柳城县地。"显然,辽西今辽宁朝阳一带

---

① 魏徵:《隋书》,中华书局1973年版,第1581页。
② 脱脱等:《辽史》,中华书局1974年版,第500页。
③ 脱脱等:《辽史》,中华书局1974年版,第486页。

亦属于孤竹国境。

《〈汉书·地理志〉详释》载:"喀左东北二十五里,有元利州城,盖所谓孤竹国也。"元代利州是沿袭辽金时期的利州名称,治所在今辽宁省喀左县大城子镇。

《锦州府志》载:"宁远州,金汤、海阳,商孤竹国地。周属燕,秦属辽西郡,汉海阳县,地属辽西郡。"①可知,宁远州的金汤、海阳为商朝时期孤竹故地,周朝时归于燕,亦即汉朝海阳县,属于辽西郡。宁远州,现名兴城市,由辽宁省直辖,后改由葫芦岛市代管。

《大清一统志·卷四百五》载:"土默特建置沿革,本古孤竹国。"土默特两旗的辖地,包括今辽宁省北票、阜新的部分和内蒙古敖汉旗南部。

根据以上典籍记载和出土器物,多数学者认为,孤竹国疆域,包括今河北省东北部及辽宁省西部。诚如章炳麟(1925)所言:"(伯夷叔齐)其共居之地为清时永平府所属卢龙、迁安、滦州、昌黎、抚宁、临渝及锦州所属锦、宁远。于汉时皆属辽西。"②有学者甚至认为,其疆域包括今河北北部的张家口、承德,京、津和辽宁西部,内蒙古南部,以及辽东和朝鲜半岛的广大地域。但也有学者认为,孤竹国疆域远未如此辽阔,不能从出土器物范围来确定疆域范围,孤竹所辖区域只是卢龙、迁安所在盆地③。

2. 当代学者的相关研究

李学勤(1983)、金岳(1983)、张亚初(1992)、李志毅(2003)、苗威(2008)、李德山(2016)、王士立(2010)、彭邦炯(1991)、崔向东(2019)等当代学者从史书、方志、考古以及青铜文字释读等角度,对孤竹国的治域范围进行了深入研究。

李学勤(1983)④认为:孤竹的范围包括今河北省东北部及辽宁西部。金岳(1983)⑤认为:孤竹国"西起今河北省的迁安、卢龙县,沿渤海北岸,东抵辽

---

①　刘源溥、孙成、范勳:《锦州府志》,康熙二十一年抄本,1682年。
②　章炳麟:《伯夷叔齐种族考》,《华国月刊》1925年第9期。
③　王玉亮:《孤竹地望试析》,《廊坊师专学报》1998年第4期。
④　李学勤:《试论孤竹》,《社会科学战线》1983年第2期。
⑤　金岳:《亚微罍考释——兼论商代孤竹国》,《社会科学战线》1983年第5期。

宁省的兴城县,北达北票、敖汉南部"。李德山(2016)①认为:孤竹辖境大体上
南境在今渤海北岸,北境在今辽宁北票县、内蒙古自治区敖汉旗境内,西境起
自今滦河下游地区,东境在今大凌河流域。彭邦炯(1991)②认为:商代竹氏地
望在今河北东北部到长城外的辽宁西部、内蒙古东南一隅的范围内。蒙古托
力(2003)③认为:"孤竹人分布在今河北省东北部和辽宁省西南部的广大地
区。"金岳(1981)④认为:古孤竹国在今之河北省迁安,沿渤海岸,东抵辽宁省
的兴城县,北达辽宁北票、内蒙古敖汉西南。崔向东(2019)⑤认为:孤竹国领
地范围在河北北部和辽宁西南部地区,主要包括河北省卢龙、迁安、昌黎、秦皇
岛和辽宁省朝阳、北票、喀左、葫芦岛、锦州等地。

　　综合文献、考古和当代研究成果,以商周鼎革和齐桓公北伐两个重大历史
事件为标志,孤竹国经历了殷商兴盛、西周衰微、春秋消亡的历史进程。齐桓
公北伐山戎、刜令支、斩孤竹,说明古辽西地区当时为这三个诸侯国所盘踞。
而燕国、孤竹、令支、山戎四个诸侯国势力的此消彼长直接影响了孤竹国的疆
域范围。

　　商末周初前为孤竹国最强盛时期,疆域广袤,以燕山南北的古辽西地区为
核心,即今冀东的唐山、秦皇岛和辽西的朝阳、锦州和阜新连片区域,西至天津
蓟州,东北越辽沈以北,东辖朝鲜,北至辽宁北票和内蒙古敖汉旗南部,南滨渤
海,其腹地在青龙河与滦河交汇地带,即今卢龙、迁安、滦州三县市的连片地
区,历史上同属平州(唐、辽金时期)、永平府(明清时期)管辖,治所在卢龙。

　　西周时期,孤竹国西部迁安一带分立为令支国,今蓟州一带则为燕国所控
制,因此,孤竹国的西部应由蓟州收缩至迁安以东。周初"箕子之朝"后,大量
孤竹族民北向迁徙至今辽西地区的朝阳、喀左一带,这也为辽西地区发现大量
的商末周初青铜器物所证实。

　　①　李德山:《论孤竹国及对汉文化的继承与传播》,《渤海大学学报(哲学社会科学版)》
2016 年第 2 期。
　　②　彭邦炯:《从商的竹国论及商代北疆诸氏》,引自王宇信:《甲骨文与殷商史(第 3 辑)》,
上海古籍出版社 1991 年版。
　　③　孟古托力:《孤竹国释论——一支华夏化的东北夷》,《学习与探索》2003 年第 3 期。
　　④　金岳:《亚微罍铭文考释》,《辽宁考古学会成立会刊》,1981 年。
　　⑤　崔向东:《论商周时期的孤竹国——辽西走廊古族古国研究之一》,《甘肃社会科学》
2019 年第 3 期。

春秋时期,孤竹国北部的山戎势力迅速崛起并南下扩张,此时今内蒙古东南部与辽宁西部的连片地区为山戎所挤压,孤竹国的疆域范围应萎缩至今冀东的秦皇岛市、唐山东部和辽西的朝阳、锦州、阜新一带。

在谭其骧主编的《中国历史地图集》中,孤竹之地,作为诸侯国从商代直到战国时期一直存在。其都邑治所一直处于冀东滦河下游的卢龙,但其周边的侯国则处于变动之中。商朝时期,孤竹国北方为鬼方,西部的京津以西则为亳;西周时期,孤竹国北方为鬼方,西部的京津以西为燕亳;春秋时期,孤竹国的周边情势发生巨大变化,西部今迁安分立为令支国,北部西辽河流域则为山戎所据,更远的东北部锦州一带则为屠何,令支以西的今天津蓟州一带则为无终,京津及以西则为北燕所据;战国时期,燕国称霸北方,分立上谷郡、广阳郡、渔阳郡、右北平郡、辽西郡五郡。孤竹国故地为辽西郡所辖。

(二)孤竹国疆域范围的"小大之辨"

孤竹国的疆域范围,主要依据传世文献和出土文物进行确定。学界对孤竹国的疆域范围大致形成两种观点:

一种认为孤竹国地域广阔。从文献资料看"当时夏桀之国,不过从河济到华山,殷制中国方三千里之界,周声威所及,不过今之河南、河北、陕西、山西、山东、湖北几省"[1]。可见除中原外,周边尚有非夏商周王朝所控的荒服之地。《尔雅·释地》释"孤竹"为四荒之一,唐兰(1973)[2]认为孤竹属于"四荒的国家"。商汤南向中原后,将发源地分封给孤竹君,商代孤竹国鼎盛时期的地域应该是非常宽广的。程妮娜(2004)[3]认为:孤竹国控制的地区,最盛时南至渤海北岸,北达今辽宁北票与内蒙古敖汉旗南部,东至今辽宁兴城,西至滦河下游。

另一种认为孤竹国就是商王朝北方的诸侯国,疆域范围不会太大。王玉亮的《试论孤竹的地望及疆域》结合周初诸侯国的情况进行考察,认为周初分封"人口众多的诸侯国尚且方圆百里,那么,在商之时的孤竹国,也不会大到

① 《古史地域扩》,《禹贡》第 1 卷第 1 期。
② 唐兰:《从河南郑州出土的商代前期青铜器谈起》,《文物》1973 年第 7 期。
③ 程尼娜:《东北史》,吉林大学出版社 2004 年版,第 82 页。

从河北卢龙到辽西方圆几千里的程度"①。

两种观点孰更接近历史上的孤竹国,尚需进一步论证。值得注意的是,有关孤竹地域的传世文献大多是周朝以后的,而后世文献基本是以周朝为基点进行推证,对于殷商时期的孤竹国大都是揣测,虽然已有一些考古发现,但毕竟还不成体系。因此,要考证孤竹国不同时期的疆域范围非常困难,尤其是对殷商时期孤竹国的势力范围这方面的研究尚不充分。

同时,孤竹国存续期间,其疆域范围多变。从《汉书·地理志》所载"令支县有孤竹城,盖即商之孤竹国,周之令支、孤竹二国地也",可以看出周朝时孤竹国的疆域比殷商时减少了。春秋时期,孤竹式微,与令支一起成为山戎与国,直至为齐桓公所灭。因此,应注意研究不同历史时段孤竹的疆域范围的大小趋向。

1. 商朝时期的孤竹国

孤竹国为殷汤所封,其疆域范围可结合商朝疆域进行研究。商朝疆域有多大? 文献记载有不同说法。《孟子·公孙丑上》载:"汤以七十里,文王以百里。"从中可推断商周国都的有限区域。汉人称商周两代最盛的殷王武丁和周成王时之商、周疆域,"是时舆地东不过江黄,西不过氐羌,南不过荆蛮,北不过朔方"(《竹书纪年》)。即自幽燕以南,汉淮以北,陕西以东,苏皖以西,以河南为中心的一带区域。《淮南子·泰族训》又载:"纣之地,左东海,右流沙,前交趾,后幽都。"则其北部疆域又扩展到河北北部和东北嫩江流域。②

商朝疆域研究主要以文献记载为基础。在众多研究中,唐兰(1958)认为:商王朝明显是一个强大国家,疆域很大,"至少包括现在的陕西、山西、河南、河北、山东、江苏等省的大部分土地"③。于省吾(1958)④不认可唐兰关于商朝疆域辽阔的观点,认为:商王部落的主要范围在鲁西和晋东的中间地带,即今河南北部和中部。而胡厚宣(1983)⑤认为:今天的商代遗址,绝不只限于

①　王玉亮:《试论孤竹的地望与疆域——兼论辽西出土"孤竹"器物之原因》,《沈阳教育学院学报》2000 年第 12 期。

②　李绍连:《关于商王国政体问题——王国疆域的考古佐证》,《中原文物》1999 年第 2 期。

③　唐兰:《关于商代社会性质的讨论(对于省吾先生"从甲骨文看商代社会性质"一文的意见)》,《历史研究》1958 年第 1 期。

④　于省吾:《驳唐兰先生"关于商代社会性质的讨论"》,《历史研究》1958 年第 8 期。

⑤　胡厚宣:《关于商周史学习问题》,《文史知识》1983 年第 5 期。

河南安阳。东起山东,西至陕西,南起江西湖南,北至辽宁,其中还有北京、河北、山西、江苏、安徽、湖北等省市,都有商代早期或晚期的遗迹。王玉哲(1982)①提出了政治疆域的点与面,他认为:"商朝作为早期形态的国家,山川阻塞,要比后代国家要小。""当时殷商王国的真正国界或边界只局限于大邑商附近之地,这个地区边界之内,统属商王管辖。至于其远处四方的所属方国,只是其据点而已。"管辖区和据点、据点和据点之间还有一些不属于王朝或者说是敌对的王国。"在这种情况下,商、周时人对每个王朝国家所控制的国土,只会有分散于各地的一些'点'的观念,还没有整个领土联成为'面'的观念。"王健(2002)②在论述夏商周三代疆域的主要特征时也指出:商王朝"为了实现其对名义所有的'天下'疆域的一种实际占领,而在各要地营建政治军事性质的'点',通过这些'点'来实现对周围'面'的控制"。李民(2004)③进一步提出了商王朝疆域探讨中的三个层次:一是商王朝的直接辖区即王畿;二是商王朝行政、信息所达,基本上能够管理的地区;三是商王朝影响所及的地域,包括因商王朝势力不断增强而经常发生战争的地区,有商王朝交通贸易所至地区,有商文化与之相互影响、相互作用的地区。这样从不同范围和角度给商朝疆域一个较为合理的推断。

综合言之,商朝的政治疆域是以国都及附近区域为中心,对各地诸侯点进行管辖,而各诸侯国再以自己为中心,开疆拓土,形成其政治疆域及更远的文化治域。孤竹国作为殷商的诸侯国,不仅是商朝稳定的据点,而且也以都邑为中心,实现对周围边邑的直接管辖和对更远地区的政治文化辐射。

商朝实行诸侯分封制,尤其到商晚期已有49个封国,35个方国,孤竹一直伴随商朝始终。觚竹为"四荒"之一,是北方较大方国。高句丽最强大时,其西部势力亦仅达辽河。《隋书·裴矩列传》载:"高丽之地,本孤竹国也,周代以之封于箕子,汉世分为三郡。"明确说明辽东之地,曾是商时孤竹国的势力范围。《孟子·尽心上》曰:"伯夷辟纣,居北海之滨。"这里的"北海",即今渤海。结合考古资料考证,孤竹国至少在商末周初已达古辽西地区。

① 王玉哲:《殷商疆域史中的一个重要问题——"点"和"面"的概念》,《郑州大学学报(社会科学版)》1982年第2期。
② 王健:《论夏商周三代政治疆域的主要特征》,《殷都学刊》2002年第12期。
③ 李民:《商王朝疆域探索》,《史学月刊》2004年第12期。

《括地志》《辽史·地理志》等传世文献以及辽宁朝阳、喀左,河北卢龙、迁安等地出土的文物,为孤竹国的疆域勾画出了一个大体轮廓。今辽宁省西部、河北省东北部、内蒙古敖汉旗南部,均属于当年孤竹国的辖区。当然,这种推断是指孤竹受封后至商末以前的孤竹国,其疆域以王畿为中心,四方宏观控制的疆域大致应分三个层次。

(1)孤竹国的都邑地区

古人类开始聚集时有"一年成聚,二年成邑,三年成都"之说。古时文献中"国"与"邑"常通用。《尚书·汤誓》载:"率割夏邑。"《史记·殷本纪》载:"率夺夏国。"段玉裁注《说文解字》释"国"为:"邦也,邑部。""国"近于城墙之形,孙海波谓之:"国象城形,以戈守之,国之义也,古国皆训城。"《说文解字》亦曰:"邑,国也。"因此,可以理解孤竹国即指孤竹城。

有关孤竹国的都邑地望,上文已详述。有"卢龙说""迁安说""喀左说",也有黄洛之说,而多数史料则指向"令支有孤竹城"。这也符合吕思勉、唐兰主张的"迁安说"。

王玉亮(2000)[1]认为:孤竹国一段时期内在卢龙,后迁往辽西,但并未对辽西进行政治、军事控制。所以认为从卢龙至辽西皆为其国境所辖,或认为"孤竹指北方的广阔地域,不限于今卢龙的孤竹城",都是因为没有深入理解"疆域"这个概念,没有注意到孤竹国的迁移变化,没有考虑清时间与空间是否一致。

苗威(2008)[2]认为:孤竹旧都在卢龙,后来其势力向北扩张,喀左应是其新都所在。

(2)孤竹国的统治地区

孤竹国的统治地区即治域,犹如后世之"版图"。李绍连(1999)[3]在其《关于商王国的政体问题——王国疆域的考古佐证》中提出:商王朝的政体主要是中央朝廷和地方诸侯两级,受商王册封的诸侯国不是独立国家,而是受商王控制的地方政权。在朝廷和诸侯下还有奠(鄙)和邑,奠与鄙相当,同是王

①　王玉亮:《试论孤竹的地望及"疆域"——兼论辽西出土"孤竹"器物之原因》,《沈阳教育学院学报》2000年第4期。

②　苗威:《山戎、东胡考辨》,《中国边疆史地研究》2008年第4期。

③　李绍连:《关于商王国的政体问题——王国疆域的考古佐证》,《中原文物》1999年第2期。

畿和诸侯国的边地,面积较小。邑是王畿、直辖领地和诸侯国中的基层单位。孤竹国的疆域,除了中心辖区都邑外,还包括行政所达、信息所通的外围城邑。"都邑者,政治与文化之标征也。"(王国维,1916)《孟子·万章章句下》载:"天子之制,地方千里,公、侯皆方百里,伯七十里,子、男五十里,凡四等。不能五十里,不达于天子,附于诸侯,曰附庸。"这里虽言周制,但夏商周的政治体制亦延续、适用于商朝。而当代发现的孤竹国遗址大都集中在冀东一带,如卢龙蔡家坟遗址、迁安小山东庄村遗址、滦州孙薛营村孤竹国君遗址等。这些聚落遗址虽不能直接证明孤竹国都所在,却足以说明商代时期孤竹国的统治核心区域应在卢龙、滦州、迁安三县市交界地区,处于青龙河、滦河交汇地带,也符合古史文化多发源于大河流域的一般规律。

(3)孤竹国影响所及地区

孤竹国影响所及地区应指孤竹国在其势力不断增强而发生战争的地方或与其他少数民族贸易、交往的地区,多为其北方地区。《〈汉书·地理志〉详释》("东北二十五里有元利州城,盖志所云孤竹城")、《通典》("营州,殷时为孤竹国地")、《辽史·地理志》(兴中府,"古孤竹国")、《大清一统志》("土默特二旗,本孤竹国")等文献中都有孤竹国的记载,可推测孤竹国与今辽宁朝阳、北票和内蒙古敖汉旗南部等地有关。而卢龙蔡家坟遗址、迁安小山东庄村遗址、滦州孙薛营村的孤竹国君遗址等,辽西喀左马厂沟、咕噜村、朝阳县木头城、大庙、魏营子等地出土的商周之际青铜器多含有孤竹国器,所以学者将其列入孤竹国的势力范围。但此时青铜器的大量出现应有三种可能:

一是军事征伐后暂时臣服的方国或少数民族地区。商朝前期北方边患不断,其在北方的发展需要如孤竹国这样的诸侯国来协助完成,就如孟子所言,而这些征伐扩张后的地区不足五十里的商王朝不直接统治,而是依附于孤竹国,得到商朝及孤竹国的赏赐。但这些少数民族和方国与商王朝关系并不稳定,不能算作商朝疆域。

二是周边方国与少数民族间的融合区。在孤竹的北部或东北部,尚有屠何、俞人以及"辽西之貂""辽西之秒"的存在,在这些地方不可能有封地,但孤竹国除了为商王朝防守边疆外,也起着沟通中原文化与北方文化的作用。孤竹国所代表的商文化因其先进性而容易为周边方国或少数民族接受,青铜器的出现是文化交流的体现。

三是特定时期的部分孤竹人的聚集地,出土文物中所显示的时间大都为商末周初。《孟子·尽心上》曰:"伯夷辟纣,居北海之滨。"北海,即渤海。一部分孤竹族人,因躲避商末纣王暴政而迁出,而周初部分孤竹人不愿接受周朝统治亦会迁出,自成一脉。

2. 西周时期的孤竹疆域

商周易代后,周朝延续殷商的疆域模式。为巩固王室统治,周朝实行分邦建国制度,以藩屏周。《左传·昭公九年》记载詹桓伯曰:"我自夏以后稷,魏、骀、芮、岐、毕,吾西土也;及武王克商,蒲姑、商奄,吾东土也;巴、濮、楚、邓,吾南土也;肃慎、燕、亳,吾北土也。"①周王继续分封孤竹国成为周朝异姓诸侯国,其内部结构没有触动,君侯地位得以保留。同时,周王分封同姓诸侯国燕国,镇守北方,监督孤竹国等原商族势力,抑制山戎、东胡等部族,共同拱卫周朝。《史记·燕召公世家》载:"周武王之灭纣,封召公于北燕。"燕国势力向东、向北扩张。至此,燕国取代孤竹国在北方的统治地位,逐步成为幽燕地区的大国。

《逸周书·王会》载:"孤竹距虚,不令支玄獏,不屠何青熊。东胡黄罴,山戎戎菽。"《竹书纪年》载:"二十一年春正月,诸侯朝周。伯夷、叔齐自孤竹归于周。"孤竹等辽西诸族归于西周。周初时燕国采用"启以商政,疆以周索"的策略,保留商代遗留部族的城郭与部族统治。西周时的孤竹国,虽由子姓部族统治,但已成为燕国的属国。

《汉书·地理志》载:"令支县有孤竹城,盖即商之孤竹国,周之令支、孤竹二国地也。"西周时,孤竹国西部的令支部族逐渐强大并析为令支国,今迁安县域的原孤竹疆域成为令支之地。孤竹国疆域缩小,大体为今卢龙、滦州以东至辽西一带,沦为幽燕地区的小国。

《〈汉书·地理志〉详释》云:"(喀喇沁左翼)旗南八里有故龙山城,盖即令支城也。……又旗东北二十五里有元利州城,盖志所云孤竹城。"这为考古发现所证实。1973年辽宁喀左县北洞村1号铜器窖藏坑,出土了五罍一瓶的青铜器。"亚微罍"被李学勤(1983)②释为孤竹国器。孤竹国统治中心很可

① 杨伯峻:《春秋左传注》,中华书局1981年版,第1307—1308页。
② 李学勤:《试论孤竹》,《社会科学战线》1983年第2期。

能是商末周初在今卢龙县境,春秋时期齐桓公北伐山戎之后,燕国势力急剧发展,孤竹部族不得不大量北向迁往今喀左一带。刘子敏(1994)①更明确指出,西周时期,孤竹族的活动区域为"自今河北卢龙县至辽宁省喀左一带的近海地区"。

3. 春秋时的孤竹国

春秋时期,周天子式微,诸侯力政,霸业勃兴。此时,孤竹国东北部受到日趋强大的游牧民族——山戎的不断侵扰,西部受到燕国的不断挤压,国土面积渐为缩小、辽西大部分地区被山戎侵占。孤竹、令支在山戎的裹挟下侵扰燕国,使其与周室隔绝,不能履行朝贡周王的义务,挑战周王朝的统治。

公元前664年,齐桓公以"尊王攘夷"为旗北伐山戎。《国语·齐语》曰:"(齐桓公)遂北伐山戎,刜令支、斩孤竹而南归。海滨诸侯莫敢不来服。"《管子·小问》曰:"桓公北伐孤竹,未至卑耳之溪十里,闟然止。"《韩非子·说林上》云:"管仲、隰朋从于桓公而伐孤竹。"《史记·秦本纪》云:"(秦成公元年)齐桓公伐山戎,次于孤竹。"诸书所言皆为齐桓公北击山戎、令支、孤竹之事。此事实为齐桓公谋求霸业之举。

《左传·庄公三十年》载:"冬,遇于鲁济,谋山戎也,以其病燕故也。"何为"病燕"?《穀梁传》同年云:"燕,周之分子也。贡职不至,山戎为之伐矣。"集解云:"言由山戎为害,伐击燕,使之隔绝于周室。"《史记·齐太公世家》云:"(齐桓公二十三年)山戎伐燕,燕告急于齐。齐桓公救燕,遂伐山戎,至于孤竹而还。"经过此役齐桓公"北伐孤竹,还存燕公"(《管子·霸形》),孤竹国不再作为诸侯国见诸史册。

春秋时期,孤竹地域继续缩减。商代孤竹国的东北部曾达"柳城"(今朝阳)。《太平寰宇记》载:"(朝阳)殷时为孤竹国,春秋时为山戎之地,战国时其地复属燕。"《辽史·地理志》亦载:"(兴中府)古孤竹国,汉柳城县地。"《通典·州郡八》又载:"平州,殷时孤竹国。春秋山戎、肥子二国地也。"可见,西周末期,山戎崛起,孤竹国衰;春秋时期,孤竹式微,与令支共同成为山戎与国,直至为齐桓公所灭。此后,孤竹之地归属燕国。

(三)孤竹国迁移趋向的"南北之辨"

孤竹国在其存续期间地望、疆域会发生变化和迁移,正如唐兰所言:"今

---

① 刘子敏:《孤竹不是游牧民族》,《延边大学学报》1994年第1期。

河北省迁安县附近的古孤竹城,可能是孤竹国的一个都邑,而孤竹国的国境决不止此。"①但究竟怎样迁徙变化,需要对传世文献、考古发现及"非遗"资料等有关孤竹的信息进行综合研判,从政治、自然和人文等方面对孤竹故地的地理变迁进行综合考量。但这终究是对历史可能的重构,而不是复原或再现,应该充分考虑时间、空间的一致性。

孤竹国迁移趋向的"南北之辨",一方面,与相应时间内孤竹国的统治中心紧密相连,这也是冀东卢龙说、辽西喀左说的分歧所在;另一方面,与商周时期的两次重大历史事件有关,即商周鼎革和齐桓公北伐山戎,导致燕山南北古辽西地区诸族的南北大迁徙。持这两种观点的人基本以冀东、辽西两地的文化研究学者为主,体现出在经济社会快速发展的时代背景下,人们越来越意识到地域文化推动社会发展的软实力的作用。

1. 孤竹国存续期间的统治中心

(1)冀东迁安、卢龙一带

《迁安县志》载:"《汉书·地理志》:'令支县有孤竹城',盖即商之孤竹国,周之令支、孤竹二国地也。"古令支县,为孤竹国故地,县内有孤竹城。《史记正义》引(唐)李泰《括地史》载:"孤竹故城在平州卢龙县南十二里,殷时诸侯孤竹国也。姓墨胎氏。"卢龙县亦为孤竹故地,汉、晋时为辽西郡,唐朝时为平州。卢龙城南十二里有孤竹城。《滦州志·纪事》载:"商汤十八祀,乙未,封墨胎氏于孤竹,城黄洛。"孤竹国曾经的都城黄洛城在滦州。可见,历史上的卢龙、迁安、滦州同属一地,处于青龙河—滦河流域,孤竹国都邑孤竹城曾在此地。这说明冀东卢龙、迁安、滦州三县市曾是商代孤竹国的中心区域。

20世纪40年代以来冀东、辽西地区发现的孤竹铜器大多属于商末周初时期,从时间上看正好介于夏家店上、下层文化之间,而孤竹国从河北卢龙迁至辽西喀左、朝阳也恰是在这一时期。1972年,河北省卢龙县东阚各庄发现的一批商代晚期青铜器群,"带有明显中原商文化和北方夏家店下层文化的特征……为研究孤竹国的历史提供了可靠的实物资料"②。近年来在卢龙县石门镇孟团村发现一对商代木水桶。1990年,河北省滦县响堂镇发现后迁义

---

① 唐兰:《从河南郑州出土的商代前期青铜器谈起》,《文物》1973年第7期。
② 文启胆:《河北卢龙县东阚各庄遗址》,《考古》1985年第11期。

遗址,出土了大量的陶片、石器和骨器,青铜鼎、簋及金饰品,磨光陶器。揭示了滦河流域商代文化的发展内涵。所以,殷商时代,在辽西夏家店下层文化区域内尚未出现孤竹文化遗存,河北卢龙、迁安、滦州一带的滦河流域,是当时孤竹国的统治中心。

彭邦炯(1991)①进一步认为:商代竹氏地望在今河北东北部到长城外的辽宁西部、内蒙古东南一隅的范围内,"卢龙则是该国族的中心区或首邑所在,喀左等地则可能是当时竹国范围内的重要城邑"。

聂云峰(2005)②认为:商末周初,滦河流域的孤竹族人因受燕国等方国势力的挤压,沿古玄水北上迁徙到今大、小凌河流域。而从辽宁省喀左北洞村1号窖藏的2号罍、2号方鼎和山湾子窖藏簋等器物上所见的亚字形铭文等青铜器研究的结果,也证明了"大凌河流域发现的青铜器,同中原地区的商周文化有着密切的联系。从这些器物的材料来源、制作方法、纹饰等因素来看,绝大部分并非产于本地"(日本学者广川守)。因此,孤竹国的都邑在商末周初的商周鼎革之际向北有过迁徙,由冀东的卢龙一带迁徙到辽西的喀左一带。

王震中(2017)③的《孤竹国史述略》用大量文献论证了迁安市是孤竹文化分布的中心区域,孤竹国的中心疆域在滦河与青龙河汇合地域,即现今的迁安市、卢龙县、滦州市三者交界处,以及三县市所辖地区。

(2)辽西喀左说、朝阳说

孤竹部族世居今河北卢龙、迁安一带,与商王室联系密切。在商周鼎革之际,为躲避纣王暴政和周兴商废之乱,一部分孤竹贵族及族人携重器,沿青龙河谷翻越燕山逃至辽西地区。周燕对孤竹旧地、辽西孤竹人采取怀柔政策加以收服、任用;春秋时期,山戎崛起并大举南下,辽西诸族仓皇南逃,留下这些沉重的青铜器和一些怀旧的孤竹国人。文启明认为:"随着农业技术不断提高,孤竹人沿古濡水和古玄水逐步向北迁移。"④

《〈汉书·地理志〉详释》载:"(喀喇沁左翼)旗南八里有故龙山城,盖即

---

① 彭邦炯:《从商的竹国论及商代北疆诸氏》,《甲骨文与殷商史》(第3辑),上海古籍出版社1991年版。

② 聂云峰:《虞夏商周之际辽西区的建置及古族研究》,辽宁师范大学硕士学位论文2005年,第14—15页。

③ 王震中:《在2017年10月28日河北迁安第二届"轩辕黄帝文化"研讨会的发言》。

④ 文启胆:《河北卢龙县东阚各庄遗址》,《考古》1985年第11期。

令支城也。……又旗东北二十五里有元利州城，盖志所云孤竹城。"汪士铎
《水经注图》所附《汉志释地略》则以喀喇沁左翼为《汉书·地理志》中所载的
辽西郡文成县。今喀左在迁安东北，距离迁安不到三百里。孤竹为"四荒"国
家，处于游牧社会，喀左属孤竹是无疑的。①

《通典·州郡八》载："营州柳城郡，古孤竹国也。"《辽史·地理志》载：
"（兴中府）古孤竹国，汉柳城县地。""（营州）本商孤竹国。"《大清一统志》载：
"土默特二旗，本孤竹国。"唐代的营州，辽代的兴中府、营州都在今辽宁朝阳
县。土默特二旗包括今辽宁北票县和内蒙古敖汉旗南部。商亡后，孤竹国北
逃至此，作为暂居之所。故有"孤竹营子"等地名，流传着孤竹居于此地之说。
从河北卢龙到辽西喀左、朝阳散居的孤竹族人，他们怀念故国，仍将栖居之处
看作自己的故乡，于是在辽西留下了"孤竹国地"的记载。

辽西地区出土了大量青铜器，如喀左县北洞村的"亚微罍"以及咕噜村、
马厂沟，朝阳县木头城、大庙、魏营子出土的商周青铜器。王玉亮认为："其埋
藏时间应该晚于夏家店下层文化，也就是说，辽西商周青铜器的年代要比卢龙
商周青铜器的埋藏年代要晚，这可以说明，孤竹人到达辽西地区晚于其到达卢
龙地区。"②亦即卢龙地区是商代的孤竹早期活动中心，而喀左地区是西周时
期的晚期活动中心，孤竹国曾发生过从迁安到卢龙至喀左的迁移活动。第一
次迁徙活动完成的时间当在商末周初时期。这些考古资料与《〈汉书·地理
志〉详释》《通典》《辽史·地理志》等文献的有关记载不谋而合。

孔华等认为："根据发掘报告，对辽宁喀左北洞村出土殷周青铜器的情况
加以分析，或可以看出一些问题。第一，喀左北洞一带是铜器主人的族居地。
第二，喀左铜器的主人是孤竹族邦。第三，孤竹铜器被埋藏的政治动向。可见
孤竹国在西周初期从辽西喀左迁往河北卢龙一带，并不足异。"③换言之，作者
认为孤竹族人是喀左一带的世居民族。在辽宁喀左县山嘴子镇发现的商代晚
期土城子遗址，报道称属于古孤竹国的考古文化。④

①　唐兰：《从河南郑州出土的商代前期青铜器谈起》，《文物》1973 年第 7 期。
②　王玉亮：《试论孤竹的地望与疆域——兼论辽西出土"孤竹"器物之原因》，《沈阳教育学
院学报》2000 年第 12 期。
③　孔华、杜勇：《孤竹姓氏与都邑变迁新考》，《中国高校社会生活》2017 年第 2 期。
④　张晓丽：《喀左土城子遗址或为古孤竹国领地》，《辽宁日报》2016 年 1 月 29 日。

笔者更倾向于"冀东中心说",这不仅是因为传世文献中的孤竹信息为此提供了有力佐证,也与"玄鸟生商"、商族和孤竹族的黑色崇拜、冀东存有大量孤竹文化标记等密切相关。从商周、春秋时期的朝国发展情势看,孤竹古国的统治中心很可能经历了由南而北再南的迁徙过程,即孤竹之中心很可能最初在迁安,商末南移今卢龙县境;商废周立之际,孤竹部族失势,遂由南部的冀东卢龙穿越燕山迁徙到辽西的喀左一带;春秋之时,山戎势力崛起后南下扩张,孤竹势力与之相裹胁由北向南迁移,复迁至卢龙一带。而这也与齐桓公北伐山戎,后在南向班师途中依次刜令支、斩孤竹的历史、时序相吻合。

有学者对商周鼎革、召公封燕是否给世居河北卢龙一带的孤竹国造成巨大打击,乃至举族迁往辽西喀左提出疑问,进而又疑问:"如果在商末周初孤国族已逃往辽西喀左、朝阳一带,何以在春秋早期又出现在今河北卢龙一带,连同山戎、令支同时受到齐桓公的征伐呢?"[①]如果从商周易代、春秋时期辽西诸族迁徙频繁这样的背景下思考部族的疆域变化,似更合理,而不是拘泥于喀左北洞等地的考古发现。

2. 商周时期孤竹等辽西诸族的南北迁徙

(1)商周鼎革之际

商代孤竹国的统治中心在河北卢龙、迁安、滦州一带的滦河流域。西周初期,由于受到外来的压力,孤竹北迁至大、小凌河流域。春秋时期,山戎崛起并大举南下,考古界在辽西地区发现了相当数量的殷商青铜器,仅在喀左县就有咕噜沟村、马石沟、北洞村、山湾子村、小波汰沟、花尔楼村等地出土鼎、罍、瓿、尊、簋等青铜容器,以及戈、戚、环首刀等武器和工具。就容器来看,绝大部分器物的形制、纹饰及材质都是中原商器的传统风格。[②] 值得重视的是,孤竹铜器和晜族铜器的发现所传达的历史信息。北洞1号坑出土了六件商代青铜器,其中"亚微父丁罍"铸有"父丁孤竹亚微"[③]六字铭文,李学勤[④]先生释为孤竹器物,金岳认为铭文中的"微"是孤竹第八代侯,即夷齐之父,名初。[⑤]

① 孔华、杜勇:《孤竹姓氏与都邑变迁新考》,《中国高校社会生活》2017年第2期。
② 魏凡:《就出土青铜器探索辽宁商文化问题》,《辽宁大学学报(哲学社会科学版)》1983年第5期。
③ 辽宁省博物馆:《辽宁喀左县北洞村发现殷代青铜器》,《考古》1973年第4期。
④ 李学勤:《试论孤竹》,《社会科学战线》1983年第2期。
⑤ 金岳:《北方民族方国历史研究》,中州古籍出版社1996年版,第183页。

另一种则认为孤竹国的核心区域在大、小凌河流域地区。[①] 孔华等[②]认为：孤竹原为东北夷，在商代，其族居地可能在辽西喀左地区，在某些有利因素和客观需要的影响下，决定南迁，西周成康以后则迁至今河北卢龙县西北。

（2）齐桓公北伐山戎之际

令支、孤竹在今河北省东部的迁安、卢龙、滦州一带，山戎可能在更北的辽宁西部和内蒙古东南部地区。商周至春秋时期，大、小凌河流域属于商初所封孤竹国的领地。[③]

《史记·齐太公世家》曰："（桓公二十三年）山戎伐燕，燕告急于齐。"山戎败亡后，燕国地域大为扩张，《穀梁传·庄公三十一年》曰："越千里之险，北伐山戎，为燕辟地。"《汉书·匈奴传》亦有"燕北有东胡、山戎"。《史记·齐太公世家》曰："齐桓公救燕，遂伐山戎，至于孤竹而还。"

崔向东（2016）[④]认为：分布在大、小凌河流域的魏营子文化与孤竹国的分布范围和存续时间相符，魏营子文化当为孤竹遗存。魏营子文化的核心地区在大凌河流域，并呈现由北向南的发展过程，这也说明孤竹文化是向南扩展或迁移的。结合西周时期山戎势力不断南下的情势，孤竹沿玄水、濡水向南迁移是成立的。在今辽宁朝阳南、葫芦岛市连山区北交界处有"孤竹营子"地名，是极其珍贵的地名活化石，亦足证孤竹在朝阳。

朝阳是孤竹国的中心。《通典·州郡八》载："营州，殷时为孤竹国地。"《锦州府志》《大清一统志》均有记载。20世纪50—70年代朝阳地区大凌河沿岸先后出土商周青铜礼器70余件，填补了辽宁地区商末周初青铜历史的空白。[⑤] 1973年喀左北洞1号坑发现亚微父丁罍，说明朝阳商朝属孤竹国领地。王禹浪（2008）[⑥]等认为：孤竹国的国都在今大凌河流域的朝阳城附近。近年

---

① 王禹浪、孙军、王文轶：《大、小凌河流域的古代文明与历史文化》，《黑龙江民族丛刊》2008年第1期。

② 参见孔华、杜勇：《孤竹姓氏与都邑变迁新考》，《中国高校社会生活》2017年第2期。

③ 王禹浪、孙军、王文轶：《大、小凌河流域的古代文明与历史文化》，《黑龙江民族丛刊》2008年第1期。

④ 崔向东：《先秦时期辽西地区古氏族述论》，《渤海大学学报（哲学社会科学版）》2016年第1期。

⑤ 杨小梅、程磊：《朝阳古城早期历史考证》，《黑龙江史志》2013年第11期。

⑥ 王禹浪、孙军、王文轶：《大、小凌河流域的古代文明与历史文化》，《黑龙江民族丛刊》2008年第1期。

来,在朝阳市附近不断出土唐代历史文物,尤以 1972 年朝阳珍珠岩厂发现的《杨律墓志铭》最为重要。唐碑中明确记载唐代营州所属之孤竹县,就在今朝阳市附近。1975 年,朝阳县西大营子乡出土唐《高淑英墓志铭》,1988 年朝阳市农校院内出土唐《骆英墓志铭》,都明确记录了唐代孤竹县即属唐代营州辖境。大、小凌河流域是孤竹国的核心地区是毫无疑问的,在大、小凌河流域所发现的魏营子考古文化类型与孤竹国的分布范围和历史出现的时间相符,魏营子文化可能就属于孤竹国的文化遗存。他认为:从商初到春秋,孤竹国的迁徙方位是由南到北。

结合商周时期辽西地区部族、朝国势力的此消彼长,民族迁徙、融合的情势,以及孤竹文化区出土青铜器物和农耕文明和游牧之间的转换,孤竹国在商代时期,发展方位应为由北而南迁徙;商末周初,燕国势力扩张,孤竹国的发展方位逐渐向北,迁徙至大小凌河流域的辽西地区;春秋之际,山戎裹胁孤竹、令支等属国南下扰燕、齐,齐桓公北击山戎之后,燕国成为燕山南北辽西地区的主宰。战国时期,大、小凌河流域主要是燕国领地,并在大凌河流域设立了辽西郡。①

三、孤竹国的文化视域——汉代以后孤竹故地的地域变迁

(一)孤竹故地的主要河流

古玄水、濡水流域,是商族和孤竹族的发祥地。《诗经·商颂·玄鸟》的"玄鸟生商"广为世人传颂。《水经注·濡水》以濡水为经络,详密梳理了孤竹故地的水流交错、古城郡县和古史传说。所以在孤竹国地域内,滦河及其支流青龙河成为给养当地居民生存的重要河流和农业生产的重要水源。

大凌河、小凌河流域是西辽河文明发祥地。1981 年辽宁建平和凌源交界处牛河梁遗址"坛庙冢"的发现,引起考古学界对燕山南北、长城地带的重视。考古学家苏秉琦高度重视以燕山南北、长城地带为重心的北方地区在我国古

---

① 王禹浪、孙军、王文轶:《大、小凌河流域的古代文明与历史文化》,《黑龙江民族丛刊》2008 年第 1 期。

代文明缔造史上的特殊地位和作用,提出"我国统一的、多民族国家形成的一连串问题似乎最集中地反映在这里,不仅秦以前如此,就是以后,从'五胡乱华'到辽金元明清,许多'重头戏'都是在这个舞台上演出的"①。而朝阳地区正是燕山南北两地的重要连接点,就像张家口是通向河套、内蒙古和山西的三岔路口一样,"这个路口则是通向青龙、迁安,跟京津地区联系上了"②。

燕山南北地区是北方文化和中原文化的交汇地,也是文化传播的道路。从辽西朝阳到冀东唐山、秦皇岛,滦河及其支流的谷地是穿越怒鲁儿虎山和燕山山脉的重要通道。而以古卢龙塞(今潘家口)、山海关为代表,自古就有沟通冀东、辽西的数条通道。

1. 青龙河

青龙河,古称玄水,发源于河北省平泉市田耳山,流经河北、辽宁两省的承德、朝阳、秦皇岛三市。杨守敬《水经注疏》云:"卢龙有玄水,今名青龙河。"

古玄水是商族的发祥地。《诗经·商颂·玄鸟》曰:"天命玄鸟,降而生商。"毛公《传》曰:"春分,玄鸟降,汤之先祖有娀氏女简狄,配高辛氏帝,帝率与之祈于郊禖而生契。"《山海经·北山经·北次三经》曰:"西望幽都之山,浴水出焉。"③《山海经·海内经》曰:"北海之内,有山,名曰幽都之山,黑水出焉。其上有玄鸟、玄蛇、玄豹、玄虎、玄狐蓬尾。有大玄之山。有玄丘之民。有大幽之国。有赤胫之民。"④幽都之山,即燕山。黑水,即古玄水,今青龙河。《水经注·濡水》引《地理志》曰:"玄水又西南径孤竹城北,西入濡水。"

古玄水是古濡水的重要支流,沿燕山谷地百川汇聚,经古卢龙塞由燕北入燕南,在卢龙县汇流古濡水,东入渤海。青龙河谷,自古是孤竹族的繁衍生息之地,也是辽西诸族往来燕山南北的重要通道。

2. 滦河

滦河,古称濡水,发源于河北省丰宁县小梁山南麓大古道沟,流经河北的承德市区及所辖丰宁、滦平、围场、隆化、平泉、承德、宽城、兴隆等,张家口沽

① 苏秉琦:《燕山南北地区考古——1983年7月在辽宁朝阳召开的燕山南北、长城地带考古座谈会上的讲话(摘要)》,《文物》1983年第12期。
② 罗坤:《古代的迁安与历史之谜探索(代序)》,任重远《迁安黄帝古都》,(香港)利华图书出版公司2002年版。
③ 陈成:《山海经译注》,上海古籍出版社2008年版,第123页。
④ 陈成:《山海经译注》,上海古籍出版社2008年版,第379页。

源;内蒙古的锡林郭勒盟多伦、正兰、太仆寺,赤峰喀喇沁;辽宁的朝阳凌源、葫芦岛建昌;河北的秦皇岛青龙、卢龙、昌黎;唐山的迁西、遵化、迁安、滦州、滦南、乐亭。东与辽西地区的西拉木伦河、老哈河、大凌河、小凌河、洋河为伴,西与京津地区的潮白河、蓟运河相邻。① 在河北省滦州市注入渤海。

《水经注·濡水》曰:"濡水从塞外来,东南过辽西令支县北。……濡水又东南径卢龙塞。……濡水又东南流径令支县故城东,王莽之令氏亭也。秦始皇二十二年分燕置,辽西郡令支隶焉。《魏土地记》曰:'肥如城西十里有濡水,南流径孤竹城西,右合玄水。'……《地理志》曰:'卢水南入玄。玄水又西南径孤竹城北,西入濡水。'故《地理志》曰:'玄水东入濡,盖自东而注也。'《地理志》曰:'令支有孤竹城,故孤竹国也。'"②古玄水、濡水地区是孤竹国的中心区域。

(清)顾祖禹《读史方舆纪要·卷十七·北直八》"永平府"载:"滦河,州东二里。自卢龙县流入境,又东过乐亭县,入于海。""滦河,府西十里。《志》以为即《管子》所称卑耳溪也。自塞外流入蓟州、遵化州境,径迁安县东,东南流经此。又南合于漆河,历滦州境,下流入于海。"滦河,即卑耳溪。

近年来,以唐山市的滦河文化研究会为代表,一大批学者开始对滦河文化进行广泛、系统的地域文化研究,有利于发掘滦河水系的历史文脉,促进区域经济的协同发展。

3. 大凌河

大凌河有北、西、南三源。北源出自凌源县热水汤村,至凌源县城南辛杖子汇入西源;西源出自平泉县水泉沟,古名榆河(今南大河),经凌源、喀左汇入南源;南源出自建昌县水泉沟,经建昌、喀左,与大凌河西支流汇合。大凌河主脉贯穿辽西,东南汇入渤海,是辽宁西部和朝阳市最大的一条河流,也是中国东北独流入海的较大河流之一。古代的大凌河水势磅礴,其流经地区水草丰腴,林木繁盛。③

大凌河,古称渝水、龙川、白狼水。唐朝改称"白狼河",辽时称"灵河",

---

① 参见王士立:《关于滦河文化几个问题的初步探讨》,《唐山学院学报》2008 年第 5 期。

② 郦道元著,陈桥驿校证:《水经注校证》,中华书局 2007 年版,第 344—347 页。

③ 王禹浪、孙军、王文轶:《大、小凌河流域的古代文明与历史文化》,《黑龙江民族丛刊》2008 年第 1 期。

金、元时改"灵"为"凌",称"凌河",也有记载称"凌江"①。明朝始称"大凌河",以与"小凌河"相区别。清朝时,蒙古语称"傲木楞郭勒"。大凌河流经河北、内蒙古、辽宁,是辽西文明的发源地。《水经注·大辽水》载:"《地理志》曰:'渝水自塞外南入海。一水东北出塞为白狼水,又东南流至房县注于辽。'《魏土地记》曰:'白狼水下入辽也。'又东过安市县西,南入于海。"

大凌河流经辽宁省建昌县、凌源市、喀左县、朝阳市、敖汉旗、北票市、阜新市、义县、锦州市、凌海市。从古史文化的角度看,大凌河流域是"幽燕文化与东北文化及草原游牧文化、海岱文化的交汇点"。"古代民族中的山戎、孤竹、东胡、鲜卑、契丹、女真、汉、蒙古、满等民族一直把这一地区作为争夺的战略要地,进行有计划有目的的经略。"②大凌河流域内的朝阳古城,汉代称柳城,隋唐改称营州,但仍设柳城县,是辽西地区的重要历史节点。"从地理位置看,朝阳地区恰恰是燕山南北地区的重要联结点。"③

4. 小凌河

小凌河发源于建昌县楼子山东麓,流经朝阳、南票、凌海、锦州,注入渤海。古名"唐就水""参柳河"。蒙古名为"明安河"。隋唐时称为"彭卢水"。辽、金时称"小灵河"。元代改"灵"为"凌","小凌河"亦称"凌川"。明代称锦州附近的河段为"锦水"或"锦川"。朝阳流段隔松岭山脉,与大凌河并行。

大、小凌河流域内发现的红山文化、夏家店下层文化、魏营子文化、夏家店上层文化等是西辽河文明的重要考古学文化类型。

《水经注·濡水》所言"辽海漂吾棺椁"之"辽海",及其所引《晋书·地道志》所言"辽西人见辽水有浮棺"之"辽水",虽为借故事传说言孤竹之事,但所托之地当为古辽西,所指之河当为辽河。辽西,即为辽河以西。古代在辽河下游地区形成沼泽地,称为"辽泽",盖因辽水泛滥而成,横亘于辽西与辽东之间。这说明故事发生地——辽西地区为孤竹故地。

(二)孤竹故地的政权更迭与地理变迁

孤竹国的文化地域不应局限于较为狭义的某个地区,而是泛指在漫长历史发

---

① 元至正年间《通济桥碑记》载:"城东合龙山下,有水曰凌江。"

② 王禹浪、孙军、王文轶:《大、小凌河流域的古代文明与历史文化》,《黑龙江民族丛刊》2008 年第 1 期。

③ 苏秉琦:《燕山南北地区考古——1983 年 7 月在辽宁朝阳召开的燕山南北、长城地带考古座谈会上的讲话(摘要)》,《文物》1983 年第 12 期。

展过程中形成的较为广阔的地域范围。要用宏观、历史的视野,梳理史学著作中有关孤竹旧地的地理变迁、政权更迭,审视其由小到大的发展、流布的鲜明特点。

1. 辽西郡

作为行政地名,"辽西郡"最早始于战国时期燕国设置燕北五郡:上谷、渔阳、右北平、辽西和辽东。①

《水经注·濡水》载:"濡水从塞外来,东南过辽西令支县北。""又东南流径令支县故城东,王莽之令氏亭也。秦始皇二十二年分燕置,辽西郡令支隶焉。"《汉书·地理志》载:"辽西郡,秦置。……属幽州。……县十四:……令支,有孤竹城。莽曰令氏亭。肥如,玄水东入濡水。濡水南入海阳。又有卢水,南入玄。莽曰肥而。"②

史料表明,燕国置辽西郡;秦朝时辽西郡归属幽州;汉代时辽西郡有十四个县,包括令支县和肥如县。令支县有孤竹城。司马贞《史记集解》曰:"《地理志》曰:'令支县有孤竹城',疑离枝即令支也,令离声相近。应劭曰:'令音铃。'铃离声亦相近。《管子》亦作'离'字。"《史记索隐》:"离枝音零支,又音令祇,又如字。离枝,孤竹,皆古国名。"③说明曾经的离枝县有孤竹城,汉代时改称令支县。令支、孤竹皆属古国。《水经注·濡水》载:"《地理志》曰:'卢水南入玄。玄水又西南径孤竹城北,西入濡水。'故《地理志》曰:'玄水东入濡,盖自东而注也。'《地理志》曰:'令支有孤竹城,故孤竹国也。'"④孤竹城在玄水的东南,令支有孤竹城,充分说明这里是孤竹故地。可见,孤竹国与山戎、令支等国相与为邻。

《后汉书·郡国志五》载:

> 辽西郡,秦置。洛阳东北三千三百里。五城,户万四千一百五十,口八万一千七百一十四。阳乐,海阳,令支有孤竹城,肥如,临渝。⑤

这段史料更为详明:秦代设立的辽西郡,位于东汉都城洛阳东北三千三百里,统辖阳乐、海阳、令支、肥如、临渝五城,且特别强调令支有孤竹城,体现了

① 司马迁:《史记》,中华书局 1959 年版,第 2886 页。
② 班固:《汉书》,中华书局 1962 年版,第 1625 页。
③ 司马迁:《史记》,中华书局 1959 年版,第 1491 页。
④ 陈桥驿:《水经注校正》,中华书局 2007 年版,第 346—347 页。
⑤ 范晔:《后汉书》,中华书局 1965 年版,第 3528 页。

与前面史料的一致性。

阳乐:秦始皇二十二年(前225年)置,治今辽宁省义县西。为辽西郡治。西汉不改。三国魏移治今河北省卢龙县东南,仍为辽西郡治。北齐废。今昌黎一带。

海阳:西汉置,属辽西郡,治所在今河北滦州市西南。北齐废。今滦州市东及乐亭县一带。

令支:秦置,属辽西郡,治所在今河北省迁安市西。三国魏时入肥如县。西晋永嘉年间鲜卑辽都令支城。十六国前燕、后燕为辽西郡治所。北魏太平真君七年(446年)令支并入阳乐县。今迁安、迁西一带。

肥如:西汉改肥如侯国置,治所今河北省卢龙县北。属辽西郡。后燕、北燕都有尚书镇此。为当时北方军事重镇。北魏为辽西郡治,后又为平州治。隋开皇流年(586年)省入新昌县。今卢龙县一带。

临渝:清乾隆二年(1737年)析抚宁县、滦州地,改山海卫置,治今河北省秦皇岛市东北山海关,属永平府。1949年迁治海阳镇。1954年并入秦皇岛市和抚宁县。今抚宁、秦皇岛市区一带。

根据史料记载,通过治所的变迁梳理出辽西郡的大致范围:秦、汉治阳乐县(今辽宁义县西),辖境约当今河北省迁西县、乐亭县以东,长城以南,辽宁省松岭山以东,大凌河下游以西地区。因处辽水以西,故名。其后辖境渐小,十六国前燕移治令支县(今河北迁安市西),北燕又移治肥如县(今河北卢龙县北)。北齐废入北平郡。

辽西郡包含了孤竹国的大致地理位置,在不同时代有过不同归属:孤竹国在商朝时属于商的封国;在西周、春秋时,先后归属燕国、山戎国,最后被齐国所灭。孤竹旧地被设置为辽西郡,归属的朝代有:秦、汉、后燕、北燕、北魏、隋、清。

2. 孤竹县

《水经注·淇水》引用《春秋·僖公四年》的史料:

> 齐、楚之盟于召陵也,管仲曰:"昔召康公赐命先君太公履,北至于无棣,盖四履之所也。"京相璠曰:"旧说无棣在辽西孤竹县。"[1]

---

[1] 陈桥驿:《水经注校正》,中华书局2007年版,第241页。

管仲以周所定的疆界来责难楚国,提到了邵康公之前给齐国所定的征伐范围是到无棣,而无棣在辽西孤竹县。孤竹县,唐置,旧治在营州界内。州陷契丹后,寄治于昌平县清水店(今北京市昌平西境)。后废。

京相璠为魏晋时人,说明辽西孤竹县在魏晋时期就已设立。所以前面资料所说的唐置孤竹县并不确切,魏晋至唐一直存有孤竹县。无棣,春秋齐邑。相传在今河北盐山县东南旧庆云县东。隋置无棣县。还有一种说法指齐所主东北境内诸侯,非齐分封之地,应在辽西孤竹,即在今河北卢龙县南。此处后一种说法与京相璠的说法一致。可见,无棣是齐东北境内诸侯,在辽西孤竹。

3. 卢龙县

《史记正义》引《括地史》载:"孤竹故城在平州卢龙县南十二里,殷时诸侯孤竹国也。姓墨胎氏。"《辽史·地理志》载:"卢龙县。本肥如国。春秋晋灭肥,肥子奔燕,受封于此。汉、晋属辽西郡。元魏为郡治,兼立平州。北齐属北平郡。隋开皇中,省肥如,入新昌。十八年改新昌曰卢龙。唐为平州,后因之。户七千。"[1]卢龙县为孤竹旧地,汉、晋时为辽西郡,唐朝时为平州。

《旧唐书·地理志二》载:

> 卢龙,后汉肥如县,属辽西郡,至隋不改。武德二年,改为卢龙县,复开皇旧名。

> 孤竹旧治营州界。州陷契丹后,寄治于昌平县之清水店,为州治。[2]

这段材料揭示卢龙的归属:后汉至隋代,属辽西郡,名肥如。武德二年,恢复开皇时候的卢龙县。又揭示孤竹的归属:唐代在营州设置孤竹县,孤竹地陷落契丹后,治所迁至昌平县清水店。这段资料说明卢龙县、肥如县、孤竹县地理范围的相关性。

《地形志上》载:

> 辽西郡,秦置。领县三。户五百三十七,口一千九百五。肥如,二汉、晋属。有孤竹山祠、碣石、武王祠、令支城、黄山、濡河。阳乐,二汉、晋属,真君七年并令支、合资属焉。有武历山、覆舟山、林榆山、太真山。海阳,二汉、晋属。有横山、新妇山、清水。[3]

---

① 脱脱等:《辽史》,中华书局 1974 年版,第 500 页。
② 刘昫等:《旧唐书》,中华书局 1975 年版,第 1520、1524 页。
③ 魏收:《魏书》,中华书局 1974 年版,第 2496 页。

史料载明:魏时辽西郡由领县五变为领县三,分别为肥如、阳乐、海阳。其中,肥如县即今卢龙县,曾经有孤竹山祠、碣石、武王祠、令支城、黄山、濡水等山水名胜。北魏真君七年,令支县并入阳乐县。

《读史方舆纪要·北直八》载:

> 卢龙县,附郭。古肥子国。汉置肥如县,属辽西郡。晋因之。后魏亦曰肥如县,辽西郡及平州皆治此。高齐属北平郡。隋省入新昌县。开皇十八年,改置卢龙县,属平州。大业初,为北平郡治。唐初,又改为肥如县。武德二年,平州自临渝移治肥如,又改县曰卢龙。自是皆为州郡治。

史料简明、系统地梳理出卢龙县的历史沿革,以及其在区域社会发展进程中作为州郡(府)治的重要性。

4. 北平郡

《旧唐书·天文志下》载:

> 尾、箕,析木之次也。寅初起尾七度,二千七百五十分,秒二十一少。中箕星五度,三百七十分,秒六十七。终斗八度。其分野:自渤海九河之北,尽河间、涿郡、广阳国,汉渤海郡浮阳,今为清池县,属沧州。涿郡之饶阳,今属瀛州。涿县、良乡与广阳国蓟县,今在幽州。及上谷、渔阳、右北平、辽东、乐浪、玄菟,渔阳在幽州。右北平在白狼无终县,隋代为渔阳郡,古孤竹国,后置北平郡,今为平州。辽东在无虑县,即《周礼》医无闾山。乐浪在朝鲜县,玄菟在高句骊县,今皆在东夷也。古之北燕、孤竹、无终及东方九夷之国,皆析木之分也,尾得云汉之末流,北纪之所穷也。箕与南斗相近,故其分野在吴、越之东。[①]

据《汉书律历志》记载,十二星次是按照赤道经度划分的,又称十二度,实为天空的区划系统。"析木"是星次,指天空某一方位,与二十八星宿的尾、箕对应。从方位上说,析木是指中国的北方和东北方。

古孤竹国之地的行政变迁:北平郡,西晋所置,前身为右北平郡,北魏太平真君七年(446年)废入渔阳郡,唐代武德元年(618年),高祖改郡为平州。古代的北燕、孤竹、无终及东方九夷之国都在中国的北方和东北方。北平郡的设置历经三个不同历史时期,所属朝代不同,治所不同,所辖范围也不同。西晋

---

① 刘昫等:《旧唐书》,中华书局1975年版,第1316页。

时期,改右北平郡置,属幽州,治所徐无县(今河北遵化市东)。北魏太平真君七年(446年)废。北魏时期,孝昌中置,属定州,治所北平城(今河北顺平县东北二十里)。北齐废。北魏时期,分辽西郡置,属于平州,治所新昌县(今河北卢龙县)。管辖今河北卢龙、迁安县一带。北齐扩大至今河北长城以南、滦河流域以东地区。隋初废。大业初改平州为北平郡,治所卢龙县(今卢龙县)。唐武德初改为平州,天宝初复为北平郡。乾元初复改为平州。后废。

简言之,古孤竹国旧地曾经被设置为北平郡、右北平郡、辽西郡,属于幽州、定州、平州。所经历的朝代或者时期有西晋、北魏、北齐、隋、唐。

5. 滦州

《辽史·地理志四》载:

> 滦州,永安军,中,刺史。本古黄洛城。滦河环绕,在卢龙山南。齐桓公伐山戎,见山神俞鬼,即此。秦为右北平。汉为石城县,后名海阳县。汉末为公孙度所有。晋以后属辽西。石晋割地,在平州之境。太祖以俘户置。滦州负山带河,为朔汉形胜之地。有扶苏泉,甚甘美,秦太子扶苏北筑长城尝驻此;临榆山,峰峦崛起,高千余仞,下临渝河。统县三:义丰县。本黄洛故城。黄洛水北出卢龙山,南流入于濡水。汉属辽西郡,久废。唐季入契丹,世宗置县。户四千。马城县。本卢龙县地。唐开元二十八年析置县,以通水运。东北有千金冶,东有茂乡镇。辽割隶滦州。在州西南四十里。户三千。石城县。汉置,属右北平郡,久废。唐贞观中于此置临渝县,万岁通天元年改石城县,在滦州南三十里,唐仪凤石刻在焉。今县又在其南五十里,辽徙置以就盐官。户三千。①

《滦州志·沿革表》云:"滦州本古黄洛城,祖置永安军,滦州之名始此。"辽太祖选州治所在地为黄洛城。《滦州志·纪事》云:"商汤十八祀,乙未,封墨胎氏于孤竹,城黄洛。"所以这段历史记载的滦州州治地理位置的变迁就是孤竹国曾经的都城黄洛城的地理变迁。黄洛城被滦河环绕,在卢龙山南。秦朝的时候为右北平,汉为石城县,后名汉阳县。晋以后属于辽西。石晋割地,在平州境内。滦州统县三:义丰县就是原来的黄洛故城。归契丹之后,辽世宗置为义丰县。马成县,原卢龙县地。后来归辽属滦州。石城县,汉朝设置属于

---

① 脱脱等:《辽史》,中华书局1974年版,第500—501页。

右北平郡，后来唐朝贞观年间设置临渝县，后改为石城县。后辽又将其迁移到其南五十里。

在滦州境内，还有相关的传说：齐桓公遇见山神俞鬼。作为小说，《东周列国志》中也有这一段历史的书写：管夷吾智辨俞儿，齐桓公兵定孤竹。桓公曰：“寡人赴军之急，跋涉千里，幸而成功。令支、孤竹，一朝殄灭，辟地五百里。然寡人非能越国而有之也，请以益君之封。”秦太子扶苏曾经驻扎于滦州，并且这里还有扶苏泉。在这段历史记载中，滦州、平州、右北平郡有相关的部分，不是重合。说明滦州的地理变迁和归属也与古孤竹国相关。而且黄洛故城也曾归契丹，辽世宗的时候，设置为义丰县。辽置，为滦州治。治所即今河北滦县。蒙古至元二年（1265 年）废入滦州，三年复置。明洪武二年（1396 年）废。再往前推断，这里曾归属于秦、汉、晋，从行政区划来看，归属于右北平、辽西郡、平州。

《读史方舆纪要·卷十七·北直八》载：

> 滦州，府西南四十里。东至山海关百七十里，南至海百十里，西北至顺天府蓟州三百二十里。古孤竹国地。战国时属燕。秦属右北平郡。两汉、晋、魏皆因之。隋属平州。唐亦为平州地。五代唐时，契丹分置滦州于此，亦曰永安军。金、元因之。明亦曰滦州……今仍曰滦州。

州“控临疆索，翼蔽畿甸，负山滨海，称为形胜。契丹置州于此，所以厚渝关之防，联络营、平，窥觎幽、冀也。其后拱手而取燕云。女真袭其迹，而中夏为之糜烂。然则滦州之置，亦外内升降之机也欤？”说明滦州地理位置险要。

《读史方舆纪要·卷十七·北直八》载：

> （乐亭县）金大定末，置乐亭县，属滦州。元初置漠州治此。州寻废，县仍属滦州。

齐桓公是在北击山戎后，南归途中依次斩灭令支、孤竹。《东周列国志》载：“管夷吾智辨俞儿，齐桓公兵定孤竹。”齐桓公遇见山神俞儿之事发生在滦州。《管子·小问》中“桓公北伐孤竹，未至卑耳之溪十里”所言“卑耳溪”即今滦河。可见，彼时的滦州为孤竹之地。

6. 平州

《辽史·地理志四》载：

> 平州，辽兴军，上，节度。商为孤竹国，春秋山戎国。秦为辽西、右北

平二郡地,汉因之。汉末,公孙度据有,传子康、孙渊,入魏。隋开皇中改平州,大业初复为郡。唐武德初改州,天宝元年仍北平郡。后唐复为平州。太祖天赞二年取之,以定州俘户错置其地。统州二、县三:卢龙县。本肥如国。春秋晋灭肥,肥子奔燕,受封于此。汉、晋属辽西郡。元魏为郡治,兼立平州。北齐属北平郡。隋开皇中,省肥如,入新昌。十八年改新昌曰卢龙。唐为平州,后因之。①

有文章认为:平州是在923年由时任天下兵马元帅的辽太宗从后唐手中取得。辽朝以此为通路,不断南下攻略幽州及河北地区,938年控制幽州地区。②

923年,辽太祖时,统州二:为滦州和营州;领县三,分别为卢龙县、安喜县和望都县。卢龙县即肥如国,春秋时期,晋灭掉肥如国,肥国首领投奔燕国,受封在卢龙县。汉晋属于辽西郡,北魏为郡治,北齐属于北平郡。隋朝时,改新昌为卢龙。唐为平州。后来,宋和女真都想得到平州。这段资料,就记载了平州的历史变迁。

《通典·卷第一百七十八·州郡八》又载:"平州,今理卢龙县。殷时孤竹国。春秋山戎、肥子二国地也。"

可见,平州,商朝时属孤竹国旧地,春秋时属山戎国旧地,但是山戎与孤竹对于周朝的意义并不相同,对于山戎国而言,是侵占了孤竹国的地理疆域,而归属于孤竹国的时候,是属于周朝的疆域。秦汉时平州属辽西、右北平两郡地。隋开皇中时期,改为平州,大业又复为郡,唐天宝元年仍为北平郡,到后唐时候,改为平州。

清《嘉庆重修一统志》载:

《禹贡》冀州之域。有虞分为营州地。商为孤竹国。周春秋为山戎、肥子二国地。战国属燕。秦为辽西、右北平二郡地。两汉至晋,因之为幽州地。后魏太武移至置平州及辽西郡。又后齐省辽西郡入北平郡。隋开皇初,郡废。分置北平郡。大业初,复为北平郡。唐武德二年,复曰平州。天宝初,仍曰北平郡。乾元初,复曰平州,属河北道。后唐同光初,入于

① 脱脱等:《辽史》,中华书局1974年版,第500页。
② 陈晓菲:《平州入辽时间之我见》,《海桑》2011年第1期。

辽,置辽兴军节度,属南京道。金天辅七年,建为南京。天会四年,复曰平
州,置兴平军节度,属中都路。元太祖十年,改兴平府。中统元年,升平滦
路,置总管府。大德四年,改曰永平路,属中书省。明洪武初,曰平滦府,
属山东行省。四年,改曰永平府。永乐十八年,直隶京师。本朝因之。

从上述文献可知:肥子春秋时曾被燕分封在卢龙县。此地行政归属分别
为辽西郡、北平郡、平州。曾归属于孤竹国、山戎国、肥如国、燕、秦、汉、西晋、
北魏、北齐、隋、唐、辽等朝国政权。后来,孤竹、山戎被齐所灭;肥如被晋所灭。
《卢龙县志》:周景王十五年(前530年),晋灭肥国,肥子奔燕,燕国将肥子安
置于孤竹地,建肥子国。这基本梳理清楚了孤竹国、孤竹国旧地的行政区划和
历史归属。历史上的平州大体包括今河北省秦皇岛市的卢龙、抚宁、昌黎及唐
山市全境。

7. 营州

《辽史·地理志四》载:

> 营州,邻海军,下,刺史。本商孤竹国。秦属辽西郡。汉为昌黎郡。
> 前燕慕容皝徙都于此。元魏立营州,领昌黎、建德、辽东、乐浪、冀阳、营丘
> 六郡。后周为高宝宁所据。隋开皇置州,大业改辽西郡。唐武德元年改
> 营州,万岁通天元年始入契丹。圣历二年侨治渔阳。开元五年还治柳城。
> 天宝元年改曰柳城郡。后唐复为营州。太祖以居定州俘户。统县一:广宁
> 县。汉柳城县,属辽西郡。东北与奚、契丹接境。万岁通天元年,入契丹李
> 万荣。神龙元年移幽州界。开元四年复旧地。辽改今名。户三千。①

从这些文献可知,营州属于平州。营州地原属商朝孤竹国。秦时属辽西
郡,汉为昌黎郡。前燕曾经迁都于此,即在东汉末年,被鲜卑族慕容氏占领。
元魏时立营州,领昌黎等六郡,后为后周所据。隋开皇时设置州,大业改辽西
郡。唐武德元年改为营州,后又被契丹所据。开元五年,还治柳城。天宝年
间,改为柳城郡。后唐时复为营州,统县一,即广宁县。汉代的柳城县,属于辽
西郡,与东北少数民族奚、契丹相接壤。后又入契丹,到辽时才改为营州。广
宁县:为营州治,治所即今河北省昌黎县。这里的营州也是孤竹国旧地,说明
孤竹国旧地包括广宁县。历经商孤竹国、秦、汉、北魏、后周、隋、唐、契丹、辽等

---

① 脱脱等:《辽史》,中华书局1974年版,第501—502页。

朝国政权。秦汉属于辽西郡、曹魏属昌黎郡。

8. 兴中府

《辽史·地理志三》载：

> 兴中府。本霸州彰武军,节度。古孤竹国。汉柳城县地。慕容皝以柳城之北,龙山之南,福德之地,乃筑龙城,构宫庙,改柳城为龙城县,遂迁都,号曰和龙宫。慕容垂复居焉,后为冯跋所灭。元魏取为辽西郡。隋平高保宁,置营州。炀帝废州置柳城郡。唐武德初,改营州总管府,寻为都督府。万岁通天中,陷李万荣。神龙初,移府幽州。开元四年复治柳城。八年西徙渔阳。十年还柳城。后为奚所据。太祖平奚及俘燕民,将建城,命韩知方择其处。乃完葺柳城,号霸州彰武军,节度。①

这里主要记载兴中府的地理归属和变迁。此地为古孤竹国之地,汉代为柳城县地。慕容皝建城与宫庙,改名为龙城县,并迁都于此,后被冯跋所灭。元魏取此地,为辽西郡。隋朝平定高保宁,设置营州。隋炀帝改为柳城郡柳城县。唐朝改营州总管府柳城县。唐朝武则天继位后,契丹的李尽忠与其妻弟孙万荣(李万荣)反,攻陷营州,尽忠自立为可汗。后来移居治所。五代十国时期,为契丹人所据,设霸州彰武军。这段资料中,关键的行政规划是柳城县:西汉置,治今辽宁省朝阳县南。辽西郡西部都尉治此。东汉初废。十六国前燕复置。北魏太平真君八年(447年)并入龙城县。隋开皇初改龙城县为龙山县,十八年(598年)改名为柳城县,治今辽宁省朝阳市。历为柳城郡、营州、辽西郡治所。唐末废。所以柳城县所经历的政权有:古孤竹国旧地、汉、北燕、北魏、隋、唐、奚、辽。

汉朝时期的柳城县也是古孤竹国旧地,辽代的兴中府就是今辽宁朝阳县。《后汉书·乌桓传》记载,建安十二年,曹操亲征乌桓,大破塌顿于柳城。魏黄初元年(220年)废置。柳城的治所在今辽宁朝阳十二台乡袁台子村。

奚,匈奴别种。南北朝时称库莫奚。分布在饶乐水(今内蒙古西拉木伦河)流域。以游牧为主。隋、唐时称奚。开元初奚部首领李大酺被封为饶乐郡王。2008年专家对河北省青龙县祖山的铁瓦乌龙殿遗址初步考证,认为该遗址为隋唐或隋唐前所建。公元1123年,辽金时代的奚族领袖回离保在箭笱

---

① 脱脱等:《辽史》,中华书局1974年版,第486页。

山(今祖山)建立奚族历史上唯一的国家政权,但存在 8 个月即被金朝所灭。说明孤竹国旧地曾就经历过很多其他民族的政权。

9. 永平府

《清史稿·地理志一》载:

> 永平府:要。隶通永道。明,领州一,县五。乾隆初,废山海卫置临榆。先是雍正初,以顺天之玉田、丰润来隶。乾隆八年,复改属遵化。西距省治八百三十里。广三百三十里,袤三百八十里。北极高三十九度五十五分三十秒,京师偏东二度二十八分三十秒。领州一,县六。卢龙(冲,繁,难。倚。东南:阳山。西南:孤竹山。滦河自迁安入,合青龙河。东有饮马河。东北:燕河。营一:燕河路。有燕河庄、夷齐庙二镇。滦河驿。铁路。)迁安(繁,疲,难。府西北四十里。西北:九山,康熙中改五虎山。滦河自承德府入,合黄花川河、瀑河,又南,左得铁门关水,入潘家口,古卢龙塞也。……)①。

《读史方舆纪要·卷十七·北直八》载:

> 永平府,古冀州地。有虞时分为营州地。夏仍为冀州地。商时为孤竹国。周属幽州。春秋时为山戎、肥子二国地。战国属燕。秦为右北平、辽西二郡地。汉因之《汉志》:右北平郡治平冈道,在今蓟州北境。辽西郡治且虑县,在今府东境。后汉亦为辽西等郡地。晋为辽西郡。其后,石勒、慕容廆、苻坚相继有其地。后魏亦曰辽西郡,兼置平州。又分置北平郡。高齐亦曰北平郡以辽西郡并入。后周因之。隋初郡废,仍曰平州。炀帝又改为北平郡。唐武德二年,复曰平州。天宝初,亦曰北平郡。乾元初,复故。后唐同光初,陷于契丹,仍曰平州,亦曰辽兴军。宋宣和四年,得其地,亦曰平州赐郡名曰渔阳,又为抚宁军节。旧《志》作泰宁军,误。寻没于金。金初,升为南京。天会四年,复曰平州,亦曰兴平军贞□三年,尝侨置临潢府。明年,降于蒙古。元曰兴平府。中统初,曰平滦路。大德七年,改曰永平路。明洪武初,曰平滦府,属山东行省。明年,改隶北平。四年,又改府曰永平府。永乐十八年,直隶京师,领州一、县五。今仍曰永平府。

---

① 《清史稿》536 卷,民国十七年清史馆本,第 893 页。

永平府,明朝时领州一、县五,清朝时领州一、县六。卢龙东南有阳山,西南有孤竹山。滦河自迁安流入,合于青龙河。东有饮马河。东北有燕河营,有燕河庄、夷齐庙二镇。明洪武四年(1371年)改平滦府置,属北平行中书省(后属京师)。治所在今卢龙县。辖今河北省长城以南、陡河以东之地。清属直隶省。1913年废。卢龙县为永平府治所。前述材料提到卢龙是隋开皇十八年(598年)改新昌县置,属平州。治所今河北卢龙县。大业初为北平郡治。隋末改为肥如县。唐武德二年(619年)复名卢龙县,为平州治。元为永平路治。明为永平府治。民国初属直隶津海道。1928年直属河北省。卢龙西南的孤竹山、东北的夷齐庙二镇,说明卢龙与古孤竹国联系紧密。

10. 土默特部二旗

清《大清一统志》载:"土默特二旗,本孤竹国。"《清史稿·地理志二十四》:"土默特部二旗,左翼附一旗(在喜峰口东北。古孤竹国。汉,辽西郡治柳城县地。燕,慕容皝建都,改龙城县。元魏为营州治。隋复置柳城县。唐为营州都督府治。辽置兴中府。元,大宁路兴中州。明以内附部长为三卫,自锦、义历广宁至辽河曰泰宁卫,后为蒙古土默特所据)。"①

土默特部二旗是行政区划机构,其治所在喜峰口东北。孤竹国之地,汉代辽西郡治柳城县地,后来被慕容改为龙城县。元魏为营州治所,到隋代,恢复为柳城县。唐朝为营州都督府治所。辽设置兴中府,元改为大宁路兴中州。明为泰宁卫,后来被蒙古土默特部所占据。永乐七年,改泰宁卫隶奴儿干都司。与前面内容相联系,可知柳城县曾是孤竹国之地,经历了秦、汉、北燕、北魏、隋、唐、辽、元、明,后来被蒙古土默特所据。

根据以上史书记载,以及关于其中行政区划、民族的简单叙述,可以简单得出下列表格,可以更清晰地看到孤竹故地的历史变迁。

表 2-2 孤竹故地历史变迁表

文献	州郡	县	政权	民族
《国语》			燕、山戎、令支、肥子	汉、北戎、孤竹、白狄

---

① 赵尔巽等:《清史稿》,中华书局 1977 年版,第 2403 页。

续表

文献	州郡	县	政权	民族
《汉书》	辽西郡、幽州	十四县(令支、肥如)	秦	白狄
《后汉书》	辽西郡	五县(阳乐、海阳、令支、肥如、临渝)	秦、汉、后燕、北燕、北魏、隋、清	汉、鲜卑、满
《水经注》	辽西郡营州	无棣	周、唐、契丹	汉、契丹
《魏书》	辽西郡	三县(肥如、阳乐、海阳)	汉、晋、北魏	汉、鲜卑
隋书	高丽之地	孤竹国旧地、箕子分封地	商、周、秦、汉、晋、隋、唐	汉、突厥、朝鲜
《旧唐书》	辽西郡、北平郡、右北平郡、幽州、定州、平州	卢龙(肥如县)孤竹国旧地	西晋、北魏、北齐、隋、唐	汉、鲜卑
《辽史》	滦州、右北平、辽西郡、平州	义丰、马城、石城(黄洛城)	秦、汉、晋	汉
《辽史》	平州	滦州、营州	孤竹、山戎、肥如、周、秦、汉、西晋、北魏、北齐、隋、唐、辽	汉、孤竹、北戎、北狄、鲜卑
《辽史》	营州	广宁县	商、秦、汉、北魏、后周、唐、契丹、辽	汉、孤竹、鲜卑、契丹
《辽史》	兴中府	柳城县	北燕、北魏、隋、唐、奚、辽	鲜卑、汉、奚、契丹
《清史稿》	永平府	明:五县 清:六县(卢龙县)	隋、唐、元、明、清	汉、蒙古族、满族
《清史稿》	土默特部二旗	柳城县	秦、汉、北燕、北魏、隋、唐、辽、元、明、土默特部、清	汉、鲜卑、契丹、蒙古族、满族
《滦州志》			商封孤竹国	孤竹

表2-2可以看出:孤竹国旧地的行政归属变化频繁,主要涉及的州郡:辽西郡、北平郡、右北平郡,滦州、幽州、定州、平州,兴中府、永平府等;与孤竹国相关的县(城):令支、孤竹、肥如、卢龙、柳城、广宁、黄洛城等;所经历的朝代或政权有:商、周(燕、齐)、山戎国、肥如国、离枝国、秦、汉、晋、北燕、北周、北魏、隋、唐、契丹、辽、奚、明、土默特部二旗、清;提及、关涉的民族有:汉、鲜卑、孤竹、北戎、北狄、朝鲜、蒙古族、满族等。

因此,以史书所及为线索,我们可以勾勒出孤竹故地变迁的大致轮廓:孤竹故地以冀东、辽西为核心区域,自古就是兵家争夺之地。孤竹亡国后,这里政权更迭、民族迁徙频繁。

11. 令支城

《迁安县志》载:"《汉书·地理志》'辽西令支县有孤竹城',盖即商之孤竹国,周之令支、孤竹二国也。"令支即今迁安一带。迁安境内存有大量孤竹国遗迹与传说:团子山有"次君墓",传说是伯夷之二弟墓;坨上村南河心的小岛,为明嘉靖年间所建、供奉夷齐之父老孤竹君的"孤竹君庙";河南岸为明景泰年间所建、供奉伯夷、叔齐的"夷齐庙",亦称"清节庙"。

《国语·齐语》云:"(齐桓公)遂北伐山戎,刜令支、斩孤竹而南归。"韦昭注:"二国,山戎之与也。令支,今为县,属辽西,孤竹之城存焉。"王应麟据《括地志》云:"令支故城在平州卢龙县西七十里。"①令支城距孤竹城不远。

《读史方舆纪要·北直八》载:

> 令支城,在府东北。春秋时山戎属国也。……汉置令支县,属辽西郡。后汉因之。晋省县,而城不废。……魏收《志》肥如县有令支城。……《水经注》:濡水东南经令支故城。旧《志》云:城盖在迁安县东也。

(清)洪亮吉《乾隆府厅州县图志》载:"迁安县:令支故城在县西。"

站在当代视角回望商周时期孤竹国的疆域变迁,是个历史和现实的双重难题,体现在:一是,商周时期的朝国疆域与国家地理不同。国家地理的疆域是"一个政权或政治实体实际上控制的,得到相邻政权实际承认没有受到干预的区域"②。但朝国疆域并没有清晰、稳定的边界线,只是具有大致的范围政治疆域。③ 二是,彼时的部族国家随着政治控制力的强弱,往往变动不居。朝国关系、部族国家及周边部族力量的消长等,都会直接影响其势力范围。三是,孤竹部族处于北方游牧文化与南方中原文化折冲地带,农耕、游牧、畜牧等不同生产生活方式的转换更替、燕山南北地带自然环境的变化等人文、社会和自然因素都会对孤竹部族疆域带来直接或间接的影响。即便我们从历时态的历史文献、出土材料和非物质文化遗产中梳理出孤竹国的大致范围,也只能做出共时态的大致推断,难免有空间范围的溢出和不同时期的迭代重合。

---

① 黄怀信等撰:《逸周书汇校集注》,上海古籍出版社2007年版,第879页。
② 葛剑雄:《中国历代疆域的变迁》,商务印书馆1997年版,第9页。
③ 王健:《论夏商周三代政治疆域的主要特征》,《殷都学刊》2002年第12期。

第三章　孤竹国的精神谱系:代表人物与精神内涵

以夷齐精神为核心内涵的孤竹文化,被学者誉为催生民族品格和道德的"中华德源"。本章系统阐释夷齐"崇礼、守廉、尚德、求仁、重义、反暴"的精神内涵,探讨夷齐行为的文化意义,梳理儒道代表人物对夷齐行为的评价,分析儒道思想与夷齐精神的契合与异同,从而揭示孤竹文化对中国传统儒道文化的影响及源流关系,确立其在中国传统文化中的地位,构建孤竹文化的思想体系。

一、孤竹国的人物谱系

孤竹国的人物谱系包括君王谱系和代表人物两个维度。从孤竹始君至末代君王,缺少系统的文献记载,甚至有的君王姓名、年谱等尚无法厘清。孤竹国的人物研究,是从孤竹文化传承的视角,主要围绕伯夷、叔齐展开。

(一)传世文献中的"伯夷"

在传世文献中,"伯夷"并非专指商代孤竹国的伯夷,有的甚至很难辨析"伯夷"所指。

《山海经·海内经》载:"伯夷父生西岳,西岳生先龙,先龙是始生氐羌,氐羌乞姓。"[1]郭璞注曰:"伯夷父,颛顼师,今氐羌其苗裔也。"《国语·郑语》又曰:"姜,伯夷之后也。"[2]文中的伯夷与氐羌、姜姓有着苗裔关系。

《尚书·周书·吕刑》载:"乃命三后恤功于民:伯夷降典,折民惟刑;禹平

---

① 陈成:《山海经译注》,上海古籍出版社 2008 年版,第 379 页。
② 《国语》,上海古籍出版社 1978 年版,第 511 页。

水土,主名山川;稷降播种,农殖嘉谷。三后成功,惟殷于民。"①伯夷为虞舜时期的典礼之臣。

《春秋穀梁传》载:"(哀公十年)五月,公至自伐齐。葬齐悼公。卫公孟驱自齐归于卫。薛伯夷卒。"②这里的伯夷是薛国的国君,伯爵,名夷。

《孟子·尽心上》载:"伯夷辟纣,居北海之滨,闻文王作,兴曰:'盍归乎来!吾闻西伯善养老者。'太公辟纣,居东海之滨,闻文王作,兴曰:'盍归乎来!吾闻西伯善养老者。'天下有善养老,则仁人以为己归矣。"③据此,有人认为伯夷是商末名士,只是为避乱居于孤竹国,而不是孤竹国的公子伯夷。

正如姜亮夫所言:"古今名伯夷者凡四,时代绵邈,后世增益,混淆莫考,大抵出自杜撰者,皆不足据。"④虽然很难分辨"伯夷"所指,但考辨其混淆、增益的部分,对于梳理其历史文化价值很有助益。

(二)孤竹国的君王世系

关于孤竹国的君王世系,先秦两汉传世文献并无记载。(西晋)皇甫谧《帝王世纪》载:"汤特封墨台氏于孤竹,后九叶,孤竹君二子伯夷、叔齐。"始有孤竹君王九代的说法。(清)顾祖禹《读史方舆纪要》载:"《世纪》:汤十有八祀,封墨胎氏孤竹国,后九叶,孤竹君二子伯夷、叔齐以让国逃去。"⑤金耀(1983)⑥对此进行了详密的考释。

《论语谶》孔丛注:"夷、齐墨台初之二子也。"《史记索隐》引《吕氏春秋》:"夷、齐之父,名初。"可见,伯夷、叔齐的父亲名"墨台初",即亚微。《路史》称伯夷二弟为"凭",《列子·汤问》之"帝凭怒",即亚宪。

金耀《亚微罍考释——兼论商代孤竹国》以"亚微孤竹罍"中的铭文"父丁,孤竹,亚微"考释为切入点,结合古文献和出土材料进行考释:"父丁",亚微之父,即甲骨文中的"竹侯",曾任殷商时期贞人和司卜,为第七代孤竹君;"墨台初",即亚微,继承父业为商朝亚官,第八代孤竹君;"亚宪",承袭父业为

① 《尚书》,中华书局 2009 年版,第 302 页。
② 李学勤:《十三经注疏·春秋穀梁传注疏》,北京大学出版社 1999 年版,第 345—346 页。
③ 杨伯峻:《孟子译注》,中华书局 2008 年版,第 241 页。
④ 姜亮夫:《楚辞通故第二辑》,齐鲁书社 1985 年版,第 95 页。
⑤ 顾祖禹:《读史方舆纪要》,中华书局 2005 年版,第 750 页。
⑥ 金耀:《亚微罍考释——兼论商代孤竹国》,《社会科学战线》1983 年第 2 期。

商朝亚官,第九代孤竹君,名"凭"。

《困学纪闻》载:"《论语》疏:'案《春秋少阳篇》:伯夷姓墨,名允,字公信。伯,长也。夷,谥。叔齐名智,字公达。伯夷之弟,齐亦谥也。'少阳篇未详何书。"胡明仲曰:"《少阳篇》以夷齐为伯叔之谥。彼已去国,隐居终身,尚谁为之节惠哉? 盖如伯达、仲忽,亦名而已矣。"陶宗仪《南村辍耕录》载:"吾衍《闲居录》云:孤竹君,姓墨,音眉,名台,音怡。初见《孔丛子》注。中子名伯辽,见周昙《咏史诗》注。伯,当作仲。"伯夷的二弟名仲辽。

明代《永平府志》载:"永平府即古孤竹国,史称其君墨胎氏,盖商支庶所封。其子伯夷叔齐让国而逃,谏伐而饿,清风高洁昭著。"①《史记索隐》云:"'其传'盖《韩诗外传》及《吕氏春秋》也。其传云孤竹君,是殷汤三月丙寅日所封。相传至夷、齐之父,名初,字子朝。伯夷名允,字公信。叔齐名致,字公达。解者云夷、齐,谥也;伯,仲,又其长少之字。按:《地理志》孤竹城在辽西令支县。应劭云伯夷之国也。其君姓墨胎氏。"②

简单梳理孤竹国的君王世系:

第一代孤竹君,被分封在辽西令支,永平府。辽西的令支、永平府均为后世行政区划,为孤竹国旧地。最早被殷商分封的君王尊称为孤竹君,史称墨胎氏。

第二位被提及的孤竹君,即"亚微父丁罍"之父丁,墨胎竹猷,庙号"丁"。大约为武丁后期至廪辛时代人,曾为商朝"贞人"和"司卜"。甲骨文记作"竹侯",其爵为"侯"。由此推之,孤竹国君可能世代皆为侯爵。③ 此为第七代孤竹君。

第三位被提及的孤竹君,为猷之子、伯夷叔齐之父,名初,字子朝。金文作"微"。郭沫若(1957)④认为:"殷有官职曰亚,周人沿袭其制。"李白凤(1981)⑤考证:凡称"亚"之人,皆主祭祀,地位高贵且为世袭。可见,子朝在商代为侯爵"亚微"。此为第八代孤竹君。

① 转引自聂树锋、高建华:《趣闻河北》,旅游教育出版社 2006 年版,第 47 页。
② 司马迁:《史记》,中华书局 1959 年版,第 2123 页。
③ 李德山:《论孤竹国及对汉文化的继承与传播》,《渤海大学学报(哲学社会科学版)》2016 年第 2 期。
④ 郭沫若:《青铜时代》,科学出版社 1957 年版,第 15 页。
⑤ 李白凤:《东夷杂考》,齐鲁书社 1981 年版,第 151—156 页。

第四位被提及的孤竹君,乃亚微二子,名凭,金文称"亚宪"①,即伯夷之弟、叔齐之兄,《困学纪闻》所提及的仲辽。在商朝任亚卿,地位仍显赫。此为第九代孤竹君。

孤竹始君至末代孤竹君,由于距今久远,没有明确、系统的文献记载,即便是《帝王世纪》,在宋代就已亡轶。学界对孤竹君王世系的认识也未统一。何光岳(1991)②、孟古托力(2003)③等学者认为孤竹国君王共11世。

(三)孤竹国的伯夷叔齐

有关伯夷、叔齐的事迹,司马迁的《史记·伯夷列传》最为详备,《论语》《孟子》《列子》《庄子》《韩非子》《吕氏春秋》等文献也有记载,《论语》提及5处,《孟子》提及13处(杨伯峻《孟子译注·孟子词典》15见),可以印证。夷齐演绎了"兄弟让国"等经典故事,留下了首阳山、清节庙、夷齐井等物质遗存。

《史记·伯夷列传》曰:

> 余悲伯夷之意,睹轶诗可异焉。其传曰:伯夷、叔齐,孤竹君之二子也。父欲立叔齐,及父卒,叔齐让伯夷。伯夷曰:"父命也。"遂逃去。叔齐亦不肯立而逃之。国人立其中子。于是伯夷、叔齐闻西伯昌善养老,盍往归焉。及至,西伯卒,武王载木主,号为文王,东伐纣。伯夷、叔齐叩马而谏曰:"父死不葬,爰及干戈,可谓孝乎? 以臣弑君,可谓仁乎?"左右欲兵之。太公曰:"此义人也。"扶而去之。武王已平殷乱,天下宗周,而伯夷、叔齐耻之,义不食周粟,隐于首阳山,采薇而食之。及饿且死,作歌。其辞曰:"登彼西山兮,采其薇矣。以暴易暴兮,不知其非矣。神农、虞、夏忽焉没兮,我安适归矣? 于嗟徂兮,命之衰矣!"遂饿死于首阳山。由此观之,怨邪非邪?④

司马迁用三百余字完整介绍了伯夷、叔齐其人其事。伯夷,名为允,字为公信;叔齐,名致,字公达。二人皆为储君。兄弟让国、叩马而谏、耻食周粟、隐居首阳、西山采薇、饿死首阳等经典传奇,极大地丰富了伯夷、叔齐的人物形

---

① 李学勤:《试论孤竹》,《社会科学战线》1983年第2期。
② 何光岳:《孤竹的来源和迁徙》,《黑龙江民族丛刊》1991年第2期。
③ 孟古托力:《孤竹国释论——一支华夏化的东北夷》,《学习与探索》2003年第3期。
④ 司马迁:《史记》,中华书局1959年版,第2122—2123页。

象,令后人从中领略到夷齐的高洁品格。司马迁在《史记·太史公自序》中写道:"末世争利,维彼奔义;让国饿死,天下称之。"体现了他对夷齐的推崇。

先秦时期的人名结构与秦汉以降有很大不同。先秦时期的人名不仅有姓、氏,还有名、字,有的还有爵,死后还有谥号。姓氏由朝中的太史专门掌管。(唐)陆德明《经典释文》曰:"伯夷,姓墨名允,字公信,孤竹君之子。伯,长也。夷,谥。叔齐,名智,字公达,伯夷之弟。齐,亦谥也。夷、齐名见《春秋少阳篇》。"①揭示了夷、齐分别是墨公信、墨公达的谥号,伯、叔则是二者在兄弟三人中的长幼之序。

(梁)皇侃《论语义疏》:"孤竹之国,是殷汤正月三日丙寅日所封,其子孙相传,至夷、齐之父也。父姓墨台,名初字子朝。伯齐名允字公信,叔齐名致字公达。伯夷大而庶,叔齐小而正。父薨,兄弟相让,不复立也。"②皇侃的疏证似乎指明夷齐兄弟的出身:伯夷出身庶人,而叔齐为正室嫡出。龚维英认为:"《史记·伯夷列传》所言的孤竹君(伯夷父)打算废长立幼,即表现出'父权'建立后开始一段不算短的时间里,对长子是否自己种胤的怀疑。"③这与商代王位继承中重视血缘传承的"嫡庶制"相合。

夏商周时期的朝国属于"早期国家"。它有别于古希腊罗马那种建立在地域组织基础之上的国家形式,是指我国夏商周时期建立在血缘组织基础之上、政治组织与血缘组织相互为用的早期国家形式。此时,部落首领的"禅让制"被王位的世袭制取代(沈长云,2012)。而孤竹国"夷齐让国"故事中夷、齐之父临终前的王位安排恰是这种王位世袭制的体现。

二、孤竹文化的精神内涵④

孤竹国受殷商中原文化的影响,把中原农耕文化和北方游牧文化有机结合起来,创造出了以中原文化为主导的孤竹文化。以"崇礼、守廉、尚德、求

---

① 陆德明:《经典释文》,上海古籍出版社 1985 年版,第 1359 页。

② 何晏注,皇侃义疏:《论语集注义疏》,商务印书馆 1935 年版,第 65 页。

③ 龚维英:《对孤竹、伯夷史实的辨识及评价》,《江汉考古》1995 年第 2 期。

④ 参见秦学武、王芳、李强华:《孤竹文化溯源、流变及其当代价值》,《河北科技师范学院学报(社会科学版)》2015 年第 1401 期;秦学武、王芳、蔚华萍:《孤竹文化及其对中国传统文化的影响》,《河北科技师范学院学报(社会科学版)》2013 年第 3 期。

仁、重义”为核心的夷齐精神,构成了孤竹文化的精神内涵。

(一)夷齐让国——求仁、重义思想

“夷齐让国”,千百年来为世人所称颂,体现了中国传统文化中“谦让”“仁义”的美德。数千年来,在儒家文化塑造下,伯夷、叔齐成为一座道德丰碑,一种文化符号,成为中华文化的重要组成部分。太史公将《伯夷列传》列为《史记》“列传”的开篇之作。司马迁写夷齐兄弟让国,体现了儒家的“辞让之心”;伯夷去国的原因是遵父命,体现了“孝”;夷齐最后不食周粟,则体现了“义”的思想。

孔子主张“君子有所为,有所不为”①。在任何时候人都要学会选择和放弃。面对选择,伯夷坚守的是孝,叔齐坚守的是悌,二人共同坚守着仁与义;君位面前,他们以让相待,真正做到了“见得思义”,以自身的实践体现了仁义的美德。朱熹认为“伯夷以父命为尊,叔齐以天伦为重”,在君位面前,伯夷、叔齐兄弟相让,充分体现了儒家的“孝悌”。做到了“孝悌”,就实行了仁之根本。伯夷、叔齐“不苟取”,不接受周公的“加富二等,就官一列”(《庄子·让王》)和周武王的“让以天下”,认为“此非吾所谓道也”,依然坚持廉和让。正因如此,他们才能放弃国之大宝乃至身家性命。他们对“廉”和“信念”的坚守,成了后世人们认同和称颂的对象。礼义思想在历史上影响和培育了一大批爱国的仁人志士,成为民族的脊梁,他们在国家民族危亡之机,常从夷齐精神中吸取力量,保持坚贞的名节。

(二)叩马而谏——崇礼、尚德思想

崇礼即尊崇礼仪,以礼相待。当伯夷、叔齐得知周武王讨伐商纣王之时,叩马而谏:“父死不葬,爰及干戈,可谓孝乎? 以臣弑君,可谓仁乎?”在进谏武王的陈述中,体现了“孝”“忠”“仁”“礼”的儒家思想。他们认为武王伐纣是公开地背弃传统的伦理关系和君臣之道的不义之举竭力阻止武王的行为。历史上的商周虽非大一统王朝,但周国与商朝还是有臣属关系的。一方面,周原出土的甲骨之中有商王册命周方伯的记录(周原 H11-112);另一方面,纣辛对文王产生怀疑时,周人立刻向商王进贡美女珍玩,以示臣服。而出土楚简中

---

① 最早出自《论语·子路》:“不得中行而与之,必也狂狷乎。狂者进取,狷者有所不为也。”

也有文王批判叛商诸侯的言论:文王闻之,曰:"虽君无道,臣敢勿事乎? 虽父无道,子敢勿事乎? 孰天子而可反?"(《上博二·容成氏》第 46 号简)①从这个意义上说,"叩马而谏",这充分体现了伯夷、叔齐思想深处的礼、德规范。

春秋时期,社会虽已礼崩乐坏,但礼制和尚德的思想依然是内化于人心的行动准则。史传作品以史为据,进行了道德评价,正所谓"不敬则礼不行,礼不行则上下昏,何以长世?"(《左传·僖公十一年》)。春秋五霸之一的齐桓公之所以能在葵丘之盟后,开创亘古未有的霸业,恐怕与他"招携以礼,怀远以德。德礼不易,无人不怀"(《左传·僖公七年》)的崇礼思想是分不开的。

(三)首阳采薇——守廉、反暴思想

中华民族历来就有"不以奢为乐,不以廉为悲"(《淮南子·原道训》)、"智者不为非其事,廉者不求非其有"(《韩诗外传》)的传统,主张克制物欲之贪,弘扬精神追求和人生境界的高蹈。作为孤竹国的储君,伯夷、叔齐有崇高的社会地位、衣食无忧,但在财富面前,他们采取的态度是廉。他们向往神农虞夏时的盛德之世,为了心中的坚守,他们采薇而食,最终饿死首阳山。

"登彼西山兮,采其薇矣。以暴易暴兮,不知其非矣。神农虞夏忽焉没兮,我安适归矣? 于嗟徂兮,命之衰矣!"这首《采薇歌》,体现了他们对理想的坚持,哀叹无以盛放的生命只能无奈逝去,是其守廉思想、反对以暴易暴政治观的生动写照。

从时代的发展潮流看,伯夷、叔齐虽能舍弃君位,却无法摆脱伦理和情感的束缚,接受商周易代的历史必然。他们的言行无疑带有深深的时代局限性。本质上讲,个人伦理、感情与历史前进的必然趋势相比,无疑是支流,而支流汇入主流,选择同一流向,这是历史发展的必然规律。② 这也是夷齐行为在历史发展、进步的洪流中饱受诟病的重要原因。

当然,作为一种稳定的文化积淀,夷齐精神是中国传统文化的思想财富。"求仁求廉"与"不食周粟而死",前者体现出精神品格上的追求,后者体现出坚持原则的骨气。为了实践自己的"志"和"义",他们可以不贪财,不恋君位,

---

① 陈家宁:《〈史记〉商周史事新证图补(壹)——殷、周、秦〈本纪〉新证图补》,天津人民出版社 2011 年版。

② 参见叶罕云:《伯夷"义不食周粟"原因探析》,《安徽农业大学学报(社会科学版)》2008年第 1 期。

不受周官;同样,他们也可以为此做到不辱其身,舍生取义。这是惊世骇俗的壮举,堪称中国传统文化的精髓。①

三、孤竹文化对中国传统文化的影响

伯夷、叔齐作为历史人物,他们的行为具有典型意义。他们用牺牲自身的利益体现了对于"礼""义"的坚守,用生命抒写了自己的价值观。在哲学、史学、文学等传世文献中,他们的行为又存在多义性,在不同的社会情境或者语境中,呈现出了不同价值观念的阐释,体现了伯夷、叔齐的历史价值和文化价值。

在商周易代的历史时期,伯夷、叔齐的选择呈现出不同的道德伦理倾向,《论语》《孟子》《庄子》《列子》《韩非子》《吕氏春秋》等多有评价。持肯定态度者,对兄弟二人"不改操于得失,不倾志于可欲",赞美有加。韩愈的《伯夷颂》将伯夷、叔齐捧得更高:"昭乎日月不足为明,崒乎泰山不足为高,巍乎天地不足为容也。"持否定态度者,认为其保守、愚忠,成为阻碍历史进步的落后力量,李白的《梁园吟》更直言:"持盐把酒但饮之,莫学夷齐事高洁。"虽然伯夷、叔齐的价值观带有明显的时代局限,践行的方式也值得探讨,但作为一种心理积淀和对道德理想的坚守,夷齐精神依然值得后人铭记和传承。

(一)儒道法代表人物对伯夷叔齐的评价

儒家文化崇奉孔子学说。《汉书·艺文志》列为九流之首。祖述尧舜,宪章文武,崇尚"礼乐""仁义""忠恕""中庸",提倡德治、王道、仁政,重视伦理教化和自我修养。战国时儒分为八,孟、荀两派较为重要。汉武帝独尊儒术,遂成为封建社会官方之学,构成中国传统文化的主干。历代演变颇频:两汉之时,有古今文经学及谶纬之学;魏晋时期,有以道释儒的玄学;隋唐两代,有排斥释道的道统之说;宋明之际,有吸取佛道的理学;清代有宋学与汉学之争;"五四"后则日衰。当代社会,有人借鉴西方文化及佛学,求其复兴而成现代新儒学,但仅属学术潜流。儒学统治中国逾两千年,既维护了封建社会的稳固与发展,也保存、创造了传统文化。

---

① 欧阳健:《伯夷精神之解读——伯夷文化论之一》,《厦门教育学院学报》2004 年第 6 期。

1. 孔子

孔子有关伯夷叔齐的言论收录于《论语》,共有 5 处。就伯夷、叔齐的故事而言,孔子与学生谈论的过程中并没有再现故事情节,他从培养学生道德的角度出发,在不同的情境下对夷齐进行了多角度的评价,体现了他对现实政治的思考。

(1)仁、孝、礼的思想

通过《论语》,可以深入了解孔子思想的核心——仁爱。仁者爱人,一是爱亲人:父母、兄弟;二是爱他人。"弟子,入则孝,出则悌,谨而信,泛爱众,而亲仁,行有余力,则以学文。"①(《论语·学而》)孔子仁爱思想涉及范围很广,比如伦理道德、人生哲学以及政治思想等方面。他认为"仁"是最高品质。他从不轻易称许人,认为只有能给百姓带来利益的人,才称得上"仁"。虽然"仁"是很难企及的道德境界,但是孔子却为人们指出了日常生活中的践行方式。

《论语·雍也》载:

> 子贡曰:"如有博施于民而能济众,何如? 可谓仁乎?"子曰:"何事于仁! 必也圣乎! 尧舜其犹病诸! 夫仁者,己欲立而立人,己欲达而达人。能近取譬,可谓仁之方也已。"②

子贡问:能为大众带来利益的人是否就是仁人呢? 孔子答曰:这样的人何止是仁人,那是圣人。仁人,是能站在别人角度思考问题,能够从身边事做起,找到实践仁的方法。所以,虽然孔子之"仁"很难企及,但在日常生活中却时时可以践行。孔子认为伯夷叔齐是践行了"仁",即"孝悌"。这是"仁"的根本。

孔子称赞伯夷、叔齐虽反对商纣王,但在劝阻周武王以暴易暴方面维护了君臣之礼的做法,并以此教育学生如何为人处世。他认为"伯夷、叔齐不念旧恶,怨是用希"(《论语·公冶长》),程颐对此甚为推崇,肯定了伯夷、叔齐的耿介。(宋)朱熹《论语集注》曰:"伯夷、叔齐,孤竹君之二子。孟子称其'不立于恶人之朝,不与恶人言。与乡人立,其冠不正,望望然去之,若将浼焉'。其

---

① 杨伯峻:《论语译注》,中华书局 2006 年版,第 5 页。
② 杨伯峻:《论语译注》,中华书局 2006 年版,第 72 页。

介如此,宜若无所容矣,然其所恶之人,能改即止,故人亦不甚怨之也。程子曰:'不念旧恶,此清者之量。'又曰:'二子之心,非夫子孰能知之?'"他认为唯有孔子才能得其深意。

孔子评价伯夷、叔齐"不念旧恶",杨伯峻《论语译注》释为:他们不记念过去的仇恨,别人对他们的怨恨也就少了。对于卫国国君父子争夺君位的问题,孔子觉得有悖于伦理人情,他更重视和看重的是伯夷、叔齐的让国之举。

《论语·述而》载:

> 冉有曰:"夫子为卫君乎?"子贡曰:"诺,吾将问之。"入,曰:"伯夷、叔齐何人也?"曰:"古之贤人也。"曰:"怨乎?"曰:"求仁而得仁,又何怨?"出,曰:"夫子不为也。"①

冉有和子贡探讨孔子对于卫国国君拒绝接纳他父亲回国一事的态度,子贡听到孔子对伯夷、叔齐的评价是"古之贤人",并且认为他们没有什么怨恨的,因为他们"求仁得仁"。根据与孔子的对话,子贡认为孔子对卫国国君的做法是否定的。孔子对此之所以否定,其依据是以"仁"治国。"孝弟也者,其为仁之本与!"在孔子看来,"孝悌"是仁的根本,没有了根本,就无法践行"仁德",就无法成为"仁人"。

因此,通过以上两段的分析,在孔子眼里,伯夷、叔齐是贤人,他们求仁得仁,不念旧恶,怨恨的人很少。而他们也做到了"孝悌",没有什么怨恨或遗憾的事。夷齐故事对于孔子而言,其价值在于他们真正践行了"孝悌",才会有"求仁得仁"的评价。

另外,关于"孝"的言论在《论语》中出现了19次。"夫孝,始于事亲,中于事君,终于立身。"孔子的孝道观,是将孝从家庭伦理层面推行到政治伦理层面。但在评价伯夷、叔齐时,更多是对人物的评价,或者是以此表达政治态度。

《史记·伯夷列传》用叙述的语言、故事的形式更形象地呈现了这一思想,且更加符合汉代"罢黜百家,独尊儒术"的思想。但司马迁阐述的故事,比孔子评价的内容更丰富,角度也更多,不仅从夷齐行为本身,也从他们对周武王的评价中,再次强调了"孝悌"的观念。文中的《采薇歌》,表面是司马迁质疑夷齐是否真的无怨,实则是表达司马迁的情怀。因此《伯夷列传》传达的是对于"孝悌"

---

① 杨伯峻:《论语译注》,中华书局2006年版,第79页。

思想的肯定。对于伯夷叔齐劝谏周武王,司马迁传递了同样的思想。

从孔子、司马迁的评价,可以看出两者对待"孝悌"的差异:孔子的评价,在于肯定夷齐做到了"孝悌",践行了"仁",而最终结果如何并不重要,统治者任用与否也不重要;司马迁则不同,他对于"孝悌"的肯定,更多是希望遇到任用自己的君王,以实现自己的价值。所以,这就是孔子评价夷齐"求仁得仁,又何怨",而司马迁则认为"由此观之,怨邪非邪"的原因。有学者认为,司马迁并不认可夷齐行为,"怨邪非邪"是对孔子"又何怨乎"的挑战。[1] 这样的理解恐失偏颇。

对于"礼"和"仁"的看法,孔子与司马迁的评价角度不同。孔子从个人能为社会带来的利益角度而言,认为仁是根本,礼是人内心之仁的外在表现。如果内心有仁,人一般不会做出违背礼的事,但要变通看待。如果一个人虽然违背了礼,但他却做了行仁的事,那就不该被否定。《论语·宪问》载:

子路曰:"桓公杀公子纠,召忽死之,管仲不死。"曰:"未仁乎?"子曰:"桓公九合诸侯,不以兵车,管仲之力也。如其仁,如其仁。"[2]

在齐桓公九合诸侯的过程中,因为管仲的原因,人民没有遭受太多的战争灾难。孔子因此肯定了管仲的"仁"。此事说明孔子思想中"仁"是根本、核心,礼为"仁"服务。司马迁的评价则是从个人价值的实现出发,以能否遇到赏识自己的人为标准。

孔子对夷齐故事的评价,体现了孔子"仁""礼""孝"的价值观。虽然夷齐故事不是孔子思想形成的基础,但拓展了孔子思想的内涵。

(2)见利思义的思想

孔子倡导见利思义,反对见利忘义。他肯定人们对富贵的欲望,但强调在获得富与贵之时要通过正当手段。《论语·里仁》载:

子曰:"富与贵,是人之所欲也;不以其道得之,不处也。贫与贱,是人之所恶也;不以其道得之,不去也。君子去仁,恶乎成名?君子无终食之间违仁,造次必于是,颠沛必于是。"[3]

---

① 董铁柱:《论司马迁对伯夷和叔齐的评价》,《中北大学学报(社会科学版)》2013 年第 1 期。

② 杨伯峻:《论语译注》,中华书局 2006 年版,第 170 页。

③ 杨伯峻:《论语译注》,中华书局 2006 年版,第 39 页。

他认为君子在任何情况之下,都不应该违背仁。

《论语·季氏》曰:

> 齐景公有马千驷,死之日,民无德而称焉。伯夷叔齐饿于首阳之下,民到于今称之。其斯之谓与?①

孔子将"有马千驷"的齐景公与"饿于首阳之下"的夷齐相比并,强调夷齐虽不拥万千财富,却拥有众人称颂的美德。在对齐景公与伯夷叔齐的评价中,可以看出孔子的义利观:相比对于财富的态度,他更注重百姓的评价。

(3)用之则行、舍之则藏的人生态度——隐逸思想

孔子在《论语》中将夷齐与隐士放在一起评价,探讨隐士们无法实现自己主张时候的不同态度。

《论语·微子》曰:

> 逸民:伯夷、叔齐、虞仲、夷逸、朱张、柳下惠、少连。子曰:"不降其志,不辱其身,伯夷、叔齐与!"谓:"柳下惠、少连,降志辱身矣,言中伦,行中虑,其斯而已矣。"谓:"虞仲、夷逸,隐居放言,身中清,废中权。我则异于是,无可无不可。"②

尹氏曰:"七人各守其一节,而孔子则无可无不可,此所以常适其可,而异于逸民之徒也。"扬雄曰:"观乎圣人则见贤人。是以孟子语夷、惠,亦必以孔子断之。"(朱熹《论语集注》)孔子并不同于所列举的七个人那样各守一节,而是着眼于政治理想在现实中浮沉,但同样坚守自己的价值观念,肯定夷齐"不降其志,不辱其身"的操守。

夷齐在自己的主张无法实现时,选择了隐居,最后饿死在首阳山。孔子评价他们能够不降低自己的理想去迎合统治者。这里应该有孔子周游列国时的无奈,很多时候他得不到别国的尊重,不被重用,甚至会遇到危险,所以他借肯定夷齐表达自己的慨叹。而柳下惠、少连则选择了留在与自己理想不合的朝堂之上,只不过在处事行为上,还能够坚持言语合乎伦理,行为符合自己的意志,他们也只能如此了。虞仲、夷逸避世隐居,可以放肆直言,却保持自己的清高,其做法也合乎权变。

---

① 杨伯峻:《论语译注》,中华书局2006年版,第200页。
② 杨伯峻:《论语译注》,中华书局2006年版,第221页。

　　这里是孔子对逸民的评价,虞仲、夷逸、朱张、少连的事迹已不可考,所以无法确切地知道他们隐逸的真因。如果结合《论语·微子》中与隐士有关的段落,再来看孔子对逸民的评价,看法会有所不同。这一章节中,隐士认为孔子在乱世周游列国,寻找与自己适恰的君王,整天躲避那些与自己政治理想不合的人,还不如像他们一样隐居起来。孔子听了很失落,但是他也说过:"天下有道,丘不与易也。"①孔子虽然在周游列国推行自己主张的过程中,屡屡碰壁,但他坚持自己主张,想要以此改变社会。

　　《论语·微子》中子路对于自己所遇到的隐士的评价:

　　　　不仕无义。长幼之节,不可废也;君臣之义,如之何其废之? 欲洁其身,而乱大伦。君子之仕也,行其义也。道之不行,已知之矣。②

子路认为不做官是不对的。既然长幼之间的关系不能偏废,那么君臣之间的大义怎么能偏废呢? 不能为了保持自身的清白,却破坏了君臣之间的伦理关系。君子出仕,是为了行君臣之义。而自身想要实行的道不通,是已经知道的事了。

　　子路的评价完全体现了他坚持儒家道义的精神,正如后来的卫国之乱发生时,他没有逃走,而是回到战乱中。在最后被射死的时候,他还要整理好衣冠,说明他坚守儒家的礼。对于子路这样的结局,孔子已经预想到了。而孔子与子路还是不同的,他自己为了推行道,还是会坚持参与变易的工作,所以有"无可无不可"的选择。这里"异于是,无可无不可"的态度,表达了孔子的权变。他自己坚持道义,但遇到意见不合的君王,他会离开。他的离开不是放弃自己的理想,而是始终如一地去推行,即使经历被人侮辱的情况,他也不会放弃自己的理想,放弃自己的道。但是对于出仕与否,却不是孔子所在意的。《论语·子罕》:"子绝四——毋意,毋必,毋固,毋我。"③这里的不拘泥固执,正是孔子在追求自己道的过程中的态度。

　　所以,这里的评价表明他们不是肯定隐逸的态度,而是自己"无可无不可""用之则行,舍之则藏"的态度。这里对伯夷、叔齐的评价,是叙述性的,他们的选择是没有降低自己的志向,没有辱没自己的身份。

---

① 杨伯峻:《论语译注》,中华书局 2006 年版,第 219 页。
② 杨伯峻:《论语译注》,中华书局 2006 年版,第 220 页。
③ 杨伯峻:《论语译注》,中华书局 2006 年版,第 100 页。

纵观《论语》中孔子对于伯夷、叔齐的评价:人格方面,"不降其志,不辱其身",体现对自身信仰的坚守;政治态度方面,"求仁得仁""不念旧恶",体现对礼的坚定维护;对后世影响方面,虽然没有财富,却得到了人们的赞扬。伯夷、叔齐虽然失去了生命,但树立了高洁形象,为后世所称颂。

孔子充分肯定了伯夷、叔齐的品质,但对其践行方式表达了"无可无不可"的态度,进而丰富了儒家学说的精神内涵。他对理想信念的追求和辩证的思考,有着浓厚的思辨色彩。伯夷、叔齐的行为对于儒家思想而言是体现而不是建构,是一种契合。司马迁曾言"伯夷、叔齐虽贤,得夫子而名益彰",可见孔子在传播夷齐精神方面做出的重要贡献。

2. 孟子

《孟子》有13处提到了伯夷,而未提到叔齐,其中有很多地方是重复的。《孟子》从行为方式、品格方面对伯夷进行了评价,根据自己的需要突出了伯夷的品质,是根据历史传说和《论语》中孔子的评价来塑造出的寓言形象。

孟子主张"民为贵,社稷次之,君为轻"的"民本"思想,认为百姓利益是第一位,君主要保护和爱护人民的利益。孟子仁政学说的核心就是民本思想。他继承和发展了孔子的德治思想,认为"不忍之心"是实行王道的基础,即亲近百姓,任用贤良。他还有"法先王"和"性本善"的思想。他用伯夷的寓言形象,说明他对于人伦和"仁"的看法。

(1)人伦的重要性

《孟子·滕文公下》载:

> 孟子曰:"于齐国之士,吾必以仲子为巨擘焉。虽然,仲子恶能廉?充仲子之操,则蚓而后可者也。夫蚓,上食槁壤,下饮黄泉。仲子所居之室,伯夷之所筑与?抑亦盗跖之所筑与?所食之粟,伯夷之所树与?抑亦盗跖之所树与?是未可知也。"①

孟子将伯夷、盗跖对举,是从被大家肯定的品质上说明自己的观点,但也认可了公认的看法——伯夷是廉洁的代表,而盗跖是不义的代表。这些例证是为了反对杨朱和墨子的学说,强调人伦的重要性。

---

① 杨伯峻:《孟子译注》,中华书局2010年版,第118页。

(2)兼济天下,独善其身

《孟子·告子下》载:

> 淳于髡曰:"先名实者,为人也;后名实者,自为也。夫子在三卿之中,名实未加于上下而去之,仁者固如此乎?"孟子曰:"居下位,不以贤事不肖者,伯夷也;五就汤,五就桀者,伊尹也;不恶污君,不辞小官者,柳下惠也。三子者不同道,其趋一也。一者何也? 曰:仁也。君子亦仁而已矣,何必同?"①

《告子下》提到伯夷,并与伊尹、柳下惠并举,讨论了仁人的行为表现。淳于髡认为,真正的仁人应该是能救助天下、帮助老百姓的人;如果舍弃功业声誉是为了自身,应该不是仁者所为。朱熹《孟子集注》认为:"言以名实为先而为之者,是有志于救民也;以名实为后而不为者,是欲独善其身者也。"②朱熹的看法正好注解了孟子的观点。孟子认为伯夷、伊尹、柳下惠的处世方式不同,但他们都有自己的坚持。对于伯夷,《孟子》中并未提及具体的故事,只是将他当作贤者,代表一类坚决不会侍奉不肖者的人。这样的人坚持自己,没有相遇合的君王,就会独善其身。而伊尹为了实现自己的理想,不断地选择,最终找到了遇合的君王,他辅佐君王,从而救助百姓,可以说他是在做兼济天下的事。柳下惠也是如此,他坚持自己的原则,在独善其身的官场环境中,兼济天下。所以,孟子认为他们虽然做法不一,所追求的也不一样,但都符合"仁",即通向"仁"的途径有很多种,伯夷的行为是其中的一种。

《孟子·公孙丑上》载:

> (公孙丑)曰:"伯夷、伊尹何如?"曰:"不同道。非其君不事,非其民不使;治则进,乱则退,伯夷也。何事非君,何使非民;治亦进,乱亦进,伊尹也。可以仕则仕,可以止则止,可以久则久,可以速则速,孔子也。皆古圣人也,吾未能有行焉;乃所愿,则学孔子也。"③

伯夷、伊尹、孔子都是圣人,他们的处世态度不同。孟子表明了自己对他们的肯定,同时也表达了自己更愿意学习孔子的态度。

---

① 杨伯峻:《孟子译注》,中华书局 2010 年版,第 220 页。

② 朱熹:《四书章句集注(点校本)》,中华书局 1982 年版,第 342 页。

③ 杨伯峻:《孟子译注》,中华书局 2008 年版,第 47 页。

(3)"德"的教化作用

同样是对"仁"的探讨,孔子和孟子的角度是不同的。孔子是从伯夷的感受出发,强调伯夷求仁得仁,没有什么可怨恨的;孟子更多是从对后世的启示而言,强调求仁的方式有多种,伯夷的方式是其中之一,伯夷虽未做到兼济天下,但做到了独善其身。

《孟子·滕文公下》载:

> 匡章曰:"陈仲子岂不诚廉士哉?居于陵,三日不食,耳无闻,目无见也。井上有李,螬食实者过半矣,匍匐往,将食之,三咽,然后耳有闻,目有见。"孟子曰:"于齐国之士,吾必以仲子为巨擘焉。虽然,仲子恶能廉?充仲子之操,则蚓而后可者也。夫蚓,上食槁壤,下饮黄泉。仲子所居之室,伯夷之所筑与?抑亦盗跖之所筑与?所食之粟,伯夷之所树与?抑亦盗跖之所树与?是未可知也。"曰:"是何伤哉?彼身织屦,妻辟纑,以易之也。"①

朱熹《孟子集注》曰:"言仲子未得为廉也,必若满其所守之志,则惟丘蚓之无求于世,然后可以为廉耳。……言蚓无求于人而自足,而仲子未免居室食粟,若所从来或有非义,则是未能如蚓之廉也。"孟子要说明的是真正的廉洁只有变为蚯蚓才可做到。因为蚯蚓是无求于世的,而人却要求保暖。将伯夷、盗跖对举,是为了指出伯夷是廉洁的人。

《孟子·万章下》曰:

> 故闻伯夷之风者,顽夫廉,懦夫有立志……伯夷,圣之清者也;伊尹,圣之任者也;柳下惠,圣之和者也;孔子,圣之时者也。孔子之谓集大成。集大成也者,金声而玉振之也。金声也者,始条理也;玉振之也者,终条理也。始条理者,智之事也;终条理者,圣之事也。智,譬则巧也;圣,譬则力也。由射于百步之外也,其至,尔力也;其中,非尔力也。②

孟子认为,伯夷是圣之清高者,伊尹是圣之负责者,柳下惠是圣之随和者,孔子则是圣之识时务者,并且孔子是圣之集大成者。虽然他们处事原则不同,但都值得称道。

---

① 杨伯峻:《孟子译注》,中华书局2008年版,第118页。
② 杨伯峻:《孟子译注》,中华书局2008年版,第179—180页。

《孟子·尽心下》载:

> 孟子曰:"圣人,百世之师也,伯夷、柳下惠是也。故闻伯夷之风者,顽夫廉,懦夫有立志。闻柳下惠之风者,薄夫敦,鄙夫宽。奋乎百世之上,百世之下,闻者莫不兴起也。非圣人而能若是乎? 而况于亲炙之者乎?"[1]

他充分肯定伯夷对后世的影响,认为伯夷是在行为上能做到"目不视恶色,耳不听恶声。非其君不事,非其民不使",在政治态度上能"治则进,乱则退"的"圣之清者",高度称赞了伯夷的清高之风。他称许伯夷的耿介,"不立于恶人之朝,不与恶人言。……思与乡人立,其冠不正,望望然去之,若将浼焉"(《公孙丑上》)。

孟子对于伯夷的书写一般都是将其与伊尹、柳下惠并举,且越发注重细节的具体,体现出明显的寓言化特征,但也有其作为历史人物的基础。孟子强调了伯夷的清高,也有使贪鄙者变得清高、懦弱者变得自立的倾向。这样的评论也是源于孔子将伯夷与齐景公对比得出的结论,不过孟子将其上升到了品质的高度,还说明了这种品质对于后人的教化作用。孔子在《论语》中更多地表达了自己的财富观和义利观,认为财富再多,也不一定得到民众称许,而伯夷、叔齐虽饿死首阳山,但是得到了百姓的肯定。

《孟子·离娄上》曰:

> "伯夷辟纣,居北海之滨,闻文王作,兴曰:'盍归乎来! 吾闻西伯善养老者。'太公辟纣,居东海之滨,闻文王作,兴曰:'盍归乎来! 吾闻西伯善养老者。'二老者,天下之大老也,而归之,是天下之父归之也。天下之父归之,其子焉往? 诸侯有行文王之政者,七年之内,必为政于天下矣。"[2]

朱熹《孟子集注》曰:"纣命为西方诸侯之长,得专征伐,故称西伯。太公,姜姓,吕氏,名尚。文王发政,必先鳏寡孤独,庶人之老,皆无冻馁,故伯夷、太公来就其养,非求仕也。"孟子认为伯夷、吕尚欲归西伯,是因为其善养老,而不是为了求仕。他们不是常人之老者,是天下之父,因此西伯得到他们的首

---

① 杨伯峻:《孟子译注》,中华书局 2008 年版,第 259 页。
② 杨伯峻:《孟子译注》,中华书局 2008 年版,第 131 页。

肯,自然就可以得天下。伯夷在这里彰显的是西伯昌的德行,也表示了他对贤者的追随。

另一方面,伯夷在孟子眼中并不完美,《公孙丑上》指出:"伯夷隘,柳下惠不恭。隘与不恭,君子不由也。"①"伯夷隘"(指伯夷器量太小),是孟子对伯夷深具影响的评价。孟子提倡"王道",推崇"正己而物正者也"的"大人"。在孟子看来,伯夷虽以身殉道,但未能以身行道,进而达到"尚志"之境界,未能使包括君王在内的天下都归于"正"。②可见,孟子对于伯夷的看法虽以孔子断之,认为他们的做法达到了仁;但与孔子相比,最终还是有所偏狭。孔子才是真正的全才全德者。当然,孟子虽认为"伯夷隘",但对伯夷的评价还是以"清"和"廉"为主。另外孟子也借伯夷表达了自己对于周文王时期的描述,这实则是自己的理想表达,即儒家治世的理想。

总之,孔子和孟子作为儒家代表人物,都提到了伯夷、叔齐。但孟子基本没提到叔齐,更多是从伯夷的政治态度、品质以及影响来书写。如果说在孔子的评价中,更多体现的是"孝悌""仁"的思想,那么在孟子的评价中,更强调其"仁""清高"以及对后世的教化作用,把伯夷让国的行为解读得更加细节化,从某种意义上,伯夷被赋予了更多的儒家的处世特征。可见,夷齐故事对于孔子、孟子的思想载体而言,是有一定差异的。夷齐故事为孔孟思想的阐释提供了材料或者某种依据,使其思想的呈现有扎实的事实基础,也使得说理更加生动具体,更具有形象性。

3. 庄子

道家代表人物是老子和庄子。老子思想的核心是"道",是以"道"为本的天道观。"道生一,一生二,二生三,三生万物。"(《道德经·四十二章》)道家思想是形而上的哲学思想,它追问世界的本源,认为道是世界万物的本源。老子思想还有"反者道之动"的辩证法思想,认为有无、刚柔、强弱等是矛盾的对立面,两者之间可以相互转化。他还有"小国寡民"的社会历史观。"小国寡民,使有什伯之器而不用,使民重死而不远徙。虽有舟舆,无所乘之;虽有甲兵,无所陈之;使人复结绳而用之。甘其食,美其服,安其居,乐其俗。邻国相

---

① 杨伯峻:《孟子译注》,中华书局 2008 年版,第 62 页。
② 葛炜:《从〈孟子〉析伯夷形象》,《河北科技师范学院学报(社会科学版)》2014 年第 2 期。

望,鸡犬之声相闻,民至老死不相往来。"(《道德经·八十章》)他希望一国的百姓可以回到结绳记事的年代,恢复淳朴的本性,有好的饮食、华美的衣服、安定的生活、令人愉悦的风俗,没有战争,两国之间可以和平相处。老子主张统治者要无为而治,不要扰动百姓。

庄子继承和发展了老子"道法自然"的思想,认为"道"是世界的本源。而且他认为天人、物我、生死之间,存在着绝对的"齐"。他的思想陷入了虚无主义和相对主义,把相对主义绝对化,认为事物总是相对而生,任何事物都相互对立但又相互依赖。庄子还认为事物总是向它的对立面转化,因此是齐一的,没有区别。他提倡无用,遵从事物的本性,认为无用才是大用,并且追求精神的绝对自由。道家思想,以"自然天道观"为主,在政治上主张"无为而治",伦理上主张"绝仁弃义"。

庄子以夷齐故事为例阐释自己的观点,用正例或者反例的角度来说明问题,而且多数是通过对举来说明自己的观点。《庄子》中对伯夷、叔齐的描述,是通过对于儒家人物的描述来抨击儒家思想,但从另一方面反而肯定了夷齐行为与儒家精神的契合。同时他对于伯夷、叔齐以饿死行为彰显名声持否定态度,宣扬了道家思想的随顺自然、保全生命、与道相依。

(1)顺应自然之道

庄子对于"仁""圣人""君子""贤人""有识之士",都给出了与儒家不同的观点。《庄子·大宗师》曰:

> 故圣人之用兵也,亡国,而不失人心;利泽施乎万世,不为爱人。故乐通物,非圣人也;有亲,非仁也;时天,非贤也;利害不通,非君子也;行名失己,非士也;亡身不真,非役人也。若狐不偕、务光、伯夷、叔齐、箕子、胥馀、纪他、申徒狄,是役人之役,适人之适,而不自适其适者也。①

庄子认为伯夷与叔齐都是被役使世人的人所役使,都是被安适世人的人所安适,他们不是能使自己得到安适的人。

《庄子·大宗师》认为圣人可以使用武力,灭掉敌国却不失掉敌国的民心;利益和恩泽施于万世,却不是为了偏爱什么人。如果说"真人"是"道"精神世界的形象化,那么"圣人"是"真人"在处理具体事物中的具体化,体现了

———————————
① 杨柳桥:《庄子译注》,上海古籍出版社 2012 年版,第 55 页。

"真人"的精神,没有偏执和偏爱。他特别列出狐不偕、务光、伯夷、叔齐、箕子、胥馀、纪他、申徒狄这些历史人物,认为他们是不能使自己安适的人,是丧失自身却与自己真性不相符的人。

夷齐故事中不食周粟、饿死首阳之事在这里被应用。在庄子看来,他们这种行为是丧失身躯违背自己真性,是不能顺应自然的。

《庄子·骈拇》曰:

> 伯夷死名于首阳之下,盗跖死利于东陵之上。二人所死不同,其于残生伤性,均也。奚必伯夷之是而盗跖之非乎?
>
> 天下尽殉也。彼其所殉,仁义也,则俗谓之君子;其所殉,货财也,则俗谓之小人。其殉一也,则有君子焉,有小人焉。若其残生损性,则盗跖亦伯夷已,又恶取君子小人于其间哉?①

这段文字主要是批评儒家的仁义和礼乐。虽然主旨在强调标榜仁义是乱天下的祸根,却也认为伯夷是残生损性,没有能顺应自然。这里主要讲伯夷为了贤名死于首阳山下,而盗跖是为了私利死在东陵山上,他们死因不同,但都在残害生命,损伤本性。为什么一定要赞誉伯夷而指责盗跖呢?那些为仁义而牺牲的,世俗称之君子;那些为财货而牺牲的,世俗称之小人。但他们都是为自己的某一目的而死,就残害生命、损伤本性而言,是一样的,又怎能把他们区分出君子和小人呢!在评价过程中,庄学借用了儒家的很多概念,只不过是从另一角度表达了自己的否定态度。在把伯夷与盗跖对举的事例中,庄子与孟子是一样的。

《庄子·骈拇》曰:

> 吾所谓臧者,非仁义之谓也,臧于其德而已矣;吾所谓臧者,非所谓仁义之谓也,任其性命之情而已矣;吾所谓聪者,非谓其闻彼也,自闻而已矣;吾所谓明者,非谓其见彼也,自见而已矣。
>
> 不自见而见彼、不自得而得彼者,是得人之得、而不自得其得者也,适人之适、而不自适其适者也。
>
> 夫适人之适、而不自适其适,虽盗跖与伯夷是同为淫僻也。

---

① 杨柳桥:《庄子译注》,上海古籍出版社 2012 年版,第 79 页。

　　余愧乎道德,是以上不敢为仁义之操,而下不敢为淫僻之行也。①

　　庄子认为真正的完美不是仁义之类的东西,而是放任天性,保持真性情。无论是听、看,更多的是内求于己,而不是得之于人。贪图别人能达到而自己达不到的境界,无论是盗跖还是伯夷,都同样是邪恶不正的。所以庄子在这里强调要坚守本性,不去追求本性之外的东西,认为那些仁义道德带来的唯有邪恶不正,会损害人的本性,是外在于本性的东西。

　　从《骈拇》整体看,这两段文字不是简单对伯夷持批评态度,而是从残害生命、损伤本性角度将伯夷与盗跖相提并论,并非否认伯夷的处事原则。所以在庄子这里,夷齐故事是残生损性的代表,是违反自己真性情的事例。因此可证明庄子追求随顺自然的"道",而否定儒家追求外在的仁义礼乐。

　　(2)齐物的思想

　　齐物我、齐生死、齐大小、齐是非、齐贵贱,出自《庄子·齐物论》的"齐物"思想。庄子认为万事万物浑为一体,互相转化,归根到底都是相同的,没什么差别,也就没有是非、美丑、善恶、贵贱之分。

　　《庄子·秋水》曰:

　　　　秋水时至,百川灌河,泾流之大,两涘渚崖之间,不辨牛马。于是河伯欣然自喜,以天下之美为尽在己;顺流而东行,至于北海;东面而视,不见水端。于是河伯始旋其面目,望洋向若而叹,曰:"野语有之曰'闻道百,以为莫己若'者,我之谓也。且夫,我尝闻少仲尼之闻、而轻伯夷之义者,始吾弗信。今吾睹子之难穷也! 吾非至于子之门,则殆矣! 吾长见笑于大方之家!"

　　　　……

　　五帝之所连,三王之所争,仁人之所忧,任士之所劳,尽此矣! 伯夷辞之以为名,仲尼语之以为博。此其自多也,不似尔向之自多于水乎?②

　　这两段文字以伯夷、仲尼为例说理是为了说明,无论是伯夷的道义还是孔子的知识都有相对性。《秋水》篇不是否定伯夷的行为,而是否定他辞让天下得到的虚名,认为真正的德是一种虚静的状态。所以,在《秋水》篇中,以和孔

---

　　① 杨柳桥:《庄子译注》,上海古籍出版社 2012 年版,第 79 页。
　　② 杨柳桥:《庄子译注》,上海古籍出版社 2012 年版,第 151 页。

子对举说明人认识的局限性,伯夷事例是庄子说明观点的论据。

(3)保全真性,返归原始

《庄子·盗跖》曰:

> 世之所谓贤士,伯夷、叔齐。伯夷、叔齐辞孤竹之君,而饿死于首阳之山,骨肉不葬。鲍焦饰行,非世,抱木而死。申徒狄谏而不听,负石自投于河,为鱼鳖所食。介子推,至忠也,自割其股,以食文公;文公后背之,子推怒而去,抱木而燔死。尾生与女子期于梁下,女子不来,水至,不去,抱梁柱而死。此六子者,无异于磔犬、流豕、操瓢而乞者,皆离名、轻死,不念本、养寿命者也。①

庄子在"伯夷、叔齐辞孤竹之君"中明确指出他们的储君身份。二人辞让君位、饿死首阳,庄子称之为"贤士"。庄子认为文中六人"离名、轻死,不念本、养寿命"的做法,无异于"磔犬、流豕",此中也体现出了庄子独特的人生观。庄子生活的年代战乱不断,生命如蝼蚁一般脆弱,他尊重生命,提倡"超然""自适"的生活,认为伯夷、叔齐为了所谓的"义"而"骨肉不葬"是对生命的一种蔑视。《盗跖》以大盗名篇,全文写了三个寓言故事,其中心内容是抨击儒家。庄子认为这些观点充满了虚伪性和欺骗性,是违反人的本性的,从而表达自己的观点——保全真性,返归原始,顺其自然。

这篇文章虽在观点上与前面提到的顺其自然一致,但从文章风格上还是能看出不同。前面的《大宗师》《骈拇》强调残生损性,这里更强调这些人为了名节轻生赴死,不顾念自己的身体和寿命,认为他们跟"磔犬、流豕、操瓢而乞者"没什么不同。

这里提到的伯夷、叔齐、鲍焦、申徒狄、介子推、尾生,他们的死都是为了儒家的信义。

(4)轻物重生,轻视利禄,追求高义

《庄子·让王》所表达的思想前后并不完全一致。这篇文章讲了16个小故事。前面的故事表达了轻物重生的思想,后面的故事则更多地表达了轻视利禄、追求高义、安贫乐道的思想。这篇文章已没有之前对于儒家道义的否定,而是肯定了这些道义。比如讲述瞀光不愿接受商汤禅让时所提到的道义、

---

① 杨柳桥:《庄子译注》,上海古籍出版社2012年版,第308页。

仁爱、廉洁,都是儒家的观念,是庄子所否定的"有为""诈伪"。这篇文章最后引用夷齐故事,斥责了周朝争取天下的行为是"推乱以易暴",同样也是对儒家观念的阐释。文章更多地强调了周朝德衰,其中故事的演绎,则说明了夷齐轻视利禄而追求高义。这样的评论与孔子《论语》中所提到齐国国君与伯夷、叔齐的对比有着共性。

《庄子·让王》用自己的方式和观念讲了伯夷、叔齐的故事:

> 昔,周之兴,有士二人,处于孤竹,曰伯夷、叔齐。二人相谓曰:"吾闻西方有圣人,似有道者,试往观焉。"至于岐阳。武王闻之,使叔旦往见之。与盟曰:"加富二等,就官一列。"血牲而埋之。二人相视而笑曰:"嘻!异哉!此非吾所谓道也。昔者,神农之有天下也,时祀尽敬,而不祈喜;其于人也,忠信尽治,而无求焉。乐与政为政,乐与治为治;不以人之坏自成也,不以人之卑自高也,不以遭时自利也。今周见殷之乱,而遽为政;上谋而下行货,阻兵而保威,割牲而盟以为信,扬行以悦众,杀伐以要利,是推乱以易暴也。吾闻古之士,遭治世,不避其任;遇乱世,不为苟存。今天下暗,周德衰,其并乎周以涂吾身也,不如避之,以洁吾行。"二子北至于首阳之山,遂饿而死焉。若伯夷、叔齐者,其于富贵也,苟可得已,则必不赖;高节戾行,独乐其志,不事于世。此二士之节也。①

《庄子》对夷齐精神的解读和庄子所提倡的"道"息息相关。《让王》篇引用的夷齐故事多了很多细节,例如周武王许给他们富贵的约定。文章肯定了夷齐面对富贵的廉洁心态、高尚气节和不同流俗的行为,衍生了对他们自适其乐的生活态度和不追逐于世事的节操的肯定。可以看作是儒家和道家思想的融合。

同时《让王》也指出了夷齐饿死首阳的原因,即"今周见殷之乱,而遽为政;上谋而下行货,阻兵而保威,割牲而盟以为信,扬行以悦众,杀伐以要利。是推乱以易暴也"。夷齐看到周德衰败,为保自身高洁而隐逸避世直至饿死,庄子对他们是肯定的。但庄子虽然赞颂夷齐气节,称其为贤士,却不苟同他们"为名求死"的做法。

上述引用夷齐故事的庄学,只有《大宗师》可确定为庄子所作,《骈拇》《秋

---

① 杨柳桥:《庄子译注》,上海古籍出版社 2012 年版,第 304 页。

水》《盗跖》《让王》都是庄子后学所作,可以看出它们在阐述道家思想的过程中,与庄子思想还是有差距的,甚至有的部分与儒家相融合。无论是批判还是肯定,道家都有儒家相关的部分,但道家随顺自然、强调自适自乐的主线还在,只是在阐释过程中,各部分的观点有差异。因此,对于道家思想而言,以夷齐故事作为事例论证了丧失身躯、违背本性,不能顺应自然,得不到真正的自由;也论证了追求仁义道德,带来的唯有邪恶不正,会损害人的本性;论证了人的认识是有局限的,突破局限才可认识到伯夷获得道义是微不足道的;论证了儒家的仁义礼智信都是"诈伪",认为追求儒家的仁义而丧失生命是虚伪;论证了道家轻视利禄、追求高义,能够自适其乐等观点。

可见,庄子对伯夷、叔齐的评价是深刻而复杂的,但总体上并未影响伯夷、叔齐在人们心中的正面形象。

4. 韩非子

法家思想先驱可以追溯到春秋时期的管仲和子产,法家"法""术""势"的思想源于战国前期的李悝、商鞅、慎到、申不害等,战国末期的韩非子是法家思想的集大成者。

法家思想主要是重视法律,反对儒家的"礼"。商鞅认为"人生有好恶,故民可治也",认为人都有"好利恶害""就利避害"的本性。法家反对复古思想,主张锐意改革,有"不法古,不循今"的历史观;主张中央集权,商鞅、慎到、申不害分别提倡重法、重势、重术的思想,韩非子提出了"法""术""势"结合的治国方略,建立了完整的法治理论。《韩非子》重点宣扬了韩非子思想。

(1)法术势的治国方略

《韩非子·孤愤》曰:

> 其修士不能以货赂事人,恃其精洁;而更不能以枉法为治;则修智之士不事左右、不听请谒矣。人主之左右,行非伯夷也,求索不得,货赂不至,则精辩之功息,而毁诬之言起矣。①

《孤愤》引用伯夷事例说明,君王宠信的近臣没有伯夷那样的品行,所以他们会贪图私利,索要贿赂,最后会祸乱国家。韩非子怀着孤独之感,抒发了自己对现实的愤慨之情,反映了当时严峻的政治现实与法术之士的艰难处境。

---

① 张觉:《韩非子译注》,上海古籍出版社 2012 年版,第 84 页。

(2)重实利,轻虚名

《韩非子·奸劫弑臣》曰:

　　若夫豫让为智伯臣也,上不能说人主使之明法术度数之理以避祸难之患,下不能领御其众以安其国。及襄子之杀智伯也,豫让乃自黔劓,败其形容,以为智伯报襄子之仇。是虽有残形杀身以为人主之名,而实无益于智伯若秋毫之末。此吾之所下也,而世主以为忠而高之。古有伯夷、叔齐者,武王让以天下而弗受,二人饿死首阳之陵。若此臣,不畏重诛,不利重赏,不可以罚禁也,不可以赏使也,此之谓无益之臣也。吾所少而去也,而世主之所多而求也。①

《奸劫弑臣》根据“好利恶害”或“就利避害”的本性,认为奸臣会成为国家控制君主的臣子,而君主却没有权术去驾驭他。韩非子认为只有用法术势才能更好地治理国家,而不是靠君主的仁义行事。他认为伊尹、管仲、商君是真正的忠臣,他们让商汤、齐桓公、秦孝公成就了霸王功业。而当时忠于君主而被尊崇的豫让,当时君王赞赏和访求的伯夷、叔齐,都是韩非子所鄙弃的。他借用夷齐事例是为了说明仁爱慈惠的方式无法治理好国家,这些虚名不能为君主和国家带来真正的利益。但夷齐不贪图利益、不为赏罚驱动,恰恰从侧面印证了伯夷、叔齐“廉洁”的品质。

《韩非子·说疑》这篇文章主要讨论君王任用臣子的重要性。君主要能明察臣子所言,能辨别一个人有无德才。认为臣子有五种恶行,明君能不信任这些臣子。只有除去这五种臣子,圣明的君王才可以统治臣下。文章列举了历史上哪些臣子适合君王任用,是君王成就霸业的助手;哪些无法任用;哪些是昏君治下的乱臣,使得君王陷于身死国亡的地步。

《韩非子·说疑》曰:

　　若夫许由、续牙、晋伯阳、秦颠颉、卫侨如、狐不稽、重明、董不识、卞随、务光、伯夷、叔齐,此十二人者,皆上见利不喜,下临难不恐;或与之天下而不取;有萃辱之名,则不乐食谷之利。夫见利不喜,上虽厚赏,无以劝之;临难不恐,上虽严刑,无以威之:此之谓不令之民也。此十二人者,或伏死于窟穴,或槁死于草木,或饥饿于山谷,或沉溺于水泉。有民如此,先

---

① 　张觉:《韩非子译注》,上海古籍出版社 2012 年版,第 105 页。

古圣王皆不能臣,当今之世,将安用之?①

这里提到伯夷、叔齐等十二人,他们"见利不喜",所以君王不能用厚赏来勉励他们;他们"临难不恐",君王就不能用严刑来威慑他们。这样的人,就是不能役使之人,上古时代的君王都无法使用他们,当时的君王更没办法任用他们。

虽然《奸劫弑臣》《说疑》都用了伯夷、叔齐的故事来论证自己的观点,但两者之间是有区别的。前者强调不能用仁爱慈惠来治国,认为这样的臣子虽为当时的君王认可,但他们不能给君王带来实利,只能给自己带来虚名,是韩非子所鄙弃的;后者强调君王如何任用臣子的问题,无法被役使的人不是君王所能任用的,更不是帮助君王成就霸业的臣子。

(3)法令要顺应需求,实行完善的法治

《韩非子·孤愤》曰:

> 人主之左右,行非伯夷也,求索不得,货赂不至,则精辩之功息,而毁诬之言起矣。治辩之功制于近习,精洁之行决于毁誉,则修智之吏废,则人主之明塞矣。不以功伐决智行,不以参伍审罪过,而听左右近习之言,则无能之士在廷,而愚污之吏处官矣。②

君主的近臣,品行不如伯夷,求索财物贿赂不得,那修士的精洁之功和智士的治辩之功都会被抹杀,代之而起的是对他们的诋毁诬告之词。治国辩论的功绩和洁净精微的品行靠君主左右亲近之人来褒贬定夺,那有修养、有智慧的官吏会被废弃,而君主的明智会被阻塞。

《韩非子·安危》曰:

> 奔车之上无仲尼,覆舟之下无伯夷。故号令者,国之舟车也。安则智廉生,危则争鄙起。③

国家治理得好,就不会在飞奔的车上坐着孔子这样的智者,倾翻之舟下也不会有伯夷这样的廉士。号令如国之舟车。如果能使国家安定,智者、廉士就会产生,他们就不会有劳苦和危险;如果国家产生危乱,争斗、鄙陋之人就会蜂

---

① 张觉:《韩非子译注》,上海古籍出版社 2012 年版,第 474 页。
② 张觉:《韩非子译注》,上海古籍出版社 2012 年版,第 83—84 页。
③ 张觉:《韩非子译注》,上海古籍出版社 2012 年版,第 222 页。

拥而起。因此国家治理不好,才会让伯夷这样的廉士最后饿死。

韩非子的《孤愤》《安危》都用到了伯夷的事例,用他的廉洁来证明自己的观点。前者说明君王的近臣如果没有伯夷那样的廉洁,就会贪财索贿。让那些腐败无能的官吏居于要位,最后会祸乱国家。后者用伯夷之廉说明法令的重要。如果法令能使国家安定,就不会让廉洁的人出现危险,国家就会出现很多伯夷这样廉洁的人;如果法令不能使国家安定,那就会出现各种争权夺利的鄙陋之人。借此说明法令的顺利推行,会使人自觉追求廉洁。

《韩非子·守道》曰:

> 人主离法失人,则危于伯夷不妄取,而不免于田成、盗跖之耳(取)可也。今天下无一伯夷,而奸人不绝世,故立法度量。度量信,则伯夷不失是,而盗跖不得非。法分明,则贤不得夺不肖,强不得侵弱,众不得暴寡。托天下于尧之法,则贞士不失分,奸人不徼幸。寄千金于羿之矢,则伯夷不得亡,而盗跖不敢取。①

此篇讨论了保住政权之法。认为君主如果背离法治而失去民众拥护,即使碰到像伯夷那样不乱摄君位的人也会发生危险。当时天底下少有像伯夷那样高洁的人,而奸邪的人从未断过,所以要建立法制。制度落实了,伯夷似的人就不会失去人们的肯定,而盗跖似的人也不会得到人们的否定。把天下置于类似尧的严明法治下管理,那么正派的人不会失去他应得的待遇,奸邪的人不能侥幸地逃避惩罚。法治之下,伯夷不能拒绝赏赐,盗跖不敢窃取不属于自己的钱财。

韩非子用伯夷的故事来论证法治的重要性,认为伯夷不是乱摄君位之人,但天底下像伯夷这样的人很少;如果有法治,那么伯夷这样的人就会得到应有待遇,在论证过程中,他将伯夷与盗跖对举,认为只有法治社会,才能让人们得到合理的待遇。人们才会竭尽所能、忠于职守,同时也不会轻视生命。韩非子主张用法治治理国家,从而建立良好社会秩序,形成良好社会风气。

(4)全势地位的重要

《韩非子·功名》曰:

> 圣人德若尧、舜,行若伯夷,而位不载于世,则功不立,名不遂。故古

---

① 张觉:《韩非子译注》,上海古籍出版社 2012 年版,第 227 页。

之能致功名者,众人助之以力,近者结之以成,远者誉之以名,尊者载之以势。如此,故太山之功长立于国家,而日月之名久著于天地。此尧之所以南面而守名,舜之所以北面而效功也。①

《功名》主要讨论了明君用来立功成名的东西有四种:一是天时,二是人心,三是技能,四是权势地位。这里借用伯夷的事例,就是为了说明如果没有全势地位,即使如伯夷一样清廉,功业也不能建立,名声也无法成就。圣人即使德行像尧舜一样高尚,行为像伯夷一样清廉,如果他的地位不被社会所拥戴,那么他的功业和名声都不能有所成就。韩非子以实例说明了明君如何立功成名,强调了全势地位的重要,强调了人心的重要。他借用伯夷廉洁的事例说明,君主的德行没有全势地位更重要。

《韩非子·外储说左下》曰:

秦、韩攻魏,昭卯西说而秦、韩罢;齐、荆攻魏,卯东说而齐、荆罢。魏襄王养之以五乘,将军。卯曰:"伯夷以将军葬于首阳山之下,而天下曰:'夫以伯夷之贤与其称仁,而以将军葬,是手足不掩也。'今臣罢四国之兵,而王乃与臣五乘,此其称功,犹羸胜而履跷。"②

《外储说左下》主要讲明君治理国家要有六方面的办法。韩非子用具体的历史故事或者寓言故事,阐述了自己的观点。他以伯夷的事例说明:昭卯认为自己退四国之兵,魏王封赏方圆五十里,与功劳不相称。昭卯认为以伯夷名满天下的贤能、仁德,却以将军的丧仪埋葬在首阳山下,实在是连手脚都没有盖住的薄葬。他借用儒家的价值观阐述伯夷的德礼不相称,来说明君王不懂得正确用人,赏罚不当。

《韩非子·用人》曰:

闻古之善用人者,必循天顺人而明赏罚。循天,则用力寡而功立;顺人,则刑罚省而令行;明赏罚,则伯夷、盗跖不乱。如此,则白黑分矣。③

《用人》篇主要讨论了君主如何运用法术势来任用臣子的问题。他认为古代善用臣子的人,一定遵循自然规律,顺应世道人情,而且赏罚严明,这样就是非分明了。他以伯夷、盗跖对举来说明,有了严明的赏罚,伯夷之廉与盗跖

---

① 张觉:《韩非子译注》,上海古籍出版社 2012 年版,第 236 页。
② 张觉:《韩非子译注》,上海古籍出版社 2012 年版,第 339—340 页。
③ 张觉:《韩非子译注》,上海古籍出版社 2012 年版,第 229 页。

之贪就不会混淆了。他认为遵循了自然规律,花费的力气就会减少;顺应了世道人情,即使刑罚简省,法令也可以推行。

《韩非子·用人》曰:

> 人主立难为而罪不及,则私怨生;人臣失所长而奉难给,则伏怨结。劳苦不抚循,忧悲不哀怜;喜则誉小人,贤不肖俱赏;怒则毁君子,使伯夷与盗跖俱辱;故臣有叛主。①

君主如果不能顺应人情,就会出现混乱。君主设立了难以做到的法律标准,然后去处罚那些没有达到标准的臣子,臣子私下的怨恨就会产生。臣子失去了擅长的事情而从事难以胜任的事,那么臣子内心的怨恨就会积聚。君主不慰问劳累辛苦的臣子,不同情怜悯臣子的忧虑悲哀,同样地对待德行好和不好的人;发怒的时候,连德行高尚的君子都加以诋毁,使得像伯夷一样的清廉之士和盗跖般的贪婪之人都受到侮辱,所以臣子有背叛君主的。

这段文章,韩非子将伯夷与盗跖对举,用同样的事例来证明君王不同的做法所造成的不同后果,说明了君王顺应人情、依法治国的重要性。

韩非子在引用伯夷的事例,对"法术势"思想进行了多角度的论证。他虽没有具体讲述故事的情节,却能很好地运用故事所投射出来的意义来论证自己的观点,有的地方甚至进行了演绎,如伯夷以将军礼入葬的故事。他运用伯夷的事例,说明君主应该如何更好地任用臣子。

伯夷、叔齐的故事很简单——礼让君位,不认可武王伐商,拒食周粟,最后饿死在首阳山。在诸子百家的思想体系中,基本是以儒家为基调的,无论是否定其仁义礼智的观点,还是论证法家的法术势,基本上都肯定了伯夷、叔齐拒绝君位、不贪求财物的品质,尤其是伯夷廉洁的事迹,被多家作为事例进行论证。

《论语》中,孔子是把伯夷、叔齐相提并论的,不仅将他们作为历史人物进行评价,同时赋予他们重要的儒家品质,比如"求仁得仁""不怨""不贪财""不降志、不辱身"等;《孟子》的演绎则比较多,更强调人伦,"达则兼济天下,穷则独善其身",以及"德"的教化作用;《庄子》以同样的事例论证了庄子的观点——顺应自然之道、齐物的思想,还有庄子后学的思想——保全真性、返归

---

① 张觉:《韩非子译注》,上海古籍出版社 2012 年版,第 233 页。

原始、轻物重生、轻视利禄、追求高义的思想;《韩非子》则论证了韩非子"法术势"的治国方略,要重实利、轻虚名,法令要顺应需求,要完善地坚决推行法治、势位的重要等观点。

总之,儒、道、法代表人物对伯夷、叔齐相与让国、叩马而谏、饿死首阳等行为的阐释,渗透了他们各自的价值观及其思想核心,使伯夷、叔齐的故事具有多义性。不同的角度,使夷齐行为的精神内涵更显丰富和充盈。

(二)孤竹文化与儒家文化的契合

儒家思想的核心,主要有仁、义、礼、智、信、忠、恕、孝、悌等。

仁:即仁者爱人,是孔子思想的核心,是孔子社会政治、伦理道德的最高理想和标准。仁,也是孔子政治主张"德治"的基础。义:孔子主张见利思义,义是社会伦理道德规范的道义,利是指功利或物质利益。孔子对于财富的态度,主要是义在利先,求利循义,然后义利统一。礼:是儒家社会的道德规范和生活准则。礼蕴含丰富的内容,主要包括孝、慈、恭、顺、敬、和、义等道德规范。礼,是这些道德规范的外在表现。智:是一个道德范畴。信:是为人处世的态度,《论语》中出现了 38 次,多数可以作为诚实无欺、诚信来理解。忠:是指做事要尽心竭力,人与人之间要诚实相待,也指下对上的忠诚,但是孔子的态度是通达的。恕:己所不欲,勿施于人。主要是指要站在对方立场来思考问题,推己及人就是恕道。孝、悌:是仁的根本。另外,孔子还有贵生重死的思想,即对生命本身的关怀,谨慎地对待与死亡相关的一切事。

1. 夷齐让国——符合孔子对"礼"的尊崇

儒家思想的核心是仁。孔子以礼为一切道德的依归,将其视为人的立身之本,是统治国家的大本大宗,是一套现实的社会制度。"道之以政,齐之以刑,民免而无耻;道之以德,齐之以礼,有耻且格"(《论语·为政》),才会发出"能以礼让为国乎? 何有? 不能以礼让为国,如礼何?"(《论语·里仁》)的追问。"本立而道生"、孝悌是"为仁之本与"(《论语·学而》),充分体现了"孝悌"是通向"仁"的重要途径。"夫孝,始于事亲,中于事君,终于立身"(《孝经·开宗明义》),最终化为一种品德修养。

夷齐精神与后世儒家仁政学说一脉相承,尤其是礼义思想和"求仁守廉"的精神品格、"不食周粟"的骨气,成就了一大批仁人志士,成为中华民族的脊梁。夷齐精神是儒家仁政思想的先驱。

2. 仁——求仁得仁而无怨

孔子在"礼"的观念上的最大突破,是给作为人的外在规范的礼找到了内在依据——"仁"。儒家讲爱是从亲亲之义出发,由近处逐渐向外扩充,夷齐让国的行为与后世争天下相比较,自然是仁爱的体现。"恭而无礼则劳,慎而无礼则葸,勇而无礼则乱,直而无礼则绞。君子笃于亲,则民兴于仁;故旧不遗,则民不偷。"(《论语·泰伯》)人如果没有内在的仁德,就无法正确对待礼乐。仁是礼乐的基础,是其内在依据;礼是仁的外在体现。"人而不仁,如礼何? 人而不仁,如乐何?"(《论语·八佾》)

人的言语行动如果合乎礼,那么就做到了仁。君子求仁,根本之处在于孝顺父母、敬爱兄弟。因此,仁的基础在血缘、亲情中。由血缘、亲情而来的孝悌不是难事。实践仁的方法,是"能近取譬",而最近者莫过于父母兄弟,故仁之实现实是由孝悌而推及天下之人,达到"博施于民而济众"的境界。

从历史的角度来看,夷齐的行为实践了仁,这与他们的人生价值观密切相关。孔子曰:"泰伯,其可谓至德也已矣。三以天下让,民无得而称焉。"(《论语·泰伯》)伯夷、叔齐之所以投奔西伯昌,正是由于看重他的德行,但是武王"以暴易暴"的行为摧毁了他们的信任。个人行为上,夷齐可以"惟德是依",但在政治态度上,他们的身份和时代都使之无法接受,这从某种意义上实践了儒家文化之精义。

3. 对逸民隐士的态度

"天下有道则见,无道则隐"(《论语·泰伯》),"用之则行,舍之则藏"(《论语·述而》),这是孔子传授给弟子们的为官处世之道。同时,孔子把个人的贫贱荣辱与国家的兴衰存亡联系在一起,认为这是为官的基点。因此,在实行大同社会的理想追求与明哲保身的生存策略上,孔子的为官哲学又是矛盾的。当然,"天下有道,丘不与易也"(《论语·微子》),说明孔子从来没有忘记自己在天下不太平时候要参与变革的责任担当。

逸民隐士志向高洁,始终不渝,不与现实妥协。伯夷、叔齐因不满周武王用武力推翻殷朝的做法而"义不食周粟",饿死于首阳山而不肯苟且偷生,成为儒家"达则兼济天下,穷则独善其身"的精神溯源。孔子认为他们"不降其志,不辱其身",是典型的逸民风范。但也有次一等的情况,比如柳下惠、少连。柳下惠三次做法官,又三次被罢黜。当有人劝他离开鲁国时,他不以为然,还要坚持下去。在孔子看来,他和少连已不像伯夷、叔齐那样"不降其志,不辱其身",而是"降志辱身"了。不过,他们的言语合乎法度,行为合乎思虑,具有中正的精神,虽然忍辱负重,但内心志节未变。还有虞仲、夷逸,完全避世隐居,放言高论。孔子认为他们做到了清高,舍弃做官也符合通权达变的思想。

因此,儒家对伯夷、叔齐的隐逸是肯定的,在孔子看来,能够求仁得仁的隐逸主体是无怨无悔的。在对逸民的评价中,孔子不批评逸民的行为,但自己不会选择这种行事方式。故孟子认为孔子真正做到了通权达变,他希望自己也能做到。

(三)孤竹文化与道家文化的契合

老子开创道家学派,追寻形而上的自然哲学,同时对社会现象进行反思,寻求自由通达的人生哲学、生存方式和处世态度。他的哲学思想在庄子的阐释中得到进一步发展,同时道家思想在后世的发展中产生了不同的流派,也从其他思想中汲取了智慧。在最初阶段,他们面对同样的社会现实时,无疑都会从历史人物身上寻求行为处世的典范价值。老子虽然没有评价过伯夷、叔齐的行为方式,但在某些观点上却与之契合,而他的后学逐渐引入了对伯夷、叔齐行为的探讨,阐发其道家思想。

1. 饿死首阳山——契合老子抑制贪欲的生活哲学

老子认为战事频仍,是由于统治者贪心太大而造成的,可见罪恶没有比贪欲再大的了,故"祸莫大于不知足,咎莫大于欲得。故知足之足,常足矣"(《道德经·四十六章》)[1]。夷齐让国,是因为他们的内心世界没有贪欲,更多地是追求内心的道德规范,所以才能隐居首阳山乃至最后舍弃生命。他们这种生命态度以及对理想的追求,与老子追求上善若水、无私向善、诚信朴质的理想世界是相契合的。当然,道家之隐是基于人的自由逍遥,其根本是追求对凡俗世界的精神解脱。

2. 反对以暴易暴——契合老子反对战争和强力的政治态度

《道德经·三十章》曰:"以道佐人主者,不以兵强天下,其事好还。师之所处,荆棘生焉。大军之后,必有凶年。善有果而已,不敢以取强。果而勿矜,

---

[1] 王弼注,楼宇烈校释:《老子道德经注》,中华书局 2011 年版,第 129 页。

果而勿伐,果而勿骄,果而不得已,果而勿强。物壮则老,是谓不道,不道早已。"①老子主张用"道"的原则辅佐君主、治理天下,不能违背人民的意愿和本性而用兵逞强。否则用强力统治天下,就一定会失败;用强力把持天下,也一定会失去天下。因此,他认为政令不能繁多,圣人要"去甚,去奢,去泰"(《道德经·二十九章》)②。

《道德经·三十一章》曰:"夫佳兵者,不祥之器。物或恶之,故有道者不处。君子居则贵左,用兵则贵右。兵者,不祥之器,非君子之器。不得已而用之,恬淡为上,胜而不美。而美之者,是乐杀人。夫乐杀人者,则不可以得志于天下矣。吉事尚左,凶事尚右。偏将军居左,上将军居右,言以丧礼处之。杀人之众,以哀悲泣之。战胜,以丧礼处之。"③老子认为,不要轻易用武力逞强于天下,要以丧礼仪式来处理用兵打仗的事,表达了他反对战争的鲜明态度。

3. 求仁得仁——契合老子柔弱之德、无心而为、以德报怨的处世哲学

《道德经·三十八章》曰:"上德不德,是以有德;下德不失德,是以无德。上德无为而无以为,下德为之而有以为。上仁为之而无以为,上义为之而有以为,上礼为之而莫之应,则攘臂而扔之。故失道而后德,失德而后仁,失仁而后义,失义而后礼。夫礼者,忠信之薄而乱之首。前识者,道之华而愚之始。是以大丈夫处其厚,不居其薄;处其实,不居其华。故去彼取此。"④在追求"道""德"的路上,老子认为真正的"德"是顺应自然、无心作为,以无言的力量进行教导,要朴实敦厚,摒弃浅薄虚华。

《道德经·四十六章》曰:"天下有道,却走马以粪;天下无道,戎马生于郊。祸莫大于不知足,咎莫大于欲得,故知足之足,常足矣。"⑤老子认为,治理天下合乎"道",就可以太平安定,把战马退还给农夫用来耕种。治理天下不合乎"道",连怀胎的母马也要上战场,在战场的郊外生下马驹。最大的祸害是不知足,最大的过失是贪得的欲望。知道到什么地步就该满足的人,永远是满足的。

---

① 王弼注,楼宇烈校释:《老子道德经注》,中华书局2011年版,第80页。
② 王弼注,楼宇烈校释:《老子道德经注》,中华书局2011年版,第78页。
③ 王弼注,楼宇烈校释:《老子道德经注》,中华书局2011年版,第83页。
④ 王弼注,楼宇烈校释:《老子道德经注》,中华书局2011年版,第98页。
⑤ 王弼注,楼宇烈校释:《老子道德经注》,中华书局2011年版,第129页。

《道德经·六十三章》曰："为无为，事无事，味无味。大小多少，抱怨以德。"①《道德经·七十九章》曰："和大怨，必有余怨，安可以为善？是以圣人执左契，而责于人。有德司契，无德司彻。天道无亲，常与善人。"②老子认为，有道者的作为，就好像没有作为；他办的事情，就好像没有办任何事情；要把小事看成大事，把少事看成多事，要用恩德报答仇恨。伯夷、叔齐正是以德报怨，不追随武王，坚守了自己的道德操守。

自然，在道家的处世态度中，他们更看重对生命的保全，有了生命才有了施行一切的可能；他们也讨厌虚名，认为虚名对人生毫无意义，要行无言之教，这都与伯夷、叔齐的价值观相背离。但在某些方面他们与伯夷、叔齐有着共同的政治态度，其后学曾经肯定过伯夷、叔齐的高尚气节和不同流俗的作为，在乱世中采取隐逸态度（虽然两者内涵不同）更是被他们演绎到了极致。

从儒道思想的发展脉络看，孔子开辟了一条从文献经典、圣王行迹、文化传统和现世伦理中寻求人生价值、社会规范和理想状态之路，形成了以克己复礼、忠恕、中庸为核心的思想体系；老子则开辟了一条从宇宙自然、文化历史中追寻现实生活的生存依据之路，形成了以道可道非常道、小国寡民、祸福相依为核心的思想体系。前者质实，后者玄深；前者为学要日益日新，后者为道则需日损之功。儒道思想的肇始均处在礼崩乐坏的历史时期，针对当时的社会、人事、政治情况，提出了各自的鲜明观点，而伯夷、叔齐的行为方式、价值追求以及对理想的坚持，自然也是对所处时代的实践性解答和选择，与后世孔孟、老庄的儒道思想有着不同角度的契合。夷齐的行为方式被不同的思想家解读，不仅丰富了其行为本身的精神内涵，同时也为儒道两家思想的阐发树立了行为典范，某种程度上影响了儒道思想的践行方式，进而影响了后世儒道思想的发展、思辨过程。

列宁说过："在分析任何一个社会问题时，马克思主义理论的绝对要求，就是把问题提到一定的历史范围之内。"③伯夷、叔齐生活在上古时期，存在着时代的局限性，但他们在当时的历史条件下，不为君位相争却相让，是可贵的。

① 王弼注，楼宇烈校释：《老子道德经注》，中华书局2011年版，第169页。
② 王弼注，楼宇烈校释：《老子道德经注》，中华书局2011年版，第196页。
③ 列宁：《论民族自决权·列宁选集》第2卷，人民出版社1995年版，第375页。

他们的美德,对于谦恭揖让的民族传统的形成产生过积极影响。

四、儒道文化的隐逸传统①

伯夷、叔齐是我国早期隐逸历史的重要源头。饶宗颐(1933)②认为:春秋战国时期,在《论语》《孟子》等先秦诸子著述中,伯夷是为人称道的隐者。直到司马迁的《史记》之后,伯夷的形象才由一个隐者变成了"万世钦仰的忠臣烈士"。魏晋时期社会动荡,道学大盛,隐逸有了多元化的原因与体现。历代隐士的隐居缘由虽由单一到多样不尽相同,但他们大多受到儒道思想的影响,并形成了独特的中国传统文化。

(一)"隐逸"释义及源流

1."隐逸"释义

春秋之际的社会转型对士人的价值取向产生了深远影响。儒、道均对隐逸精神有明确陈述。孔子曰:"天下有道则现,无道则隐。"③"隐居以求其志,行义以达其道。"④孔子便是退居著书、存身教习、立言而流播百世的典型。源自老子"道"思想的庄子"坐忘"之法,反映了隐者心境及修养心性的方式。概言之,孔孟是从讲求礼义的层面探索"达""穷"之际的取舍,老庄则从自由平和的角度寻求身心超脱和道法传承。隐逸精神来源和现实价值恰是这样矛盾交融的体现。

"隐逸"是个复杂的概念。《尔雅·释诂》曰:"隐,微也。"郭璞注:"微谓逃藏也。"⑤"逸"与"隐"义近而连用。《论语·尧曰》:"兴灭国,继绝世,举逸民,天下之民归心焉。"⑥《庄子·外篇·缮性》最早出现"隐士"一词,说的是虽因时避世,却非摒弃个人见解,恰为"存身"⑦。"隐逸"即出于社会或个人

---

① 参见安静、秦学武:《论儒道文化之隐逸传统》,《河北科技师范学院学报(社会科学版)》2014年第3期。

② 沈达材(饶宗颐):《伯夷考:呈顾颉刚先生》,《海滨》1933年第6期。

③ 杨伯峻:《论语译注》,中华书局2006年版,第94页。

④ 杨伯峻:《论语译注》,中华书局2006年版,第200页。

⑤ 《十三经注疏》整理委员会整理:《尔雅注疏》,北京大学出版社1999年版,第37页。

⑥ 杨伯峻:《论语译注》,中华书局2006年版,第235页。

⑦ 王孝鱼点校:《庄子》,中华书局1961年版,第547页。

主客观原因而暂时或长期地退藏不仕。

2. 隐逸源流

公孙罗的《文选钞》将隐逸的原因归为三类:专心道术而弃尘隐逸,不为赏识而废业隐居,沽名暂隐而意在高位。① 但与"隐逸"来源不应混同。

隐逸来源,应从隐者出现时代及对后世影响程度的双重角度进行确定。夷齐"首阳采薇"而隐,是上古时期"隐逸"的源头,直接影响了后世隐士。秦时"隐士不显,佚民不举"②,如赵国后裔乐臣公。出于个人操守、秦末避乱及好黄老思想等原因③,秦汉之际多隐者,如鲍丘、商山四皓、河上丈人等,皆可列隐逸之源。魏晋乱世,士人普遍尊崇隐逸。如阮籍、嵇康,皆是醉心自然,渴求融道于心的名士。谢安、戴逵等人,或怀才不遇,不满现实;或单纯超然凡俗,此于《世说新语》不乏记载。④ 唐末社会动荡,士人不得不放弃豪迈理想,转用解决生计、明哲保身的隐逸策略。

在社会动荡的历史时期,追寻身体与思想双重解脱的最佳方式大概就是隐逸。从学术思想上看,是否为统治阶级采纳也是影响隐逸思想来源的重要因素。概括来说,早期老庄思想未为广大士人接受。法儒两家在秦汉先后大行其道。汉初统治者尊奉黄老,一则本自休养生息的早期局势考虑;二则黄老并非老庄正统,乃属老子之后衍生的"新道家"⑤。形势的转变和黄老之学自身不足,故其于汉末出代而衰。魏晋时,老庄学说占据社会主导,也是对儒家独霸两汉的调整。唐代,社会文化以尊儒为主。这是儒道矛盾的曲折发展历程。另外,东汉时佛教的传入也对"隐逸"的形成产生一定影响。从禅宗清净淡泊与宁静致远的精神内核出发,汉末至唐代的士人在怀才不遇或遭逢乱世时,以之入诗入画明志,或直接皈依退隐。

可见,"隐逸"自夷齐之始便是出于无奈,带有悲剧色彩,属于哲学与伦理学现象。隐士的出现,与文人思想追求、社会转型等因素密切相关。

---

① 《国学备要》,北京国学时代文化传播有限公司 2005 年版。
② 班固:《汉书》,中华书局 1962 年版,第 2924 页。
③ 蒋波:《秦朝的隐逸现象及隐士政策》,《河北学刊》2013 年第 4 期。
④ 刘湘兰:《从〈世说新语〉看魏晋名士的隐逸思想》,《湘潭师范学院院报(社会科学版)》2001 年第 6 期。
⑤ 王葆玹:《黄老与老庄》,中国人民大学出版社 2012 年版。

(二)隐士评价

"隐逸"传统,属于中国儒道文化的重要组成。史书多有专章传述逸民。如《汉书·梅福传》言:"昔者秦灭二周,夷六国,隐士不显,佚民不举。"又言:"叔孙通遁秦归汉……非不忠也,箕子非疏其家而畔亲也。"①《后汉书·逸民列传》有言:"自古明王圣主,必有不宾之士,伯夷、叔齐不食周粟,太原周党不受朕禄,亦各有志焉。……邑人贤而祠之。""(隐士)不事王侯,高尚其事。"②

总体看来,可从两方面理解和评价隐士言行。

1. 文人行为高蹈

除《世说新语》中的魏晋隐士,体现这一群体精神放逐与自我完善的史录还有很多。如《晋书·孙登列传》:"无家属,于郡北山为土窟居之,夏则编草为裳,冬则被发自覆。好读《易》,抚一弦琴,见者皆亲乐之。性无恚怒……"③《郭文列传》载郭文居余杭山野林木间十余年,竟未受到其时常见的伤人猛兽侵袭,且"尝有猛兽忽张口向文,文视其口中有横骨,乃以手探去之,猛兽明旦致一鹿于其室前"④。

可见,多数隐士是通过与众不同的放荡行为彰显其简素豁达的个人情操,乃至人与自然和谐相处的精神理念。徐复观在《两汉思想史》中说:"(司马迁)以《伯夷列传》为首,因为伯夷兄弟的让国,与传说中的薄天下而不为的隐士们的故事结合在一起,代表了超越权势以外的最高人生价值。"⑤但他们的行为难合当时社会规范,不免遭人非议。

夷齐退隐,虽然早期受到孔孟的称赞,并在《史记》中居列传之首,但也难逃后世史家文人的质疑、批判。唐代史学家刘知几在《史通》中多次直指《史记》"而断以夷齐居首,何龌龊之甚也"。王安石甚至提出"读书疑夷齐,古岂有此人"(《寓言》其六)的疑问。与之相反,宋代史学家马端临曾针对批判二者"远国显君恶"的后人评价,指出这恐怕是因为《史记》记载的偏颇,即:"迁之学……只在于权谋功利。如《伯夷传》,孔子正说伯夷'求仁得仁,又何怨',

---

① 班固:《汉书》,中华书局1962年版,第2917页。
② 范晔、李贤:《后汉书》,中华书局1965年版。
③ 房玄龄、褚遂良、许敬宗监修:《晋书》,中华书局1974年版,第2426页。
④ 房玄龄、褚遂良、许敬宗监修:《晋书》,中华书局1974年版,第2440页。
⑤ 徐复观:《两汉思想史》(第三卷),华东师范大学出版社2001年版,第236页。

他一传中首尾皆是怨辞,尽说坏了伯夷。"(《经籍考十八》)

伯夷和叔齐从西汉始受质疑,关注者多从二人到底是离国后"饿死"还是寿终正寝出发,进而怀疑夷齐隐逸行为是否具有积极意义。① 总之,对隐逸源头代表人物的评判尚且如此,对后世隐者的高蹈行为自然也就褒贬不一了。如热衷道学、痴迷玄谈的晋人卫玠竟在与由儒入玄的谢鲲的通宵清议中突然身亡;汉魏之交的管宁因旧友华歆对钱财权势有所心动而与之"割席断交"。这些褒贬不一,多出自不同时期对人做事的"度"的理解上。即使在当时,也基本是群体之中多赞誉,群体之外多不解。

2. 士人责任担当

先秦法家《韩非子·五蠹》篇,将隐者归入国之蛀虫,认为他们"不臣天子,不友诸侯",并提到周代已有太公诛杀齐国隐士狂矞和华士之事。② 虽然对隐士的贬低、申斥甚至挞伐此起彼伏,但隐居现象始终存在,除了评判人因时因地或因政治需求而转换褒贬,更是由于无法忽视这一群体的家国担当。

早期隐士影响了后世文人的人生理想和价值选择。伯夷和叔齐,以及儒道文化未成形前的隐逸,正是士人最朴素的乱世抉择和家国情怀。孔孟高度赞美夷齐,《论语·微子》曰:"不降其志,不辱其身,伯夷、叔齐与!"③《孟子·万章下》:曰:"伯夷,目不视恶色,耳不听恶声。非其君不事,非其民不使……圣之清者也。"④而道家《庄子·让王》篇专门陈述并肯定了伯夷和叔齐不苟得富贵的节操。

后代隐士也不乏承担家国重任的暂隐之人。汉末诸葛亮"不出茅庐便知天下",待有明主寻访始出山相助,其隐居正是以退为进,待时机成熟实现自己的政治理想。明末清初的顾炎武、黄宗羲以光复天下为己任,但因反抗新政权而一时退隐,可谓与早期隐士的家国担当一脉相承。

总体来看,先秦对隐士的理解处于颂扬其无奈隐退、实则关怀君国的层面,而后世对这一现象或行为的认知却融入了与当时社会实况的联系。

---

① 宋坤:《中国孤竹文化》,中国文史出版社 2013 年版,第 184 页。
② 钟哲点校:《韩非子集解》,中华书局 2003 年版,第 447 页。
③ 朱熹:《四书章句集注》,中华书局 1983 年版,第 185 页。
④ 朱熹:《四书章句集注》,中华书局 1983 年版,第 314 页。

（三）"隐逸"在传统文化中的体现

对隐逸的理解不应局限于当时，而应在传统文化的长河中加以拓展。这些风格各异的隐逸之士，不仅激发了后人的文学艺术创作，也影响了后世的风俗文化。

1. 文学影响

（1）诗作

魏晋崇尚谈玄，这一时期的史书不乏隐逸传，而以隐逸为中心的诗作也层出不穷。①《昭明文选》卷二十二专章收存隐逸诗四篇②，即左思《招隐诗》两首、陆机《招隐》和王康琚《反招隐》。比如《反招隐》起首两句："小隐隐陵薮，大隐隐朝市。伯夷窜首阳，老聃伏柱史。"通过比对伯夷和老子的隐居方式，说明"小隐"不若"大隐"之顺其自然，有隐逸情趣。除了这样的专章，被钟嵘赞誉为"古今隐逸诗人之最"的陶渊明，其诗作也收于《文选》，多数反映了陶渊明盼归田园的思想。如《辛丑岁七月赴假还江陵夜行涂口》的颔联"商歌非吾事，依依在藕耕"。

六朝庐山诗也属于隐逸诗。庐山自古秀美隐蔽，远离中原都邑，六朝乱世之际，很多隐者退居其中，如"浔阳三隐"（陶渊明、周续之、刘程之）。加之当时佛教发展，也有不少到庐山修行或求仙者，两类隐士融合于一山，形成了独特的文化品格。③ 唐代禅宗诗亦隐逸色彩明显。王维《哭祖六自虚》："南山俱隐逸，东洛类神仙。"禅宗讲求觉悟、狂诞和隐逸，与传统隐逸文化及老庄思想有着高度契合之处。又如儒家认为君子应"食无求饱，居无求安""士志于道，而耻恶衣恶食者，未足与议也"，故"衣敝韫袍"才是君子的常态，"一箪食，一瓢饮，在陋巷，人不堪其忧，回也不改其乐"才是孔门典范。而佛家讲求化缘，着"坏衣"，唐诗便对此多有反映，如杜荀鹤《题江寺禅和》："江寺禅僧似悟禅，坏衣芒履住茅轩。"可见，儒释道对隐逸文化深有影响。

（2）笔记小说

魏晋名士视隐逸为人生理想，《世说新语》第十八篇《栖逸》集中记载了当

---

① 季南：《〈昭明文选〉中招隐诗解读》，《现代语文》2009 年第 5 期。
② 萧统：《文选》，中华书局 1987 年版，第 403 页。
③ 王柳芳、孙伟：《佛学、神仙与隐逸：六朝时期的庐山诗》，《南昌大学学报（人文社科版）》2010 年第 1 期。

时隐士的言行及思想,如"阮步兵啸,闻数百步……登岭就之,箕踞相对"①。阮籍、嵇康等人不满现实,寄心老庄之境,反映出曾占据主导地位的儒家学说,此时不如道家学说更能调和个人与社会的矛盾。此外,到清代,反映世风民情的经典小说《红楼梦》也有关于隐逸的讨论,如在第一百八十回,宝玉便针对"赤子之心"曾言"尧舜不强巢许,武周不强夷齐"。

(3)史书

历代史家著作也不乏对隐士的记述。《史记》中除了《伯夷列传》,还在二十八卷中评价伯夷、叔齐的言行气节。《伯夷列传》与《太史公自序》作为《史记》中仅有的论史篇章,首尾呼应,可谓司马迁遭遇困境时表明心迹的喟叹。故《伯夷列传》曾言:"伯夷、叔齐虽贤,得夫子而名益彰。"这正是孔子、太史公等以退为进的后世儒家隐逸精神内核之所在。"儒家'仕'与'隐'的界限在于邦有道还是无道,仕宦是为实现自身的政治理想,若现实不允许,则隐逸保持善道,以待有道之时,正所谓行义济世是儒家的根本,因此隐逸对于儒家而言是权变之计。"②

2. 艺术影响

当隐逸从个体行为演化成社会文化,便逐渐形成了中国独特的审美观。古代艺术门类中讲究"隐"的园林建筑和部分绘画题材特别能够体现相关内容。绘画中尤以花鸟画和山水画最能体现隐逸思想中的淡泊和自然。比如南朝宋人宗炳《画山水序》开篇即谈及:"圣人含道映物,贤者澄怀味象。至于山水质有而趣灵,是以轩辕、尧、孔、广成、大隗、许由、孤竹之流,必有崆峒、具次、藐姑、箕、首大蒙之游焉,又称仁智之乐焉。夫圣人以神法道,而贤者通;山水以形媚道,而仁者乐不亦几乎?"③物之品格恰如人之品格,山水有形可反映贤士思想。这正是由于隐于自然、柔以处世的传统观念极大地带动了上述两种绘画题材的发展。总体来说,画的简约内容与素雅风格直接体现着隐逸风尚对不同时代绘画艺术的影响,唐水墨山水画、宋文人画、明清花鸟画均显示出传统隐逸思想的渗透。关于这个问题已有专论④,兹不赘述。

---

① 徐震堮:《世说新语校笺》,中华书局2001年版,第345页。
② 许晓晴:《论儒道的隐逸观与隐士形象》,《社会科学家》2006年第6期。
③ 俞华剑:《中国画论类编》,人民美术出版社1986年版,第583页。
④ 陈方媛:《隐逸思想对中国古代绘画的影响》,曲阜师范大学硕士学位论文,2010年。

3. 风俗影响

隐逸思想对生活风俗的影响是多方面的，这里简要述说茶饮中的隐逸精神。

"茶"文化源远流长。古人喜饮茶与早期隐士的生活方式密不可分。伯夷、叔齐采取"不食周粟""首阳采薇"的生存方式，抗拒武王背弃君臣伦理的现实。这影响着后世隐者尚简、居易、克欲、敛食的行为模式。

"茶"本作"荼"，中唐始作"茶"。茶"发乎神农氏"①，后闻于鲁周公，兴于唐朝，盛在宋代，明清之际已远销海外。近代以来，全世界已有 50 余个国家种茶。"茶"为我国古代重要饮品。东汉华佗开发过"茶"的医药价值，其时尚属宫廷贵族饮品，直到隋代才普及到民间。凡遇战乱，国家为节省开支和平衡民怨，会实施禁酒，这样更推动了茶饮替代酒饮。② 魏晋之际恰是这样的历史阶段。由于茶可提神助思、益气养性，其时文人尚清谈、喜饮茶，茶的清苦便很好地配合乃至彰显了隐逸之士崇尚简约自然的风尚。后世关于"茶"的诗词日益增多，"茶"脱离了一般饮食形态，附加了文化色彩。

秦汉文人隐于道术，远朝堂；魏晋文人隐于己志，近林泉；唐代文人隐于酒及茶；时至今日，中国文人仍保持了饮茶风俗。茶之清、苦、温、醇的自然品性深受国人喜爱，其所蕴含的淡泊、明净、简约、自然之意境则是茶的民族特色所在。

可见，早期隐逸原因较单纯，隐士生活状态也较艰苦。总体上，大多因无力阻止国灭而离世索居，体现了他们追求自由和重视个体生命价值的人格。这不同于后世文人的"隐而不仕"，因为后人隐居原因是多重的，或属于哲学层面的自我追求，或属于社会融合过程中的短暂调整。现代学者梁漱溟认为：隐逸现象属于"中国传统文化的重要特征"③。因此，将个体放入历史背景，通过观察某位隐士或这一群体的真实地位，以达到剥离隐逸支流与文化主流、全面审视隐逸源流及其影响的目的。

---

① 陆羽：《茶经》，中国纺织出版社 2006 年版，第 20 页。
② 安静：《中国古代饮文化初探》，《兰台世界》2013 年第 12 期。
③ 梁漱溟：《中国文化要义》，上海人民出版社 2005 年版。

第四章　孤竹国的文化谱系:文化分型与文化遗存

考古学文化的古辽西地区,涵盖河北省东部的唐山、承德、秦皇岛与辽宁省西部的朝阳、锦州、阜新、葫芦岛,以及内蒙古东南部的赤峰、宁城、敖汉等地。苏秉琦称其为"燕山南北长城地带",是联结我国中原与欧亚大陆北部广大草原地区的中间环节。以燕山南北、长城地带为重心的我国北方地区在中国古文明缔造史上具有特殊地位或作用。[①]

孤竹国存续约千年。从地理位置和民族关系看,孤竹国所处冀东、辽西地区既是中原农耕文化和北方游牧文化的交汇带,创造出了以中原文化为主导的孤竹文化;也是华夏族与古辽西诸族迁徙、杂居地带,"使得孤竹文化在华夏文化体系中又表现为多元性与融合性"。在西周、春秋时期,孤竹文化在燕山南北呈现不同风格,南部的滦河流域受华夏文化影响大,北部的大小凌河流域受游牧文化影响较大。[②] 而这与孤竹国存续期间的不同时段内发生的疆域变化、族群迁徙和文化交融是密切相关的。

一、商周时期冀东、辽西地区的考古文化

夏家店下层文化、夏家店上层文化的正式命名,源于1960年春中国科学院考古研究所内蒙古工作队对赤峰药王庙和夏家店遗址进行发掘。苏秉琦将该工作队于20世纪60年代在西辽河流域的考古工作成果,归纳为"两种新石

---

① 苏秉琦:《燕山南北地区考古——1983年7月在辽宁朝阳召开的燕山南北、长城地带考古座谈会上的讲话(摘要)》,《文物》1983年第12期。
② 参见崔向东:《论商周时期的孤竹国——辽西走廊古族古国研究之一》,《甘肃社会科学》2019年第3期。

器文化(红山文化与富河文化)与两种青铜文化(夏家店下层文化与夏家店上层文化)"。①

(一)夏家店下层文化

夏家店下层文化与二里头文化、岳石文化并称先商三大考古文化。② 从红山文化到夏家店下层文化,古辽西由新石器文化进入青铜文化时期。"延续数千年的平底筒形罐系统的陶器彻底消失,以鬲为主的三足系统的陶器成为主流,彩绘陶盛行,青铜制品开始出现。"③

1. 夏家店下层文化的年代

关于夏家店下层文化的年代,目前学界的分歧较大:

(1)武家昌(1995)、马利清(1996)、徐光冀(2001)、田广林(2002)、郭大顺(2005)、苗威(2008)、滕铭予(2009)、刘国祥(2009)等学者普遍认为:夏家店下层文化距今4000—3500年,相当于夏朝至商朝初年。赤峰考古界将夏家店下层文化定为早商青铜文明,约相当于二里头文化三期。孙继民(1990)④认为:蜘蛛山遗址的标本经 C_{14} 测定,年代为公元前2400年,相当于中原新石器晚期。

(2)夏家店下层文化的发现和识别者刘观民认为:约距今4500—3500年。⑤ 徐中舒(1979)⑥认为:与夏代相当。陈平(2002)⑦认为:夏家店下层文化的年代跨度,从龙山文化晚期或夏代早期到商代早期、中期之交。王玉哲(1982)⑧认为:上限约晚于龙山文化,下限可能已到西周。

---

① 苏秉琦:《辽西古文化古城古国——兼谈当前田野考古工作的重点或大课题》,《文物》1986年第8期。
② 张翠莲:《先商文化、岳石文化与夏家店下层文化关系考辨》,《文物季刊》1997年第2期。
③ 刘国祥:《红山文化与西辽河流域文明起源探索》,《中华文明探源工程文集·社会与精神文化卷(I)》,科学出版社2009年版,第164页。
④ 孙继民:《从青铜礼器看夏家店下层文化与商代文化的关系》,《昭乌达蒙族师专学报(汉文哲学社会科学版)》1990年第4期。
⑤ 刘观民:《西拉木伦河流域不同系统的考古学文化分布区域的变迁》,《考古学文化论集》,文物出版社1987年版。
⑥ 徐中舒:《夏史初曙》,《中国史研究》1979年第3期。
⑦ 陈平:《夏家店下层文化研究综述》,《北京文物与考古》2002年第5辑。
⑧ 王玉哲:《殷商疆域史中的一个重要问题——"点"和"面"的概念》,《郑州大学学报(社会科学版)》1982年第2期。

（3）中国科学院考古研究所内蒙古发掘队（1961、1974）①、曹定云（1988）、邹衡（2001）、杜金鹏（1995）认为：与殷商文化有较密切关系，年代大体相当。

2. 夏家店下层文化的族属

关于夏家店下层文化的族属，郑绍宗（1996）、靳枫毅、朱永刚（1987）、苗威（2008）等认为是山戎，张翠莲（1997）、孙继民（1990）等于是先商或商治下的部族，但更多学者倾向认为是多民族的文化遗存。潘其风的人种学研究成果表明：夏家店下层文化居民存在着不同体质类型的人群，认为"这可能说明组成该氏族的成员至少有两个来源"②。李伯谦明确指出：夏家店下层文化"更大可能是两个甚或两个以上部族的遗存"③。鲁作文（1973）、李恭笃（1981）的观点与之相似。

李经汉（1980）④、刘观民（1981）等⑤、邹衡（2001）⑥、李德山（2003）等⑦学者的文章论述各有侧重，认为孤竹、肃慎、燕亳、箕侯、邶、无终、令支、东胡、山戎等是夏家店下层文化分布内的古国族，而非某个单一部族。

3. 夏家店下层文化的来源

关于夏家店下层文化的来源，学界主要有三种观点：

一是源自中原文化。以夏鼐为代表，认为夏家店下层文化具有中原地区晚期龙山文化的某些特征，为龙山文化的地方变种。⑧ 鲁作文（1973）、张忠培（1987）、杜金鹏（1995）、田广林（2002）、纪烈敏（2002）、段天璟（2006）等持相

① 中国科学院考古研究所内蒙古发掘队：《内蒙古赤峰药王庙、夏家店遗址试掘简报》，《考古》1961年第2期；《赤峰药王庙、夏家店遗址试掘报告》，《考古学报》1974年第1期。
② 潘其风：《内蒙古和东北地区商周时期至汉代居民的人种类型及相互关系》，《中国考古学会第八次年会论文集》，文物出版社1996年版。
③ 李伯谦：《论夏家店下层文化》，《纪念北京大学考古专业三十周年论文集》，文物出版社1990年版。
④ 李经汉：《试论夏家店下层文化的分期和类型》，《中国考古学年会第一次年会论文集》，文物出版社1980年版。
⑤ 刘观民、徐光冀：《内蒙古东部地区青铜时代的两种文化》，《内蒙古文物考古（创刊号）》1981年。
⑥ 邹衡：《关于夏商时期北方地区诸邻境文化的探讨》，《夏商周考古学论文集》，科学出版社2001年版。
⑦ 李德山等：《中国东北古民族发展史》，中国社会科学出版社2003年版，第273页。
⑧ 夏鼐：《我国近五年来的考古新收获》，《考古》1964年第10期。

似看法。王立新等认为,夏家店下层文化是后岗二期文化与红山—小河沿文化碰撞并融入山东龙山—岳石文化的产物,后岗二期文化发挥了主导性作用。① 这是"流共工于幽州,以变北狄"的考古学反映。②

二是源自西辽河北方文化。苏秉琦、李德山、曹定云、崔向东等认为:辽西地区的红山文化与夏家店下层文化是前后相继的两种文化,且从地域范围和文化承继关系看,二者地域范围基本相同,具有文化上的连续性。郭大顺(1989)③认为,夏家店下层文化主要来自红山—小河沿文化系统。李恭笃(1984)、曹定云(1988)、杨虎(1994)、马利清(1996)等持相似看法。刘国祥(2009)④认为:夏家店下层文化与红山文化之间具有一定的间接承继关系。

三是源自燕山南北诸文化因素。李经汉(1980)⑤、邹衡(1980)⑥、李伯谦(1990)⑦等认为:夏家店下层文化可分三种地方类型,即壶流河类型、大坨头类型和药王庙类型,但它们未必存在同一渊源。王玉亮(2006)持相似看法。陈平(2002)⑧的文章指出了三种类型来源的差异。

可见,夏家店下层文化既包含着浓厚的龙山文化因素,又具有殷商文化的特点。当然,这并不意味着夏家店下层文化是中原殷商文化的前身,而只是表明它与殷商文化可能有着共同的根源,与中原殷商文化是平行发展的。

4. 夏家店下层文化的分布

夏家店下层文化,在燕山南北地带分布广泛。壶流河类型,主要分布在宣化盆地及其以南的壶流河流域;大坨头类型(又称燕南类型),主要分布在燕山以南海河水系的京津地区,以及冀东唐、秦地区;药王庙类型(又称辽西类型或燕北类型),主要分布在燕山以北西辽河水系。

---

① 王立新、齐晓光、夏保国:《夏家店下层文化渊源刍论》,《北方文物》1993年第2期。

② 夏保国:《"流共工于幽州"的考古学释读——以夏家店下层文化源自后岗二期文化为证》,《北方文物》2008年第3期。

③ 郭大顺:《大南沟的一种后红山文化类型》,《考古学文化论集》,文物出版社1989年版。

④ 刘国祥:《红山文化研究(下)》,科学出版社2009年版,第720页。

⑤ 李经汉:《试论夏家店下层文化的分期和类型》,《中国考古学年会第一次年会论文集》,文物出版社1980年版。

⑥ 邹衡:《试论夏文化》,《夏商周考古论文集》,文物出版社1980年版。

⑦ 李伯谦:《论夏家店下层文化》,《纪念北京大学考古专业三十周年论文集》,文物出版社1990年版。

⑧ 陈平:《夏家店下层文化研究综述》,《北京文物与考古》2002年第5辑。

苏秉琦(1983)、张博泉、曹定云(1988)、王立新(1993)、马利清(1996)、田广林(2003)等学者,以及中国社会科学院考古研究所(2003)普遍认为:夏家店下层文化主要分布在老哈河及大小凌河流域,以赤峰地区最为密集,北起西拉木伦河,南临渤海,东抵医巫闾山,西达太行山东麓或滦河一带。此为郭璞所说"自易水至北狄"范围,即"东北薄州日隐土"地区。① 1962 年,郑绍宗将滦河中下游区域的承德、平泉、唐山、昌黎、卢龙、迁安等地划入夏家店下层文化分布区。②

20 世纪 80 年代,刘观民等(1981)③、李恭笃等(1984)④较早提出夏家店下层文化的中心在燕北辽西地区,后呈现从北向南的发展趋势,晚期越过燕山到达京津一带。吴鹏(1988)、孙继民(1990)、郭大顺(2005)、崔向东(2016)持相似看法。

(1)燕山南麓的夏家店下层文化遗址

分布在燕山南麓的夏家店下层文化遗址,主要有:

天津市蓟县的围坊(1977)、青池(1990)、刘家坟(1986)、张家园(1965);宝坻的牛道口(1979)、歇马台(1984)。

北京市昌平的雪山(1961);房山的刘李店(1962)、琉璃河(1973);平谷的刘家河(1977)铜器墓与陶器墓;密云的凤凰山(1984)。

河北省廊坊的大厂大坨头(1964),香河庆功台(1993);唐山的小官庄(1952)、大城山(1955)、古冶(1978),滦州后迁义(1999、2001)、陈山头(1988)、孙薛营遗址(2006),滦南东庄店(1981)、东八户(1988),迁安⑤的沱上村孤竹君、马哨(1992)⑥、柏庄老窑、前窝子、玄庄西岸坡、封山寺,玉田东孟各庄(1982),遵化西三里河墓葬(1989);秦皇岛的卢龙东阚各庄(1972)、双望(1956),青龙抄道沟(1961);承德的伊犁庙(1957),平泉化营子(1960)、沟门

① 张博泉:《关于殷人的起源地问题》,《史学集刊》1981 年第 5 辑。

② 郑绍宗:《有关河北长城区域原始文化类型的讨论》,《考古》1962 年第 12 期。

③ 刘观民、徐光冀:《内蒙古东部地区青铜时代的两种文化》,《内蒙古文物考古》1981 年(创刊号)。

④ 李恭笃、高美璇:《夏家店下层文化若干问题研究》,《辽宁大学学报(哲学社会科学版)》1984 年第 5 期。

⑤ 任亚珊:《迁安县古遗址调查》,《文物春秋》1991 年第 3 期。

⑥ 李宗山、尹晓燕:《河北省迁安县出土两件商代铜器》,《文物》1995 年第 6 期。

子(1957)和黑山口,兴隆小东沟以及隆化于家沟;保定易县北福地(1985);等等。

(2)燕山北部的夏家店下层文化遗址

分布在燕山北部的夏家店下层文化遗址,主要有:

内蒙古自治区赤峰市的红山后(1938)、药王庙、夏家店(1960)、蜘蛛山(1963)、东山嘴(1973);宁城县小榆树林子(1960)、南山根(1958);敖汉旗的小河沿(1973)、大甸子(1974)、范杖子古墓群(1982);通辽市库伦旗南泡子崖(1988);喀喇沁旗大山前(1996)。

辽宁省朝阳市喀左县的北洞(1973)、小塔子沟(1981)、东台(1981)、城子山(1981)、下三家、土城子(2014—2019)、小波汰沟(1979);阜新市的西灰同(2006)、东水泉、平顶山(1988)、敖包地和北沟;朝阳的上河首(2014)、卧龙山、马营子、罗锅地、胜利三角城子遗址群、朝阳热电厂(1986);建平的喀喇沁河东(1980)、西山五连城遗址(1981)、水泉(1976);凌源市的海岛营子(1943)、马厂沟(1955、1957)、城子山(1979)、肃杖子(1992);锦州市凌海县的大马口南山;北票市的丰下(1972)、康家屯(1992)、西大川(1997)和盖子顶(2000);锦州的山河营子(1957)、前西山,锦县水手营子(1986),锦西部集屯(1993);葫芦岛市兴城市的望宝山、仙灵寺(1985)、后梁、马圈子等遗址(1985)。

河北省张家口的蔚县三关遗址(1979)。

综合学界的相关研究成果,夏家店下层文化的分布地区,包括内蒙古东南部赤峰的宁城、敖汉、喀喇沁,通辽的库伦、奈曼等地;辽宁西部的锦州,阜新,朝阳的喀左建平、北票、凌源葫芦岛的兴城等地;河北北部的承德、张家口,以及河北中部北缘的保定、廊坊和河北东部的唐山、秦皇岛;京津一带。

(二)夏家店上层文化

1. 夏家店上层文化的年代

以中国科学院考古研究所内蒙古发掘队[①]为代表,学界大多认为夏家店上层文化大体处于"西周至春秋时期"。武家昌(1995)[②]认为:经 C_{14} 测定,夏

---

① 中国科学院考古研究所内蒙古发掘队:《内蒙古赤峰药王庙、夏家店遗址试掘简报》,《考古》1961年第2期。

② 武家昌:《山戎族地望考略》,《辽海文物学刊》1995年第1期。

家店上层文化为西周晚期到春秋。但对年代的上限、下限尚有不同认识。刘国祥(2000)[1]认为:该文化遗存的青铜器经 C_{14} 测定,校正年代约为公元前1000—公元前 300 年,相当于周初到战国时期。

滕铭予(2009)[2]认为:该文化处于公元前 1000—公元前 600 年,相当于西周、春秋,也可能晚到战国时期;靳枫毅(1987)[3]认为:上限约在商周之际或西周早期,下限在战国中期前后,其间经历七八百年。席永杰、滕海键(2011)[4]等认为,夏家店上层文化距今 3000—2300 年。

根据不同的考古材料,学者们提出了夏家店上层文化的不同分期。王立新、齐晓光(2002)[5]将其分 4 个发展阶段,刘国祥(2000)[6]将其分为 8 期,朱永刚(1987)[7]将其分为 3 段。

2. 夏家店上层文化的族属

关于夏家店上层文化的族属,学界主要有三种看法:一种认为是东胡遗存;一种认为是山戎遗存;一种认为东胡与山戎同族,只是先称山戎、后谓东胡而已。近年来,"山戎说"逐渐为更多人所接受。

武家昌(1995)[8]认为:夏家店上层文化的族属既非土著民,又非长住族,在他们迁徙到此前已有先民居住,他们离去后,又为燕国族民所代替。这从时间上与山戎族的几次迁徙相合。而墓葬遗址出土的铜矛、青铜短剑、铜刀等武器,同山戎族善于征战相合。空间分布上又与山戎族活动范围相合。

井中伟、刘观民(1990)[9]等认为:依据文献记载夏家店上层文化当为"山

① 刘国祥:《夏家店上层文化青铜器研究》,《考古学报》2000 年第 4 期。

② 滕铭予:《半支箭河中游先秦时期遗址的分群与结构》,《中华文明探源工程文集·社会与精神文化卷(I)》,科学出版社 2009 年版,第 186 页。

③ 靳枫毅:《夏家店上层文化及其族属问题》,《考古学报》1987 年第 2 期。

④ 席永杰、滕海键、季静:《夏家店上层文化研究述论》,《赤峰学院学报(汉文哲学社会科学版)》2011 年第 5 期。

⑤ 王立新、齐晓光:《龙头山遗址的几个问题》,《北方文物》2002 年第 1 期。

⑥ 刘国祥:《夏家店上层文化青铜器研究》,《考古学报》2000 年第 4 期。

⑦ 朱永刚:《夏家店上层文化的初步研究》,《考古学文化论集(1)》,文物出版社 1987 年版。

⑧ 参见武家昌:《山戎族地望考略》,《辽海文物学刊》1995 年第 1 期。

⑨ 刘观民:《考古学文化与族称研究的问题》,《昭乌达蒙族师专学报(汉文哲学社会科学版)》1990 年第 3 期。

戎"遗存。朱泓(1989)①对夏家店上层文化的红山后、夏家店和南山根等三处遗址出土人骨的种族类型进行了系统研究,从体质人类学支持了"山戎说"。

靳枫毅(1987)②认为:夏家店上层文化的分布地域与文献记载的东胡活动地域相合,其历史时代与文献记载东胡的活动时代亦相合。从畜犬、殉犬习俗,髡头习俗,墓葬的葬俗,体质人类学等多方面考察可知,夏家店上层文化是东胡遗存。

《史记·匈奴列传》:"当是之时,……燕北有东胡、山戎。""其后燕有贤将秦开,为质于胡,胡甚信之。归而袭破走东胡,东胡却千余里。与荆轲刺秦王秦舞阳者,开之孙也。燕亦筑长城,自造阳至襄平。置上谷、渔阳、右北平、辽西、辽东郡以拒胡。"③李健菁指出:夏家店上层文化的族属据此多被认为与东胡有关。④ 苗威也认为:周代的东胡为夏家店上层文化的主人。⑤

3. 夏家店上层文化的来源

关于夏家店上层文化的来源,学界一方面肯定其来源的多样性;另一方面又对高台山文化、魏营子文化的作用说法不一。

张忠培在1990年"环渤海考古"学术论坛上首次提出:"夏家店上层文化是由高台山类型系统发展而来的。"朱永刚认为:"夏家店上层文化的形成过程是复杂的,来源是多重的,高台山文化只是其中的一个重要源头。"⑥顾继慧(2007)⑦认为:高台山文化、顺山屯类型和夏家店上层文化都有着单一的种族类型且关系密切,更有可能存在渊源关系。

井中伟(2012)⑧认为:夏家店上层文化可能是在西拉木伦河流域晚商遗存的基础上,吸收魏营子文化、顺山屯类型、新乐上层文化、白金宝二期文化等多种文化因素产生的,高台山文化因素对夏家店上层文化的影响可能是间接的。

---

① 朱泓:《夏家店上层文化居民的种族类型及相关问题》,《辽海文物学刊》1989年第1期。
② 靳枫毅:《夏家店上层文化及其族属问题》,《考古学报》1987年第2期。
③ 司马迁:《史记》,中华书局1959年版,第2885—2886页。
④ 李健菁:《族群、生态、资源的对话——以夏家店上层文化与"山戎"文化为例》,《边疆考古研究》2002年第1辑。
⑤ 苗威:《山戎、东胡考辨》,《中国边疆史地研究》2008年第4期。
⑥ 朱永刚:《论高台山文化及其与辽西青铜文化的关系》,《中国考古学会第八次年会论文集》,文物出版社1996年版,第139—156页。
⑦ 顾继慧:《夏家店上层文化渊源考》,吉林大学硕士学位论文,2007年。
⑧ 井中伟:《夏家店上层文化的分期与源流》,《边疆考古研究》2012年第2期。

席永杰等(2011)①认为：夏家店上层文化在南进过程中，曾与中原文化发生频繁的碰撞和交融。在夏家店上层文化的东南部，"魏营子类型"对它影响很大。

郭大顺(1987)②认为：以魏营子类型为纽带，大小凌河流域青铜文化形成了"夏家店下层文化—魏营子类型—夏家店上层文化凌河类型"的发展序列。

乌恩岳斯图(2007)③则指出：夏家店上层文化与夏家店下层文化、魏营子文化没有继承关系。

4. 夏家店上层文化的分布

关于夏家店上层文化的范围，学界普遍认为主要分布在老哈河流域和西拉木伦河流域。由北向南的发展进程中先后形成龙头山类型(也称大井类型，分布于西拉木伦河流域)、南山根类型(分布于老哈河流域)和东南沟类型(分布于滦河上游)三个地方类型。④ 中国科学院考古研究所内蒙古工作队(1974、1975、1984、1991、1995)、靳枫毅(1987)、武家昌(1995)、井中伟(2012)等对该文化东西南北四至的界限进行了深入研究。

汤卓炜(2004)⑤认为：夏家店上层文化北起西拉木伦河流域的查干木伦河、乌尔吉木伦河；南达燕山山脉，可达滦河上游；西自大兴安岭南段东麓，向南延伸到昭乌达高原和坝上高原东缘；东南抵达努鲁儿虎山东麓一带(建平以北)，东端基本以柳河为界。

顾继慧(2007)⑥认为：东边以努鲁儿虎山包括大凌河上游一线为界，西抵浑善达克沙地东缘，南界笼统指燕山山地。

刘国祥(2000)⑦认为：西南端大体以七老图山为界，包括滦河、潮河、白

① 席永杰、滕海键、季静：《夏家店上层文化研究述论》，《赤峰学院学报(汉文哲学社会科学版)》2011 年第 5 期。

② 郭大顺：《试论魏营子类型》，苏秉琦：《考古学文化论集(一)》，文物出版社 1987 年版。

③ 乌恩岳斯图：《北方草原考古学文化研究——青铜时代至早期铁器时代》，科学出版社2007 年版，第 174—223 页。

④ 林沄：《东胡与山戎的考古探索》，《林沄学术文集》，中国大百科全书出版社 1998 年版，第 387—396 页。

⑤ 汤卓炜：《中国东北地区西南部旧石器时代至青铜时代人地关系发展阶段的量化研究》，吉林大学硕士学位论文，2004 年，第 110 页。

⑥ 顾继慧：《夏家店上层文化渊源考》，吉林大学硕士学位论文，2007 年。

⑦ 刘国祥：《夏家店上层文化青铜器研究》，《考古学报》2000 年第 4 期。

河、洋河、桑干河流域,太行山以北、军都山、燕山周围的冀北山地;东界为医巫闾山以西、阜新锦州一线。

郑绍宗(1962)①认为,主要分布在老哈河流域及其支流、滦河中上游以及潮白河流域,集中区域为赤峰、宁城、围场、承德、丰宁、滦平等地,唐山和张家口部分地区也有遗物发现。

(1)燕山北麓的夏家店上层文化遗址

夏家店上层文化已发掘的遗址,燕山北麓主要有林西大井古铜矿(1976)、巴林右旗大板南山墓,克什克腾旗龙头山(1987—1991)、关东车(2002),翁牛特旗大泡子墓(1981),赤峰红山后(1935)、药王庙(1960)、夏家店(1960)、蜘蛛山(1963),宁城南山根(1958、1963)、南山根墓葬(1960)、小黑石沟(1975—1998),宁城三座店、天巨泉、孙家沟、汐子北山嘴,瓦房中、梁家营子,建平老南船石硠山(1974)、大拉罕沟(1975)、水泉城子(1977),太平庄乡缸瓦遗址,朝阳县袁家台子墓地(1979)、十二台营子(1953),锦西县乌金塘(1958),喀喇沁大山前(1996),喀左南洞沟石椁墓(1966)、南沟门墓地(1979)、黄家店土城子墓(1979),北票宝国老镇马圈子遗址,敖汉旗周家地(1981)、山湾子(1974)、热水汤(1986)、东井(1982)、千斤营子(1985)等,以及张家口宣化小白阳墓(1985),青龙抄道沟等。

(2)燕山南麓的夏家店上层文化遗址

燕山南麓的主要遗存有迁安八里塔遗址(1990)、小山东庄墓葬(1983),承德平泉东南沟墓葬(1965),唐山㼈神庙(1952)、宝坻安桥、蓟州刘家坟,保安徐水解村、北京延庆西拨子等。

根据考古发现和相关研究成果,夏家店上层文化主要包括内蒙古东南赤峰市,辽宁西部的朝阳、阜新、锦州,北京、天津的局部地区,河北省北部张家口、承德,以及河北东部的唐山、秦皇岛等地。

二、考古文化学视角的孤竹古国

燕赵河北文化底蕴深厚,先秦文化遗迹在全国具有重要影响,旧石器时代

---

① 郑绍宗:《有关河北长城区域原始文化类型的讨论》,《考古》1962 年第 12 期。

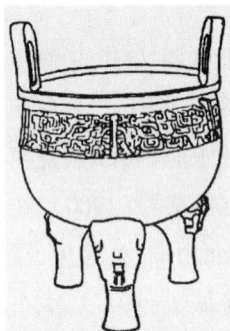  

图 4-1　铜鼎　　　　　图 4-2　饕餮纹甗　　　　图 4-3　弦纹甗

图 4-4　鱼父癸簋　　　　图 4-5　蔡簋　　　图 4-6　饕餮纹簋

有阳原的泥河湾古人类遗址,新石器时代有邯郸的磁山文化,战国时期有河北省中部①的中山国和邯郸的赵王城,而商周、春秋时期尚属空缺。加强孤竹国的考古学文化研究,既可弥补冀东缺少地域文化品牌的缺憾,也有利于填补河北省先秦文化遗迹在商周、春秋时期的缺环。因此,无论从空间上还是从时间跨度来说,孤竹文化在河北先秦史研究方面都具有填补空白的重要意义。②

(一)从时间维度看

孤竹国的早期,即从"殷汤三月丙寅日"封国到商周鼎革(前 1600 年—前 1046 年),处于夏家店下层文化时期(前 3500 年—前 2000 年);孤竹国的晚期,即从周朝建立到齐桓公"斩孤竹"(前 1046 年—前 663 年),处于夏家店上层文化时期(前 1000 年—前 300 年)③。孤竹国存续的时间,处于夏家店下层文化到夏家店上层文化中间。

(二)从空间耦合看

李学勤、王士立、王玉亮等学者认为:今河北省东北部及辽宁省西部的古孤竹国,"恰好在考古学上的夏家店下层文化和夏家店上层文化的分布地带之内"④。

曹定云(1988)⑤、邹衡(2001)⑥、苗威(2008)⑦等明确指出:冀东、辽西一带的"竹"和"孤竹"所在地,在殷商前后属于夏家店下层文化范围。李经汉(1980)⑧认为:燕北类型的一部分,可能是与孤竹国有关的历史遗存。

郭大顺(2001)⑨认为:"到西周晚期,夏家店上层文化还跨出了燕北类型的范围,深入到燕南类型的一些地区。"这应是山戎势力向孤竹国领地南渐在

---

① 张怀通的《中国相关史实申论》(《中国社会科学报》2018 年 3 月 12 日)认为:中山是春秋战国时期存立于燕南赵北(今河北省中部)的重要国家。有的学者认为,中山国存续期间,疆域范围为河北中南部。

② 冯金忠:《孤竹国研究的回顾与思考》,《文物春秋》2014 年第 3 期。

③ 刘国祥:《夏家店上层文化青铜器研究》,《考古学报》2000 年第 4 期。

④ 李学勤:《试论孤竹》,《社会科学战线》1983 年第 2 期。

⑤ 曹定云:《殷代的"竹"和"孤竹"——从殷墟"妇好"墓石磬铭文论及辽宁喀左北洞铜器》,《华夏考古》1988 年第 3 期。

⑥ 邹衡:《关于夏商时期北方地区诸邻境文化的初步探讨》,《夏商周考古学论文集》,科学出版社 2001 年版。

⑦ 苗威:《山戎、东胡考辨》,《中国边疆史地研究》2008 年第 4 期。

⑧ 李经汉:《试论夏家店下层文化的分期和类型》,《中国考古学会第一次年会论文集》,文物出版社 1980 年版。

⑨ 郭大顺:《龙出辽河源》,百花文艺出版社 2001 年版,第 9 页。

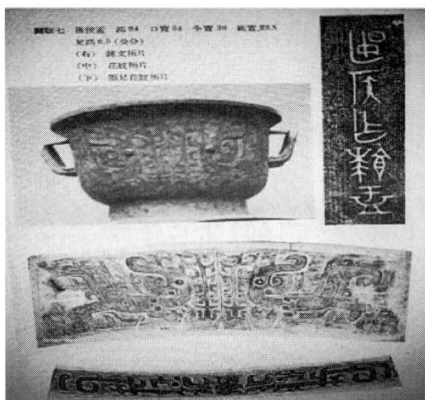

图 4-7　匽侯盂

图 4-8　史伐卣

图 4-9　戈父庚卣

图 4-10　贯耳壶

考古文化方面的反映。

（三）相关考古发现

孤竹文化不如齐鲁文化、荆楚文化、三晋文化等地域文化体量大，尚未发现大型聚落遗址。孤竹国历经商周易代和齐桓公"斩孤竹"两次大的变故，造成孤竹族的两次大迁徙。事实上，由于令支的析分、山戎的袭扰、自然环境的变化等因素的影响，孤竹部族在商周、春秋时期的迁徙不会止于此。因此，青铜器物的散落、疆域的游移、聚落的遗存，可能涵盖更广泛的区域。

在时间和地域上，早期孤竹国的物质文化包含在夏家店下层文化之中，晚期孤竹国的物质文化包含在夏家店上层文化中。近年来，冀东、辽西等孤竹故地考古发现了一大批文化遗址和商周时期青铜器物，也证实了孤竹国的文化遗存。

1. 辽西地区的考古发现

1941 年，在凌源东南的喀喇沁左旗小城子村，出土商周之际的铜鼎（图4-1）1 件。[①]

1955 年 5 月，热河（今辽宁省）凌源县海岛营子村马厂沟出土一批西周时期青铜器，有夔凤纹鼎 1 件，饕餮纹甗（图 4-2）1 件，弦纹甗（图 4-3）1 件，鱼父癸簋（图 4-4）1 件，蔡簋（图 4-5）1 件，饕餮纹簋（图 4-6）1 件，匽侯盂（图4-7）1 件，史伐卣（图 4-8）1 件，戈父庚卣（图 4-9）1 件，贯耳壶（图 4-10）1件，兽首罍 2 件，鸭形尊（图 4-11）1 件，蝉纹盘（图 4-12）1 件等。[②]

1973 年 3 月，辽宁喀左北洞村遗址 1 号坑出土涡纹铜罍（图 4-13、图4-14、图 4-15、图 4-16、图 4-17）5 件，勾连雷纹铜瓿 1 件，为商代晚期；5 月，2 号坑出土方鼎 1 件、圆鼎 2 件、甗 1 件、蜗身兽面罍 1 件、带嘴钵 1 件。[③]

1974 年 12 月，辽宁喀左山湾子窖藏出土青铜器 22 件，其中有铭文的 15件。包括叔尹方鼎 1 件，罍（史方罍、牛纹罍、涡纹罍）3 件，鬲 1 件，甗（饕餮纹甗、子荷戈甗、伯矩甗）3 件，饕餮纹盂 1 件，鱼尊 1 件，提梁卣 1 件，簋 10 件（父乙簋、庚父戊簋、直纹簋、雷乳纹簋等）和盘状器 1 件。

---

① 陈梦家：《西周铜器断代（二）》，《考古学报》1955 年第 2 期。

② 李廷俭：《热河凌源县海岛营子村发现的古代青铜器》，《文物参考资料》1955 年第 8 期。

③ 张震泽：《喀左北洞村出土铜器铭文考释》，《社会科学辑刊》1979 年第 2 期；喀左县文化馆等：《辽宁喀左县北洞村出土的殷周青铜器》，《考古》1974 年第 6 期；辽宁省博物馆等：《辽宁喀左县北洞村发现殷代青铜器》，《考古》1973 年第 4 期。

图 4-11　鸭形尊

图 4-12　蝉纹盘

图 4-13　北洞 1—2 号罍

图 4-14　北洞 1—3 号罍

史方罍(图4-18),西周早期偏晚,颈内有一阳文"史"字;伯矩甗(图4-21),内腹上部有铭文"白矩乍宝障彝";饕餮纹簋(图4-28),内底铭文不清,唯"亚"字可辨,"亚"字内似有两字;叔尹方鼎(图4-30),内底铸反书"叔尹作旅"。①

1979年4月,辽宁义县花尔楼村出土5件商末周初青铜器。其中鼎1件;簋(图4-31)1件,口沿外饰蝉纹,颈与圈足均饰夔纹,腹饰三组餐鬈纹,通体等距立饰六道扉棱;甗(图4-32、图4-33)2件,颈饰三周凸弦纹,足饰兽面纹;俎行器1件。②

1979年,辽宁喀左坤都营子小波汰沟窖藏出土商晚期的兽面纹鼎1件,登方鼎1件,围簋1件,登罕方罍1件。③

2. 冀东地区的考古发现

冀东青龙河、滦河流域夏家店下层文化遗址出土的青铜器物,从形制和青铜礼器的鼎簋组合看,具有晚商时期夏家店下层文化的典型特征;出土的陶器,从形制和纹饰作风看,带有明显中原商文化和夏家店下层文化的特征。

1952年8月,唐山市小官庄出土的石棺、陶鬲(图4-34),以及雹神庙出土的石范,与红山文化相似,属于商代至西周时期墓葬。④

1956年7月,卢龙双望发现一批花边口沿陶鬲(图4-35、图4-36、图4-37)遗存。⑤

1961年5月,河北青龙抄道沟⑥发掘晚商时期8件北方系青铜器,包括羊首曲柄短剑(图4-38)、鹿首弯刀(图4-39、图4-40)、铃首弧背刀、曲柄匕形铜器(图4-41)、铜戚各1件,环首刀(图4-42)3件。

1972年,卢龙东阚各庄遗址⑦,出土饕餮纹铜鼎、乳钉纹铜簋、铜弓形器和金臂钏各1件。

① 喀左县文化馆等:《辽宁省喀左县山湾子出土殷周青铜器》,《文物》1977年第12期。
② 孙思贤、邵福玉:《辽宁义县发现商周铜器窖藏》,《文物》1982年第2期。
③ 张懋镕主编,王宏著:《中国古代青铜器整理与研究·青铜罍卷》,科学出版社2016年版,第79页。
④ 安志敏:《唐山石棺墓及其相关的遗物》,《考古学报》1954年第1期。
⑤ 李捷民、孟昭林:《河北卢龙县双望乡发现细石器与陶器》,《考古通讯》1958年第6期。
⑥ 郑绍宗:《河北青龙县抄道沟发现一批青铜器》,《考古》1962年第12期。
⑦ 文启胆:《河北卢龙县东阚各庄遗址》,《考古》1985年第11期。

图 4-15　北洞 1—4 号罍

图 4-16　北洞 1—5 号罍

图 4-17　北洞 1—6 号罍

图 4-18　史方罍

1978 年春天,唐山古冶北寺村商代遗址①,采集到残碎的石器、骨器、陶器(图 4-43、图 4-44、图 4-45、图 4-46)多件。

1981 年春天,河北滦南东庄店遗址(图 4-47、图 4-48)②出土的陶器、石器形制及纹饰从作风看,既含有燕山以北夏家店下层文化因素,又具有中原商代文化特征。

1983 年 11 月,迁安县小山东庄西周墓葬出土铜鼎 3 件(图 4-49、图 4-50),铜簋 1 件,铜戈 2 件,铜斧 4 件(图 4-52),铜扣 124 个;金臂钏 2 件,金耳环 1 件,陶罐 8 件(图 4-53、图 4-54、图 4-55),鬲 4 件(图 4-56、图 4-57、图 4-58);松石耳坠 1 件,松石 35 颗(图 4-59、图 4-60)。③ 这些器物既有饕餮纹簋、乳钉纹鼎等有常见纹饰、铭文的商周器物,反映其和商周文化紧密联系,又有金臂钏、松石耳环等夏家店下层文化典型器物。其中的 I 式铜鼎和铜簋上分别铸有 3 字铭文"乍尊彝"和 6 字铭文"侯爵乍宝尊彝"。

1988 年 12 月,滦(今滦州)雷庄陈山头遗址晚商墓葬出土青铜鼎、簋、管銎斧、弓形器等各 1 件。④

1992 年 10 月,迁安县夏官营镇马哨村(原属卢龙)出土鼎、簋各 1 件,同时出土陶鬲、罍。⑤

1999 年 10 月、2001 年 10 月,滦县后迁义遗址发掘古墓葬 7 座,出土 1 件铜簋(图 4-61)和 2 枚晚商青铜镜(图 4-62、图 4-63)。⑥

20 世纪 50—70 年代,在河北平泉、青龙、承德、滦平、隆化、丰宁、赤城、张北、张家口、宣化、怀来等地征集或发掘到一批直刃匕首式青铜短剑。⑦

近年来,滦州市文物管理所征集收藏了孙薛营遗址出土的西周至战国时期文物,其中包括:车马类,计有青铜车軎、车辖、车辐、兽面衔环车饰;兵器类,计有扁茎柱脊剑、三川直内戈、曲援戈等;仿铜礼器,有兽面衔环铺首虎纹陶壶、陶鼎、陶豆等。另有可以确认早年出土于该遗址但已流失的青铜鼎、豆、

① 文启明:《唐山市古冶商代遗址》,《考古》1984 年第 9 期。
② 文启明:《河北滦南县东庄店遗址调查》,《考古》1983 年第 9 期。
③ 翟良富、尹晓燕:《河北迁安县小山东庄西周时期墓葬》,《考古》1997 年第 4 期。
④ 孟昭永、赵立国:《河北滦县出土晚商青铜器》,《考古》1994 年第 4 期。
⑤ 李宗山、尹晓燕:《河北省迁安县出土两件商代铜器》,《文物》1995 年第 6 期。
⑥ 参见张文瑞:《滦县后迁义遗址商代铜镜探源》,《文物春秋》2017 年第 2 期。
⑦ 刘国祥:《夏家店上层文化青铜器研究》,《考古学报》2000 年第 4 期。

图 4-19　牛纹罍

图 4-20　涡纹罍

图 4-21　伯矩甗

图 4-22　子荷戈甗

戈、釜、箭镞、钱币及其他窖藏铜器。①

三、孤竹古国的文化分型

商周、春秋不同时期,孤竹国的文化类型呈现不同特点。夏家店上层文化时期的经济形态以牧为主,兼营农业、狩猎,物质文明水平明显落后于下层文化。但与夏家店下层文化时期相比,以青铜短剑、方銎斧、青铜艺术等为代表的夏家店上层文化时期的青铜器十分发达。

(一)图腾文化

《诗经·商颂·玄鸟》:"天命玄鸟,降而生商,宅殷土芒芒。"首先揭开了孤竹国缘渊。《诗经·商颂·长发》:"有娀方将,帝立子生商。"故事讲述了商先祖诞生的神话:娀氏之女简狄因吞玄鸟遗卵而有孕,后来生契,成为建立商族和商朝的始祖。其实,这个传说并非信史,这反映了远古时一种祈求生育的重要祭祀礼仪——高禖,即每年春季的一种求子祭祀。《礼记·月令》仲春之月说:"是月也,玄鸟至。至之日,以太牢祠于高禖,天子亲往,后妃帅九嫔御。"郑玄注说:"高辛氏之出,玄鸟遗卵,娀简吞之而生契,后王以为媒官嘉祥而立其祠焉。"《诗经·商颂·玄鸟》毛公传说:"春分,玄鸟降,汤之先祖有娀氏女简狄,配高辛氏帝,帝率与之祈于郊禖而生契。"原始人的拜物甚至以之为本氏族的图腾,体现了天人合一的原始自然观,是先民追索文明的进步之旅。商祖契和其母族简狄部落有着共同的图腾——玄鸟。

生育在上古时期极为重要,是关系到整个氏族部落繁衍与兴衰的大事,故以祈求生育为目的的"高禖"也就成为一年中氏族部落里最重要的一次祭祀。文物"玄鸟妇"铜壶,成为商族追祭先祖的重器,也是后人研究商人图腾的唯一珍贵史料。而竹子成为孤竹族人的崇拜图腾,也是缘于上古族人对生育的敬重。龚维英的《原始崇拜纲要》认为:把象征翘立挺拔阳具的孤竹定为本氏族的图腾,说明古孤竹国与商先祖有着同样的对生育的崇拜缘渊,这也正为以后商汤册封孤竹国奠定了亲缘基础。王士立的《孤竹历史文化综述》也认为:商族以玄鸟为图腾,孤竹氏族以孤竹为图腾,鸟和孤竹都象征男根,图腾意蕴

①　杜志军:《孤竹国都城区位考析》,《文物鉴定与鉴赏》2019 年第 6 期。

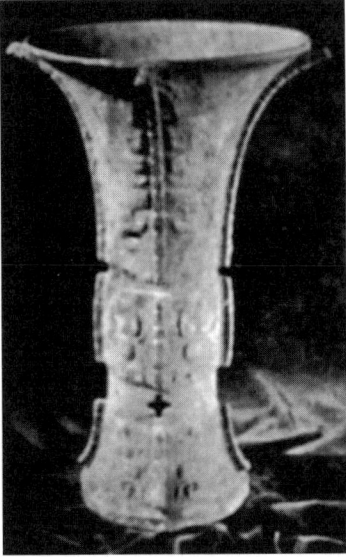

图 4-23 鱼尊

图 4-24 鬲

图 4-25 父乙簋

图 4-26 庚父簋

相通。正是两族图腾的缘近,才为后来两国进行血浓于水的发展以及商末出现孤竹国誓死拱卫商朝奠定了信任基础,更为伯夷、叔齐演绎叩马而谏打下了政治基础。

商人以玄鸟为图腾,玄乃黑色。辽西古代有玄水,即今青龙河,为古濡水的支流。《山海经·海内经》曰:"北海之内,有山,名曰幽都之山,黑水出焉。其上有玄鸟、玄蛇、玄豹、玄虎、玄狐蓬尾。有大玄之山。有玄丘之民。有大幽之国。有赤胫之民。"《传》曰:"契母与姊妹浴于玄丘水。"幽都即玄都,也即燕山。可见,玄水、大玄之山、玄都山、玄丘等为崇拜黑色的玄鸟氏族团集居区,即先商子姓宗族居住的中心,这一地区就在辽西。① 这也符合商王朝以黑色和燕子为崇拜图腾的特点。

(二)农业文化②

孤竹国时期农业已有了相当程度的发展,不仅开垦土地,改良培植农作物,研究农业灌溉技术,同时还大量驯养野生动物,畜禽养殖也具有一定规模。"孤竹族的社会经济,是比较发达的,农业、手工业都有相当的规模,畜牧业之水平亦很高。"③

很多学者从考古和文献角度,证明孤竹族属定居民族,经济生活以农耕为主导。唐兰(1960)认为:商周时期很重视农业经营,农作物已大规模耕种并开始使用青铜农具,他解释《逸周书·克殷解》中"武王克商,发鹿台之钱,散锯桥之粟"的"钱"为青铜农器,"发鹿台之钱"为耕种工具,"散矩桥之粟"为粮食。④ 王士立(2010)⑤认为:孤竹国农业已很发达,不仅种植谷物,还大量饲养驴马等家畜,并已拥有"通河井"和"渗水井"等农耕灌溉技术。康群(1996)⑥认为:孤竹的生产为"游收与农耕兼作"。孟古托力(2003)⑦认为:商

---

①　崔向东:《先秦时期辽西地区古族氏述论》,《渤海大学学报(哲学社会版)》2016年第1期。

②　参见李强华等:《孤竹国的农业文明探讨》,《河北科技师范学院学报(社会科学版)》2014年第1期。

③　李德山:《东北古民族与东夷渊源关系考论》,东北师范大学出版社1996年版,第87页。

④　唐兰:《中国古代社会使用青铜农器问题的初步研究》,《故宫博物院院刊》1960年第2期。

⑤　王士立:《古域唐山与儒学流布》,《唐山师范学院学报》2010年第11期。

⑥　康群:《孤竹与朝鲜》,《河北社会科学论坛》1996年第3期。

⑦　孟古托力:《孤竹国释论——一支华夏化的东北夷》,《学习与探索》2003年第3期。

图 4-27　直纹簋

图 4-28　饕餮纹簋

图 4-29　饕餮纹簋

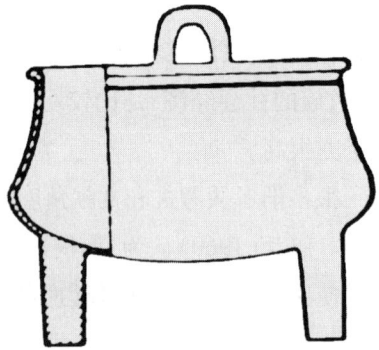

图 4-30　叔尹方鼎

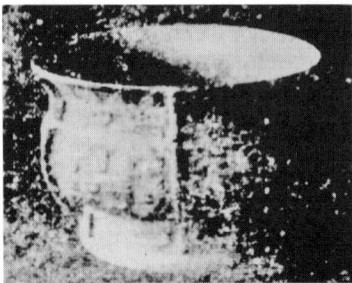

图 4-31　簋

图 4-32　大甗

图 4-33　小甗

代孤竹国有大量华夏族人世代居住,并与其他民族共同开发当地经济,无论从"距虚"的批量饲养还是从遗址出土的农业生产工具上,都证明"孤竹人不仅从事农业生产,而且其农业还有一定程度的发展"。

1. 耕种文化

（1）主要作物:粟、冬葱、菽和桑麻棉

孤竹国在燕山山地早有谷物种植。公元前 7000 年前后,长江、黄河的中下游、辽河流域开始出现第一批农业村落。稻作和粟作两个农业文化区遂告形成。① 这充分说明,早在新石器时期,冀东、辽西所在的古辽西地区农业文化已经非常发达。在辽宁建平县水泉沟夏家店上层文化遗址,发现三座直径近 2 米的窖穴,堆积有厚达 80 厘米以上的炭化谷物。②

孤竹人开垦土地,驯化野生动物,种植、培植农作物,发明各种农业技术。《东周列国志》记载,菽和冬葱就是孤竹人栽培成功的。菽,即大豆;冬葱,即大葱。《吕氏春秋》描述了"菽"的形状:"得实菽菽,长茎而短足,其荚二、七为簇,多枝数节。"《春秋考异邮》:"菽者稼最强。古谓之尗,汉谓之豆,今字作菽。菽者,众豆之总名。然大豆曰菽,豆苗曰霍,小豆则曰荅。"菽是孤竹国特产,是夏商时期孤竹人由野生豆类培育而成。《管子·戒》载:"（齐桓公）北伐山戎,出冬葱与戎菽,布之天下。"可见,齐桓公兵定孤竹后,便把菽和冬葱籽带回了齐国。他们把菽、冬葱栽培成功,继而传布天下。

从古代人物雕刻或绘画中,可知夏代已用丝绸、麻布作衣料,随着纺织技术的进步,商周时期丝麻织物已占重要地位。在卢龙县文物保管所保存的几种商代纺轮（如石纺轮、陶纺轮等）,在辽宁朝阳早期西周墓发现的织锦残片等,都证明在孤竹国已具有纺织技术,同时桑麻棉的种植也非常普遍。

（2）农业灌溉、排水技术

关于农业灌溉,当地居民除充分利用滦河流域和青龙河流域的有利水源外,在距离河流较远地区和干旱季节,人们发明了农耕灌溉、排水技术。《卢龙县志》记载,孤竹人在父丁时代就发明了通河井和渗水井。通河井,即在河岸边挖井,井水是地下的河水渗透而来,经过沉淀过滤后变成饮用水。渗水

---

① 苏秉琦:《中国通史·远古时代》,上海人民出版社 1994 年版,第 5—10 页。
② 田广林:《山戎初探》,《昭乌达蒙族师专学报（社会科学版）》1986 年第 2 期。

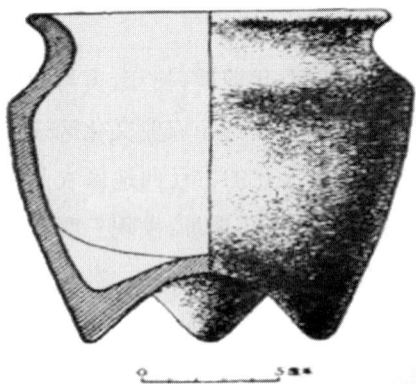

图 4-34　陶鬲

图 4-35　陶鬲 1

图 4-36　陶鬲 2

图 4-37　陶鬲 3

井,在低洼地开挖,将排不出去的水渗到地下,并在透层中填充砂石、陶瓷碎片等进行过滤,成为饮用水。通河井和渗水井的发明,开创了制造水井的先河,既有效改善了孤竹族人的饮水问题,也解决了旱时灌溉问题。在卢龙县沈庄龙虎寺、东阚各庄和八里塔等殷商遗址均发现水井遗迹和汲水工具——陶罐和木桶。卢龙县文物保管所完整保存的3000多年前的商代木桶被称为"世上保存年代最久、最完整的一对商代木桶"。水井和水桶的出现,证明孤竹国农业灌溉技术达到很高水平。

（3）主要农具

金属农具(如商代青铜器"钱""铸"等除草农具)在商朝早期的使用为数不多,因其便于携带和保存,又具有较高使用价值,金属农具逐步演变成为稳定的金属铸币。从出土文物看,商代孤竹人农业生产主要使用石器,也有骨器和蚌器。石器有石斧(伐木开荒工具)、石犁(犁地打拢工具)、石刀(收割、砍伐、防身工具)、石镰(收割、除草工具)、石铲(翻地工具)、石锛(木料加工工具)等。西周时期,农业生产工具仍以石器、木器为主。春秋时期,犁、镢、镰、铲、耙、镐等铁制农具开始用于农业生产,出现了畜力犁。孤竹国历经商周、春秋时期,每一朝代的农具在孤竹人中都有广泛使用。

2. 畜牧文化

孤竹国地处燕山南北的中原农耕文化与北方游牧文化的交汇带,畜牧业比较发达,居民大量饲养牲畜。《逸周书·王会》载:"孤竹距虚,不令支玄獏,不屠何青熊,东胡黄罴,山戎戎菽。"孤竹在周成王"成周之会"时朝贡周朝的特产为"距虚"。孔晁注:"距虚,野兽,驴骡之属。"①《吕氏春秋·不广》载:"北方有兽,名曰蹶,鼠前而兔后,趋则跲,走则颠,常为蛩蛩距虚取甘草以与之。蹶有患害也,蛩蛩距虚必负而走,此以其所能托其所不能。"《山海经·海外北经》:"北海内有兽,……有素兽焉,状如马,名曰蛩蛩。"郭璞注曰:"蛩蛩,距虚也,一走百里,见《穆天子传》。"②这两段文字准确、全面地描述了距虚的形貌特征、行动特点、主要食物、役畜功能和伤害动作(蹶,即㤄蹶子)。

《汉书·司马相如传上》载:"蹩蛩蛩,辚距虚。"张揖注曰:"蛩蛩,青兽,状

---

① 宗福邦等:《故训汇纂》,商务印书馆2003年版,第2212页。
② 陈成:《山海经译注》,上海古籍出版社2008年版,第268—269页。

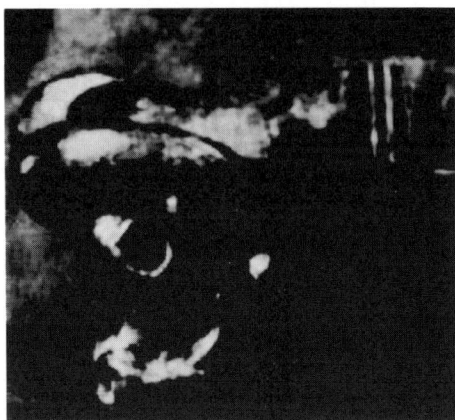

图 4-38　羊首曲柄短剑细部

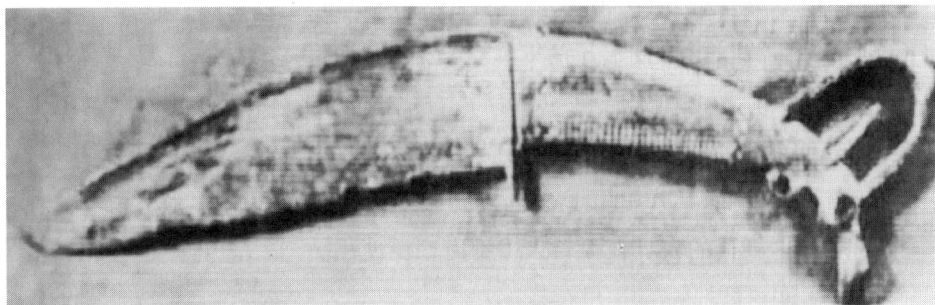

图 4-39　鹿首铜弯刀

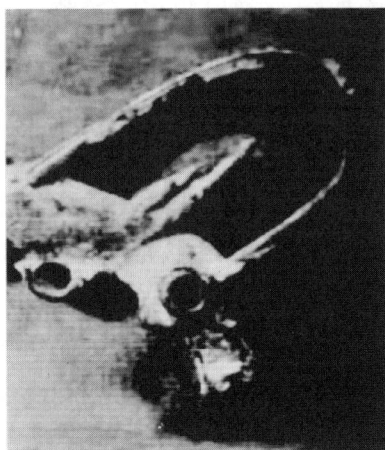

图 4-40　鹿首弯刀细部

如马。距虚似骡而小。"郭璞曰:"距虚即蛩蛩,变文互言耳。""据《尔雅》文,郭说是也。"①《穆天子传·卷一》载:"邛邛距虚走百里。"郭璞注:"亦马属。《尸子》曰:'距虚不择地而走。'《山海经》云:'邛邛距虚。'并言之耳。"王士立认为:孤竹国当时大量饲养距虚(驴骡之属)。② 赵志强对"距虚"进行了较为详细的考释,认为是现在蒙古马的先祖。③《东周列国志》更记载了孤竹国的马来自于与北部犬戎部落的交易。

在冀东卢龙、滦州、昌黎、迁安等孤竹故地遗址的墓葬中,发现了其他畜禽的骨骼,如牛、羊、鸡、犬、猪等。孤竹人饲养猪、羊、犬、鸡等,主要是其肉蛋来源,也用于祭祀。

在迁安市于家村汉墓出土了成套的生产生活用具、设施和家畜的陶制模型:陶楼、陶房、陶仓、陶井、陶磨、陶碓、陶马、陶牛、陶羊、陶猪、陶鸡、陶鸭、陶盆、陶碗、陶酒杯等,生活所用一概俱全④,充分反映了当时孤竹国畜禽养殖的繁盛。

3. 渔业和采摘文化

孤竹国南临渤海,境内又有诸多河流,在原始的青龙河上游、滦河下游地区,保存着很多的原始森林、草地、河滩沼泽,生长繁衍着种类繁多的野生植物和水生生物,为人们提供了优良的生存资源,也为渔猎经济和采摘经济的存在提供了场所。在 1974 年卢龙县东阚各庄村滦河沿岸"商朝晚期文化遗址"出土了大量青铜器、石器,青铜器上的鱼龟纹、石器渔网坠等,印证了孤竹国的渔猎之实。《东周列国志》中记载了孤竹国军民以水抗拒齐国大军的战事,众横竹排用于战争,不战时则用于渔猎。

这些说明了孤竹国的农耕文化和畜牧文化在当时社会已达到先进的水平,为区域文明的萌生和发展奠定了经济基础。而考古文化学也证实了燕山南北地区的孤竹故地,在夏家店下层文化和上层文化期间进行了农耕经济和畜牧经济的转换。夏家店下层文化时期,"这里的农业经济和山林狩猎、畜牧

---

① 班固:《汉书》,中华书局 1962 年版,第 2540 页。
② 王士立:《古域唐山与儒学流布》,《唐山师范学院学报》2010 年第 11 期。
③ 赵志强:《孤竹相关词语考证》,《汉字文化》2013 年第 4 期。
④ 朱玉环等:《试论孤竹文化》,《中州今古》2002 年第 6 期。

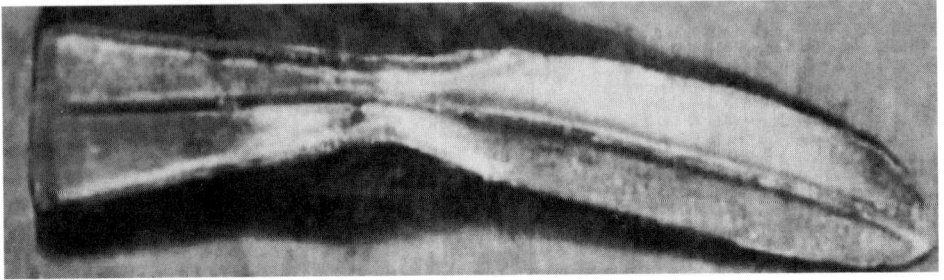

图 4-41　曲柄匕形铜器

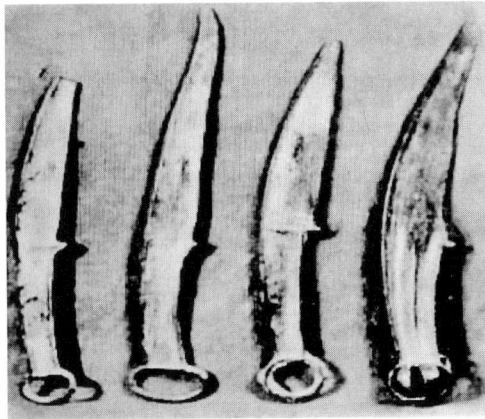

图 4-42　环首刀及铃首刀

经济在社会生活中并驾齐驱"①。夏家店上层文化时期,在南部的大、小凌河流域,除畜牧、农业与狩猎之外,尚有捕鱼经济的发展。②

(三)青铜文化

辽西、冀东出土了大量商周时期的青铜器物,其特点一是品类众多,不仅有礼器、祭器,还有兵器、酒器、食器,以及装饰物等,如鼎、簋、罍、瓿、尊、盂、戈、刀、斧、戚、壶、钏、铜镜等。二是地域性特征突出,不仅体现在出土青铜器物的组合上,如冀东一带出土的青铜器物,很多墓葬常见鼎、簋、罍组合,而且在青铜器物的出土地点上,以辽西喀左一带的表现最为集中,同时,簋、罍、铜镜等青铜器物的纹饰,也具有高度的地域性特征。

喀左山湾子北距喀左北洞孤山子7公里,与凌源海岛营子马厂沟相距4公里,三处地点相近且范围不大,先后发现四批窖藏殷周青铜器。北洞1号窖藏全为贮盛器,2号窖藏坑尚有炊器,马厂沟和山湾子的器类组合与北洞2号坑相同。

这些窖藏有两种情况:一种似为某种特定需要而窖藏,器物组合与摆放位置都比较规律,如北洞的两个窖藏;另一种窖穴挖得不规则,铜器在坑内上下叠压,卧立不一,如山湾子窖藏和马厂沟窖藏,可能是突发重大变故而匆促掩埋。③ 这些青铜器物的发现,也印证了西周到春秋时期这一地域的侯国征伐和民族迁徙。

北方青铜簋分布的核心区域在北京、天津、河北,兼及内蒙古东部及辽宁西部。这一地区出土具有中原特色的簋共42件。辽宁义县、喀左,是迄今出土商周青铜礼器的最北界域,对于研究商周疆域、文化交流具有重要的参考价值。这些青铜礼器的主人有可能是夏家店上层文化的首领阶层。④

辽宁义县花尔楼村出土了商末周初青铜器。其中鼎(图4-64),颈饰一周饕餮纹;俎行器(图4-65),板足饰精致的细雷纹地楼番纹,铜钟制作精巧,在

---

① 王玉亮:《河北北部文明起源进程中的特点》,《文物春秋》2003 年第 6 期。
② 刘国祥:《夏家店上层文化青铜器研究》,《考古学报》2000 年第 4 期。
③ 参见喀左县文化馆等:《辽宁省喀左县山湾子出土殷周青铜器》,《文物》1977 年第 12 期。
④ 任雪莉:《青铜簋卷》,张懋镕:《中国古代青器整理与研究》,科学出版社 2016 年版,第 129—130 页。

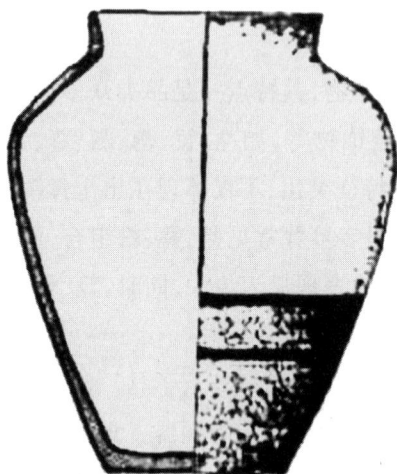

图 4-43　晚期陶瓮

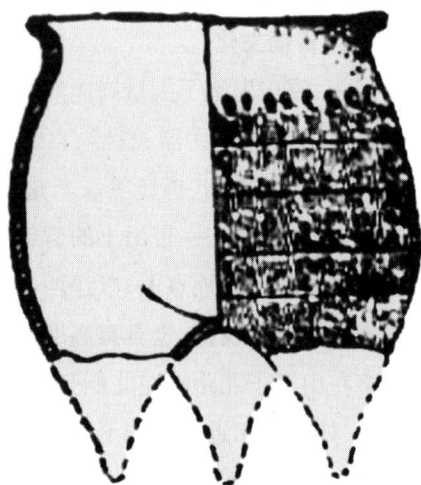

图 4-44　早期陶鬲

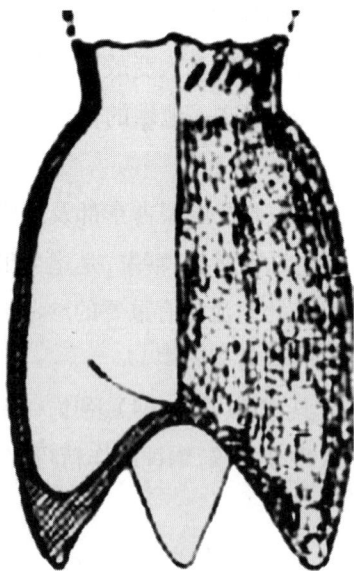

图 4-45　中期陶鬲

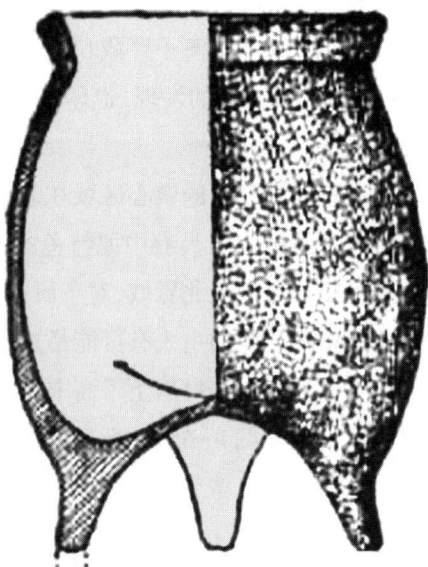

图 4-46　晚期陶鬲

我国出土青铜器著录中为前所未见。①

辽西、冀东一带出土的青铜罍众多。文献和考古资料已经证实,青铜罍是盛酒器。孔颖达疏引《毛诗》云:"金罍,酒器也,诸臣之所酢。"郭璞注《尔雅·释器》:"(彝卣罍)皆盛酒器,彝早其名。"先秦时期主要用于"诸臣酢人君",作为祭祀的礼器主要用在"社壝"等礼仪活动中②。

《毛诗正义·卷第一》记青铜罍的使用范围:"金罍,酒器也,诸臣之所酢,人君以黄金饰尊,大一硕。金饰龟目,盖刻为云雷之象。又《司尊彝》云:'皆有罍,诸侯之所酢。'"《周礼注疏·卷二十》:"经云'皆有罍,诸臣之所酢,人君以黄金饰尊,大一石。金饰亡目,盖取象云雷之象'"《礼记注疏·卷二十四·礼器》:"《司尊彝》云'皆有罍,诸侯之所酢',则君不酌罍也。"说明罍不是天子所用之器,而是诸侯或者臣子用于祭祀的一般礼器。③ 后逐步用于晚辈祭祀祖先活动中。也可作为盛水器。

西周早期为周代青铜器的鼎盛期,青铜罍的数量、体量和装饰艺术达到高峰。其时以涡纹最为流行,几乎所有的青铜罍的肩部都装饰等距离的涡纹,有些铜罍体表装饰三层满花纹,纹饰品类有晚商以来流行的夔纹、凤鸟纹、三角夔纹、兽面纹等传统纹饰,更有殷周鼎革之后出现的侧牛纹、神面纹、蜗纹等新兴纹饰。④ 辽宁喀左北洞、凌源海岛营子等地均有发现。

辽宁喀左北洞 1 号坑出土的西周时期父丁孤竹亚微罍(图 4-66)最具代表性和史料价值。喀左小波汰沟出土的晚商登耑方罍(图 4-67)是中原式方罍的经典之作。⑤ 凌源海岛营子出土的鱼父癸铜簋(图 4-68)、夔凤纹鼎(图 4-69)、兽首罍(图 4-70)等,喀左北洞 2 号出土的 1 号蜗身兽面罍(图 4-71),工艺精美。

① 孙思贤、邵福玉:《辽宁义县发现商周铜器窖藏》,《文物》1982 年第 2 期。
② 王宏:《青铜罍卷》,张懋镕:《中国古代青铜器整理与研究》,科学出版社 2016 年版,第 23 页。
③ 参见王宏:《青铜罍卷》,张懋镕:《中国古代青铜器整理与研究》,科学出版社 2016 年版,第 65—67 页。
④ 王宏:《青铜罍卷》,张懋镕:《中国古代青铜器整理与研究》,科学出版社 2016 年版,第 53 页。
⑤ 王宏:《青铜罍卷》,张懋镕:《中国古代青铜器整理与研究》,科学出版社 2016 年版,第 79 页。

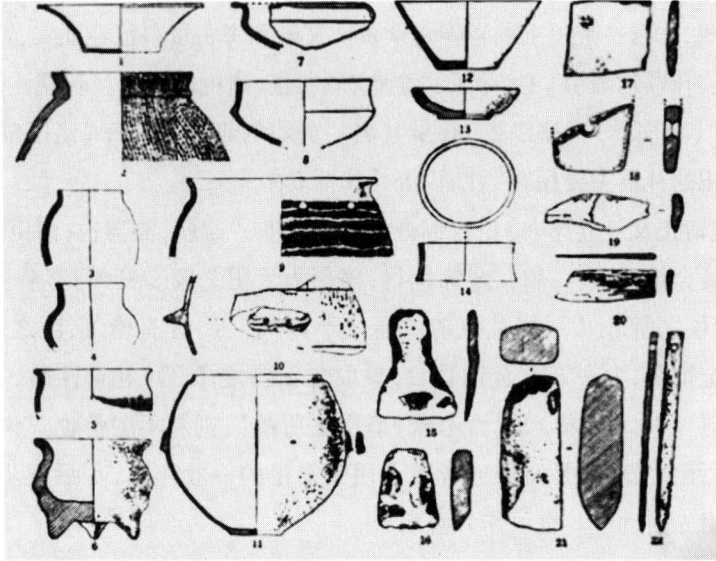

图 4-47　早期陶器

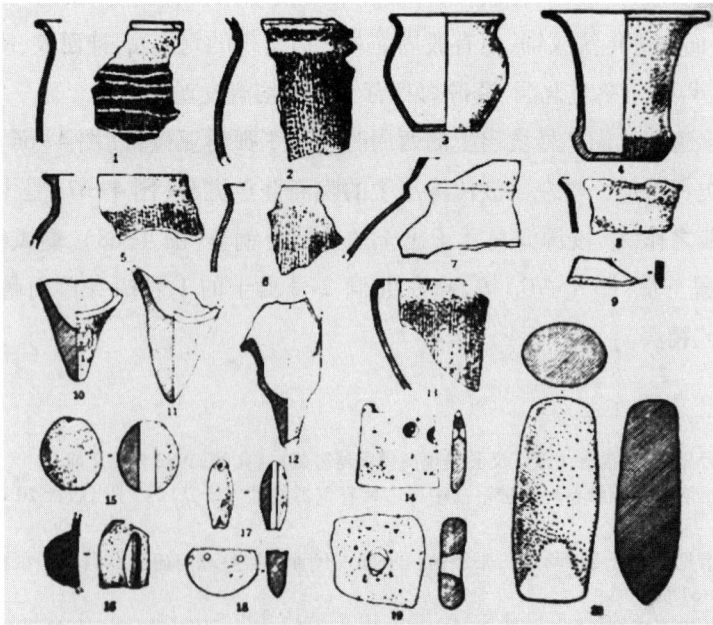

图 4-48　晚期陶器

河北青龙抄道沟①发掘了以羊首曲柄剑(图 4-74、图 4-72)为代表的晚商青铜器,体现了北方游牧民族的文化特色。

卢龙东阚各庄遗址出土的分裆鼎(图 4-73),"兽面纹以云雷纹衬底,有首无身,五官集中,内卷角,眼珠突出,但鼻梁上部没有菱形凸起,两旁加有倒夔龙纹",分裆鼎的出土区域遍布商周时期的王畿和地方诸侯国。②

滦县陈山头遗址出土了晚商青铜鼎(图 4-76),簋(图 4-77),管銎斧、弓形器(图 4-78)。③ 从器物的质料、形制及纹饰作风看,都具有中原商文化的特征,且含有燕南夏家店下层文化因素。

迁安马哨村遗址出土的饕餮纹铜簋(图 4-79),器底有铭文"箕"字;铜鼎(图 4-80)的颈部云雷纹底上饰夔龙纹,腹部蕉叶形云雷纹上饰蝉纹,内壁有铭文"卜"字(图 4-81)。箕,乃箕子族徽。说明"箕子之朝"曾经此地。这两件青铜器物的形制和纹饰具有明显的中原地区特色,属商代晚期遗物。④

迁安小山东庄西周墓葬出土的铜戈 2 件(图 4-82、图 4-83),铜斧 4 件(图 4-84)。

滦县后迁义遗址出土了 2 枚晚商青铜镜(图 4-85)。其中背面施同心圆凸弦纹纹饰的铜镜仅见于中原地区和北方地区。从鄂尔多斯同心圆加短直线纹铜镜,到后迁义同心圆加短直线和三角纹的复合纹饰铜镜,再到喀左圆形短直线纹铜镜,其纹饰由简单到复杂,最后复归简单。火焰纹则吸收了齐家文化的三角形纹带和鄂尔多斯型竖线纹带的两种文化因素。两种纹饰的变化,体现了铜镜从我国甘青地区起源,沿长城沿线文化带自西向东传播的过程。⑤

卢龙、迁安、滦县(今滦州市)三地发现的商代墓葬,其随葬品的形制与鼎、簋、罐、鬲等器物组合基本相同,文化内涵相近。滦州后迁义遗址中出土遗物的鼎、簋、罐、鬲、斧、弓形器组合更具代表性,滦州镇陈山头遗址出土的鼎、

　① 郑绍宗:《河北青龙县抄道沟发现一批青铜器》,《考古》1962 年第 12 期。
　② 黄薇:《特殊鼎类卷》,张懋镕:《中国古代青铜器整理与研究》,科学出版社 2016 年版,第 66—67 页。
　③ 孟昭永、赵立国:《河北滦县出土晚商青铜器》,《考古》1994 年第 4 期。
　④ 李宗山、尹晓燕:《河北省迁安县出土两件商代铜器》,《文物》1995 年第 6 期。
　⑤ 参见张文瑞:《滦县后迁义遗址商代铜镜探源》,《文物春秋》2017 年第 2 期。

图 4-49　Ⅰ式鼎

图 4-50　Ⅱ式鼎

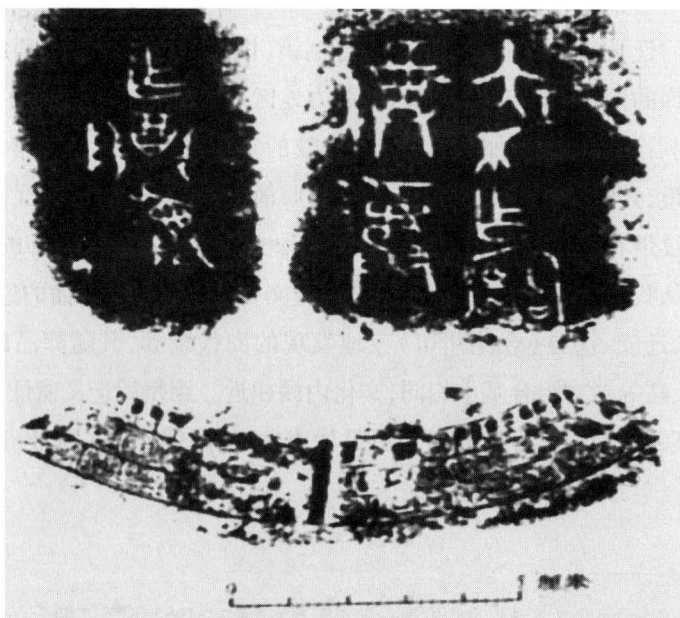

图 4-51　铜器铭文

簋、弓形器、管銎斧等与之相似。①

四、孤竹古国的文化遗存

伯夷、叔齐的历史传说,从时间而言,在漫长的历史长河中绵延至今,融入社会的各个领域;从空间而言,流传地域广阔,空间不断延展,人们把诸多意象归入伯夷、叔齐的历史传说中,不断地丰富故事情节。他们的精神在首阳山、夷齐庙等物质遗存,以及各种夷齐传说和艺术品中得到充分呈现,彰显其积极的文化意义。

(一)物质文化遗存

1. 首阳山

首阳山因夷齐而闻名。在我国北方有多处"首阳山":山西省永济市,山东省昌乐县,陕西省宝鸡市岐山县、周至县,甘肃省渭源县,河南省洛阳市偃师市,河北省秦皇岛市卢龙县、唐山市迁安市。《诗经》中有三处用到"首阳",毛亨释为"山名"。《汉语大词典》列举了马融的看法:首阳在河东蒲坂,即今山西省永济县。《诗经》之后,《论语》《庄子》《楚辞》《韩非子》等都提到伯夷、叔齐采薇的首阳山。

"首阳山"是专名,还是通名?多数学者把"首阳"当作专名。但在上古之时,许多山应该无名或无定名。"首阳"可能只是一个宽泛的提法,与"朝阳"意思相同。

首,头也,词义转喻为"向",即朝向。《楚辞》:"登昆仑而北首兮。"王逸注:"首,向也。"《汉书》:"砥节首公。"颜师古注:"首,向也。"②"阳",可表具体方位,《春秋穀梁传》:"水北为阳。"范宁注:"日之所照曰阳。"贾公彦疏《周礼》:"向日为阳。"张预注《孙子兵法》:"东南为阳。"③所以,首阳的本义就是朝着太阳,即"朝阳"。《晋书》也指出:"有雷首山,夷齐居其阳,所谓首阳山。"

---

① 张文瑞、翟良富:《后迁义遗址考古发掘报告及冀东地区考古学文化研究》,文物出版社2016年版。

② 宗福邦等:《故训汇纂》,商务印书馆2003年版,第2532页。

③ 宗福邦等:《故训汇纂》,商务印书馆2003年版,第2431页。

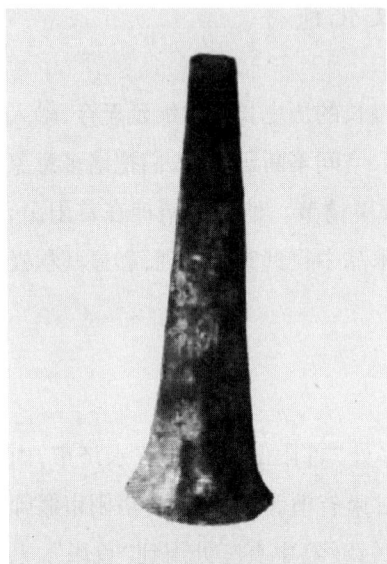

图 4-52 Ⅱ式斧

图 4-53 罐

图 4-54 Ⅲ式敛口罐

图 4-55 Ⅲ式敛口罐

《山海经》:"(首阳山)《中次十经》之首,曰首之阳山,其上多金玉,无草木。"①"首阳山"多出产丰富的金矿和玉石,但是没有草木。这里提到的"首阳山"也无法确考其地理位置。这里择要阐释"河北卢龙说"、"山西永济说"、"陕西岐山说"。

(1)河北卢龙说

首阳山在今河北卢龙县石门镇炮石岭村北。《读史方舆纪要·卷十七·北直八》"永平府":"阳山,府东南十五里。峰峦高耸,下多溪谷。一作易山。《说文》以为首阳山也。汉李广守北平,俗传曾射虎于此。山之西麓,有射虎石。又南台山,在府南三里,一名印山,以山形方正也。洞山,在府西十五里。山产铁,有铁冶在焉。《地志集略》:肥水之西,洞山之北,地称险固。是也。或以为即古孤竹山。《水经注》:孤竹祠,在山上,城在山侧。今山阴,即古孤竹城。《志》云:孤竹山在城西北二十里,其相近有双子山,孤竹长君墓在焉,一名长君山。又西有马鞭山,孤竹少君墓在焉,一名少君山。府西北二十五里又有团子山,孤竹次君墓在焉,一名次君山。皆洞山之支麓矣。《迁安县志》:县东十八里有团山,圆秀如覆釜,一名釜山。即团子山也。又周王山,在府西南二十里滦河中,滦水夹流其下。"

史料对卢龙、迁安一带的山川记载甚详、阳山,即首阳山;南台山,又名印山;洞山,即古孤竹山;孤竹山之侧有长君山、少君山(马鞭山)、次君山(团子山)依次展开。洞山与此三山,很可能为孤竹山一脉。

据《永平府志》记载:首阳山,原名洞山,是夷齐故里,夷齐庙旧址无考,明成化九年(1473)建成于今址。

(2)陕西岐山说

《庄子·让王》载:"昔周之兴,有士二人处于孤竹,曰伯夷、叔齐。二人相谓曰:'吾闻西方有人,似有道者,试往观焉。'至于岐阳,武王闻之,使叔旦往见之,与盟曰:'加富二等,就官一列。'"②岐阳在岐山之南。岐山在今陕西省岐山县境。《文选·西京赋》:"岐、梁、汧、雍。"薛综注《西京赋》引《说文》:"岐山在长安西美阳县界,山有两岐,因以名焉。"③如果以此为据,说明夷齐兄

---

① 陈成译注:《山海经》,上海古籍出版社2012年版,第112页。
② 杨柳桥:《庄子译注》,上海古籍出版社2012年版,第304页。
③ 罗竹风:《汉语大词典》(第三卷),汉语大词典出版社1994年版,第801页。

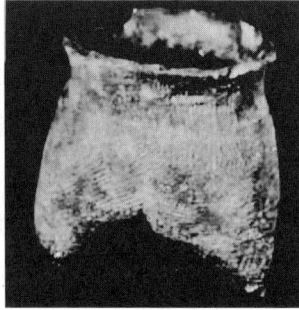

图 4-56　Ⅳ式鬲　　　　　图 4-57　Ⅲ式鬲　　　　　图 4-58　Ⅱ式鬲

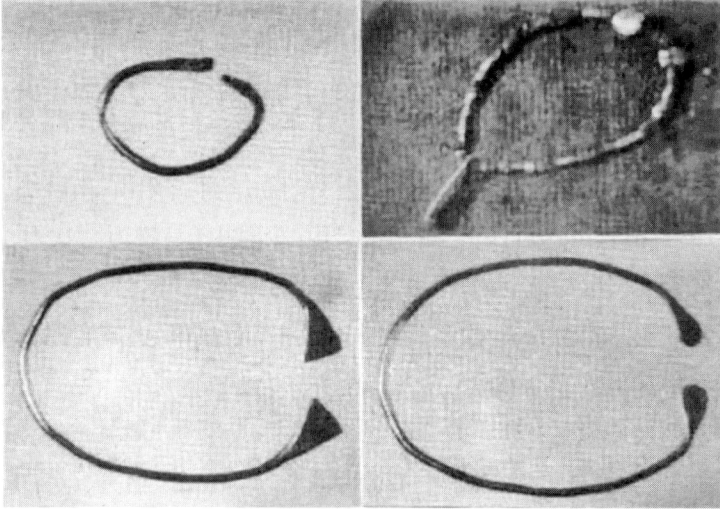

图 4-59　金、绿松石器

弟去过陕西。但是后来为了避纣,夷齐兄弟迁于北海。

（3）山西永济说

蒲州古称蒲坂。《永济县志》(光绪十二年版)、《蒲州府志》(乾隆十九年版)"城池"载:"蒲州旧城筑于元魏之世(四世纪初)。"《后汉书·郡国志一》载:"蒲坂有雷首山。"下注曰:"伯夷、叔齐隐于首阳山。马融曰:'在蒲坂华山之北。'"古蒲坂,在今山西永济县。《帝王世纪》载:"尧旧都在蒲,舜都蒲坂。"蒲州古城位于黄河东岸,距西安约150公里,我国古代六大雄城之一。

《史记正义》引《括地志》云:"蒲州河东县雷首山一名中条山,亦名历山,亦名首阳山。"①河东县在今山西蒲州。其他文献从不同角度对此进行了确认。《通典》云:"雷首山在河东县,此山有八名:历山、首阳山、薄山、襄山、甘枣山、渠猪山、独头山也。"②《诗经·唐风·采苓》:"采苓采苓,首阳之巅。"《毛诗序》认为:"采苓,刺晋献公也,献公好听谗焉。"③晋献公所生活的晋国范围在今山西之内。《禹贡锥指·卷十一》:"雷首山在今蒲州南,一名首阳山。"④在后面的阐释中列举了《诗经·采苓》的句子,以及《论语》"伯夷叔齐饿死首阳之下",认为伯夷叔齐最后隐居饿死之地首阳山在山西蒲州南。有的文献则认为首阳山在陇西,比如《水经注》:"渭水出陇西首阳县渭首亭南鸟鼠山。"⑤

据《永济县志》载,首阳山在蒲州古城南20公里,位于中条山西端,黄河东岸,又名首山。世传夷齐逃于此饿死不食周粟。昔日此地建有二贤祠,祠北为二贤墓冢,立有"首阳山古贤人之墓"碑。另外,周起于西方(王国维,1916)、(傅斯年,1933),周人早期居处为秦晋一带的黄土高原,后迁至渭水流域的周原(徐中舒,1992)。历史上武王伐纣,东至盟津(今河南孟津)与诸侯盟会,北渡黄河后与纣王决战牧野。山西永济首阳山正处于武王从周都丰邑(今陕西西安)起兵去盟津会师灭商的途中,符合当时的历史现实。首阳靠近古城蒲州,处于武王伐纣必经之路。李志毅的分析颇有道理。⑥ 故首阳山应

① 张守节:《史记正义》,中华书局1959年版,第22页。
② 杜佑:《通典》,浙江古籍出版社1988年版,第945页。
③ 姜亮夫:《先秦诗鉴赏辞典》,上海辞书出版社1998年版,第239页。
④ 胡渭:《禹贡锥指》,上海古籍出版社1996年版,第344—345页。
⑤ 王国维:《水经注校》,上海人民出版社1984年版,第421页。
⑥ 李志毅:《幽燕古国——孤竹探秘》,《北京社会科学》2003年第2期。

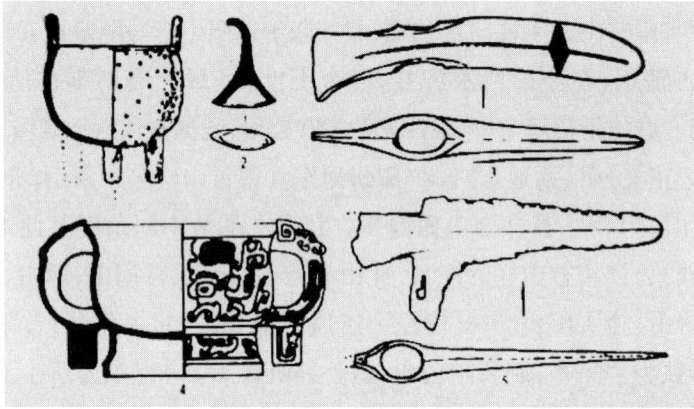

图 4-60　铜、松石器

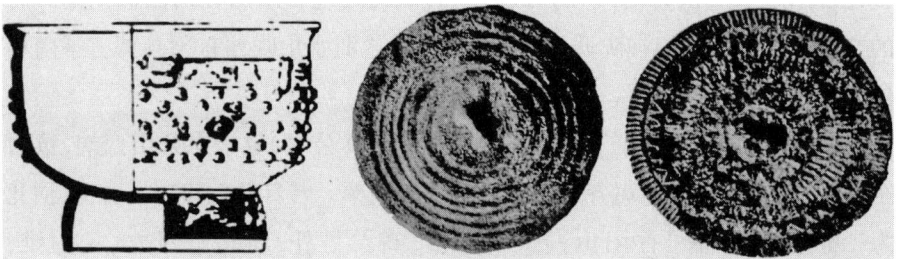

图 4-61　簋　　　图 4-62　同心圆凸弦纹铜镜　　图 4-63　火焰纹铜镜

在山西永济,而非河北卢龙。

嘉庆《重修一统志》对之前的种种说法做了总结:"按夷齐饿于首阳之下。马融以为在埔坂,曹大家注《通幽赋》云在陇西。《索引》据《庄子》'北至岐山,西至首阳之文',以为在岐山之西。《说文》以为在辽西,刘延之以为在偃师,方舆胜亦云在陇西。"①首阳山的名字不同、地理归属不同,使后人在考证伯夷、叔齐最后的隐居之地时多有争议。在不同的归属地,都有伯夷、叔齐的传说,从另一个侧面说明伯夷、叔齐的文化精神得到了人们的认可,有其值得传承的价值。

比较而言,山西永济首阳山,更与伯夷、叔齐"叩马谏伐""首阳采薇""饿死不食周粟"等历史传说相吻合;而河北卢龙首阳山,显然与孤竹故地托物附会密切相关。一是慎终追远,寄托思念;二是仰慕夷齐清名,与有荣焉。这就如同传世文献记载许多地方建有夷齐庙一样,如洛阳(《魏书》)、山西(姚元之《竹叶亭杂记》)、盛京(梁章钜《浪迹丛谈》,即沈阳)、迁安(《清史稿》)、永平(《元史》,即卢龙)。显然,这里夷齐庙只是祭祀之地,体现后世对先贤的敬仰,并非夷齐的居住地。而其他地方的首阳山,亦不一定是伯夷、叔齐采薇之地。有首阳山之说的地方,后人都基本建有庙、祠、碑、墓等以纪念夷齐。

2. 夷齐庙、夷齐碑②

夷齐庙,又称清节庙、清节祠,是祭祀伯夷、叔齐的庙宇。《水经注》引《地理志》:"又南,涑水注之,水出河北县雷首山,县北与蒲坂分,山有夷齐庙。"嘉庆《重修一统志》对于不同地方所遗存的夷齐庙都有记载,并且注明其所立的时间。

(1)夷齐庙。在永济县南首阳山。《魏书·宣武帝纪》:"正始元年,诏立夷齐庙于首阳山。"《寰宇记》:"祠在河东县南三十里。"宋朝黄庭坚、元朝王恽都认为起于唐代,《郡志》则认为起于太康。《水经注》已记载雷首山有夷齐庙。东汉的蔡邕撰有《夷齐碑记》。③

---

① 穆彰阿等:《嘉庆重修一统志》,上海商务印书馆 1936 年版。

② 王红利:《试论秦皇岛地域文化发展与时代价值——以孤竹文化为中心》,《中华历史与传统文化研究论丛》,中国社会科学出版社 2016 年版。

③ 穆彰阿:《嘉庆重修一统志(影印版)》,上海商务印书馆 1934 年版,四部丛刊续编(卷一百三十九至一百四十),第 107 页。

图 4-64 鼎

图 4-65 俎形器

夷齐庙立有夷齐碑。清代光绪十二年编撰《永济县志》卷十二载："伯夷叔齐庙也，在县南五十里首阳山麓，传为晋太康中所立……《水经注》称雷首山有夷齐庙，则其来已甚古矣！祠中多古柏，有围一丈五六尺者，不知其年岁。颜鲁公碑，韩吏部颂，梁升卿八分书，及丁约立石凡唐碑有四。庆历六年黄载碑，元祐六年黄庭坚碑，司马温公诗石凡宋碑五。又有刘永言书宋知府蒋堂首阳赋石金元碑四。金为泰和四年河东县令王文蔚。元为至元十八年封二贤敕，知府杨居宽修祠记与元贞元年小碑并存。"

（2）昌乐县首阳山上的夷齐祠，亦称昭贤祠、清圣庙，始建年代已无可考，自隋唐至明清有案可查的重修有五次。[①] "夷齐庙在昌乐县孤山齐乘。"宋朝时候，根据《孟子》"伯夷居北海之滨"的记载，建立夷齐庙，并封伯夷为清惠侯，叔齐为仁惠侯，碑刻遗存。[②]

（3）"夷齐庙在潍县南。孤山有伯夷叔齐二庙，元时封爵碑刻存焉。"所立的原因也是根据"伯夷避纣居北海之滨"。[③]

（4）"夷齐庙，在陇西县南首阳山麓。"《永平府志》载："今陇西京县首阳山麓之左有二贤冢，故于冢旁立庙。"[④]

（5）"清节庙，在卢龙县西二十里，孤竹故城祀伯夷叔齐。旧庙久废，明洪武九年建于府城内东北隅。"[⑤]据《永平府志》记载：清节庙在孤竹故城，旧址无考。夷齐庙的始建、重建、搬迁情况，清康熙永平知府彭士圣在《永平府志》的《重修清节祠碑记》中有详细的记叙。夷齐庙门有一副对联："兄让弟弟让兄父命天伦千古重，圣称贤贤称圣顽廉懦立百世师。"据说，此联出自孔子的弟子颜回之手。

清朝时，东配殿改作"离宫"，每年清皇室护送"皇影"去奉天祭祖朝拜必

---

①　昌乐：《伯夷叔齐与首阳山》，潍坊人民网，见 http://wf.people.com.cn/GB/70093/9535575.html。

②　穆彰阿：《嘉庆重修一统志（影印版）》，上海商务印书馆 1934 年版，四部丛刊续编（卷一百七十至一百七十一），第 112 页。

③　穆彰阿：《嘉庆重修一统志（影印版）》，上海商务印书馆 1934 年版，四部丛刊续编（卷一百七十四至一百七十五），第 66 页。

④　穆彰阿：《嘉庆重修一统志（影印版）》，《四部丛刊续编（卷二百五十三至二百五十六）》，上海商务馆 1934 年版，第 158 页。

⑤　穆彰阿：《嘉庆重修一统志（影印版）》，《四部丛刊续编（卷十六至二十）》，上海商务馆 1934 年版，第 128 页。

图 4-66　父丁孤竹罍

图 4-67　登芦方罍

图 4-68　鱼父癸铜簋

图 4-69　夔凤纹鼎

经于此，在离宫暂住，顺便观赏滦水、洞山景色。其庙门外左一碑题曰"忠臣孝子"，为明崇祯间陈泰来草书；右一碑题曰"到今称圣"，为明万历间江右李颐八分书。

嘉庆《重修一统志》在所记录的不同说法中，还有一些分析，认为有的地方所立的夷齐庙属于附会，有的记载无法确定其有无，所以保留了不同的说法。

3. 夷齐墓

根据（明）陈士元《论语类考》对首阳考证提到的夷齐墓，可以梳理如下："山西平阳府蒲州首阳山有夷齐墓及祠"，"河南府偃师县西北二十里首阳山世传夷齐隐处，上有夷齐墓"，大概是因为"偃师旧亳地也，武王伐纣还息偃师，徒因有名"。许慎认为首阳在辽西，"辽西即今永平府古孤竹国之遗墟在焉，其上亦有墓祠"，认为可能是后人因为有首阳之名而建墓祠，或者因为是伯夷叔齐的故国，所以命山名为首阳山，建立墓祠以纪念。①

《庄子·盗跖》载："伯夷、叔齐辞孤竹之君，而饿死于首阳之山，骨肉不葬。"②既然骨肉不葬，何来坟冢？现在有关夷齐的坟墓及祠堂，可能是后人树立道德榜样的行为。为了教化百姓，把夷齐奉为道德楷模是有意义的。

《韩非子·外储说左下》载："卯曰：伯夷以将军葬于首阳山之下，而天下曰：夫以伯夷之贤与其称仁，而以将军葬，是手足不掩也。"③此处讲述伯夷"以将军葬"的故事。

显然，有关夷齐墓的各种说法并无考古学依据，很多是基于文献和传说，有的甚至是基于诸子百家阐述事理的需要。

4. 夷齐井

在今河北卢龙县城东北隅。据《永平府志》载，夷齐井旁，原有一铭，不知何代人撰云："夷齐居此，饮之而甘。"据铭文分析，当年伯夷、叔齐就居住在夷齐井附近。《永平府志》又载，明崇祯年初，永平府郡守陈所立在井旁勒铭，凡三十二字，其词云："有洌者泉，在城之阴，凿井而甘，浚池而深，柳色花香，式畅予襟，夷齐饮此，当不易心。"夷齐井因夷齐之清而清。

---

① 陈士元：《论语类考（卷二）》，清文渊阁四库全书本，第15页。
② 杨柳桥：《庄子译注》，上海古籍出版社2012年版，第308页。
③ 张觉：《韩非子译注》，上海古籍出版社2012年版，第339—340页。

图 4-70　兽首罍

图 4-71　蜗身兽面罍

图 4-72　羊首曲柄短剑细部

图 4-73　饕餮纹铜鼎细部

5. 夷齐读书处

位于河北卢龙县石门镇高各庄村北的六音山,由城子山、牛耳山、书院山三山组成。书院山由伯夷、叔齐在此读书而得名。在书院山的西侧山壁上,刻有"夷齐读书处"五个摩崖大字,据考,为唐代著名文学家、政治家韩愈所书。

6. 高丽洞

在青龙河畔、距卢龙县城北约 15 公里处的段家沟村的果山上,至今仍然残留一个深洞,当地村民称之为高丽洞,相传此乃当年箕子东去朝鲜时居住过的地方。

7. 夷齐故里遗址

在卢龙县城内至今仍有一座夷齐故里碑座,相传伯夷、叔齐当年曾在此居住。在卢龙民间至今仍可以看到关于伯夷、叔齐故事的宣传图画。

8. 墓碑祠遗存

(1)卢龙县城。乾隆帝在《叔齐庙诗序》中写道:"卢龙孤竹城,夷齐庙在焉。史称夷齐耻食周粟,饿死首阳。"

(2)永济市。伯夷叔齐墓在永济市首阳乡长旺村南山 1 公里,现存二冢,各高 4 米,周长 45 米。墓之东面原有二贤庙,已毁。现存"采薇歌""伯夷颂"碑记两通和"伯夷叔齐庙碑"等。

(3)昌乐县。在昌乐县城关、朱刘、五图三街道的交界处,有一座山,海拔266 米,称作首阳山,又叫凤山。后因纪念夷齐改称孤山。《昌乐县续志·山川志》记载:"城东南十里外孤山,特起一峰,壁立千仞,为邑东保障,城脉盖由此焉。"首阳山上有夷齐祠,据专家考证该建筑不晚于隋代。2009 年文物普查发现,首阳山伯夷叔齐碑、首阳山石人。在首阳山脚下的朱刘社区十里堡村大街上,据说曾立一方特大石碑,上刻对联:"几根傲骨头撑持天地,两个饿肚皮包罗古今。"现此碑已失存,但颂扬夷齐的对联仍在民间流传。

(4)渭源县首阳山。现存碑坊为 1934 年重修。墓后有清圣祠,初建于唐贞观年间,现在还尚存大殿五间,殿前碑石林立,是清朝光绪年间所建。

(5)滦州市首阳山。在油榨镇孙薛营村附近。夷齐庙门外,左一碑题:"忠臣孝子",右一碑题:"到今称圣。"夷齐庙门还有一副对联:"兄让弟弟让兄父命天伦千古重,圣称贤贤称圣顽廉懦立百世师。"

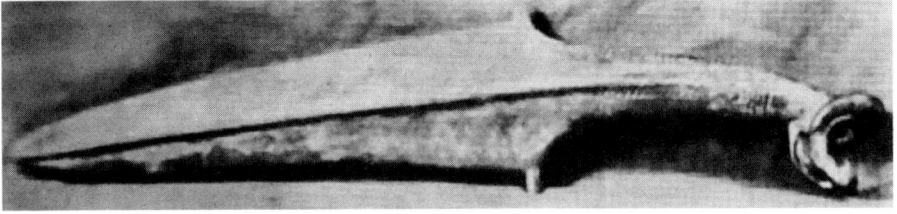

图 4-74 羊首曲柄短剑

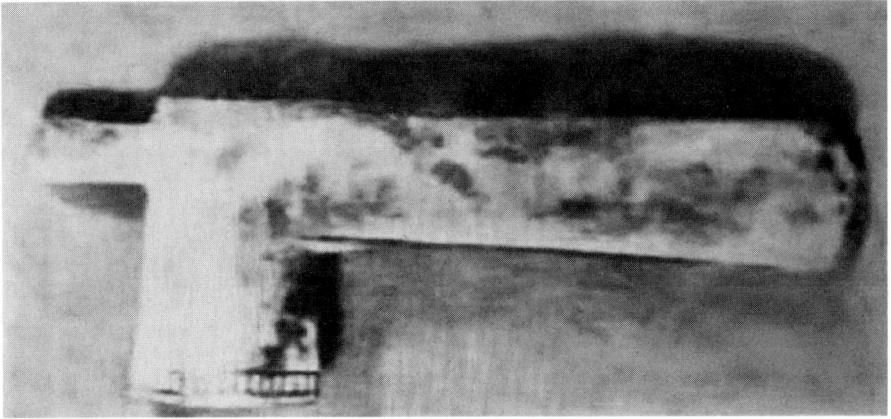

图 4-75 抄道沟铜戚

9. 艺术品类

（1）（南宋）李唐《采薇图》（图4-86）。这是历史题材的画作,作品以殷商末年伯夷、叔齐"不食周粟"为主要内容。图中半山腰有苍藤、古松,伯夷叔齐正在采摘薇菜,对坐在悬崖峭壁间的一块坡地上,伯夷、叔齐均面容清癯。

南宋四大画家之一李唐以伯夷、叔齐因亡国之耻,故"不食周粟,采薇而食"后饿死首阳山的故事创作了一幅千古名画《采薇图》。绢本,水墨淡色,纵27.2厘米,横90.5厘米。此画系国家一级文物,现收藏在故宫博物院。

（2）明朝青花瓷《伯夷叔齐人物故事笔筒》。现保存在上海博物馆,是明代崇祯年间景德镇烧制的,是我国的珍贵文物之一。此青花瓷是根据司马迁《史记·伯夷列传》的故事所绘制,包括"叩马而谏"和"不食周粟"的故事情节。

（3）清朝康熙年间《伯夷叔齐叩马谏武王伐商图笔筒》。绘伯夷叔齐叩马谏武王伐商,画面中青花绘伯夷、叔齐向周武王躬身作揖,另一边是周朝的大军,仪仗威武。

这些艺术品以伯夷、叔齐历史传说的故事情节作为其内容,既表达了艺术家对自己时代的态度和情感,同时艺术手法与故事相得益彰,更加凸显了伯夷、叔齐传说的文化价值。

10. 历史文献

历史文献是历史史实的印证,也是后人研究历史、开启人生行程的参考坐标。记载孤竹文化的有关文献典籍作为传承历史文化的重要载体,记载着古孤竹国精神的辉煌,铭刻着先人的伟大创造,延续着中华民族的精神血脉,是珍贵而不可再生的文化资源。

《周易》《古文尚书》《尚书大传》《逸周书》《论语》《孟子》《庄子》《左传》《竹书纪年》《大戴礼记》《韩非子》《吕氏春秋》《楚辞》《易林》《史记》《淮南子》《汉书》《管子》《列子》《太公六韬》《后汉书》《三国志》《隋书》《尚书大传》等大量的文献典籍中均有对孤竹国历史及人物事件的记载,忠实记录了上古时期古孤竹国的历史、人物、精神、语言、教育、民俗风情、思维习惯、伦常观念等,堪称孤竹文化宝库,但这些材料零散琐碎、不够系统,导致许多文献不

图 4-76　青铜鼎

图 4-77　簋

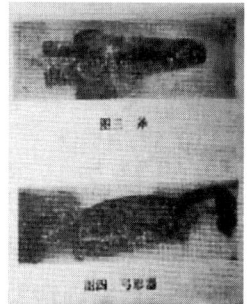
图 4-78　管銎斧、弓形器

图 4-79　鼎

图 4-80　簋

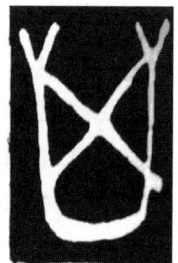
图 4-81　"卜""箕"铭文拓片

为人知或少人问津,使当代对孤竹文化的研究很难全面,且难以深入。对这些历史文献进行系统的整理,既有助于文献的历史传承,为以后研究者在检索史料方面提供便利,也有利于深入挖掘灿烂的孤竹文化,使其得到弘扬和保护,实现其历史传承价值。

伯夷、叔齐是历史人物,在《论语》语境中,孔子与学生探讨伯夷、叔齐时没有太多的演绎,因此,他们是历史人物。但在《论语》之外的诸子百家著述中,各家为了阐说各自的哲学观点而演绎夷齐故事,使得他们不再是单纯的历史人物,而是运用寓言的方式塑造的哲学形象。文学家们也不例外,借历史人物抒发情怀气节,表达对时政的看法,塑造了适合自己作品和情感的文学形象,从而使得伯夷叔齐的形象更为立体化。伯夷、叔齐承载了历史长河中不断沉淀的人们的价值观。

(二)非物质文化遗存

孤竹文化因伯夷、叔齐演绎的兄弟让国、叩马而谏、义不食周粟、饿死首阳等经典传奇而闻名天下。卢龙县的伯夷、叔齐历史传说,于 2007 年 6 月被批准进入"河北省第二批非物质文化遗产'民间文学'类保护名录"。"在三千多年前的冀东大地上,曾经辉煌着一个古老而神秘的诸侯国孤竹国。孤竹国第九世君墨胎子朝的两个儿子伯夷、叔齐,因礼让为国、叩马谏伐、耻食周粟、饿死首阳而闻名于世,后被儒家始祖孔子尊为圣贤;被汉代史学家司马迁写进《史记》;被唐宋八大家之一的韩愈一颂再颂;被明末清初的顾炎武冠以'百世之师'而流传至今。"①昌乐县的伯夷、叔齐历史故事也成了潍坊市的非物质文化遗产,永济的伯夷、叔齐墓是山西省第三批省文物保护单位。此外还有"辽水漂棺"传说、齐桓公攻打山戎时遇到的神俞儿,以及老马识途的故事。

1. 夷齐故事

除司马迁的《史记·伯夷列传》对夷齐故事有详细的记载外,其他传世文献也有记述。故事的主体相同,也有细节的差异。

班固《汉书·王贡两龚鲍传》载:"昔武王伐纣,迁九鼎于洛邑,伯夷、叔齐薄之,饿死于首阳,不食其禄,周犹称盛德焉。然孔子贤此二人,以为'不降其

---

① 班固:《汉书》,中华书局 1962 年版,第 3055 页。

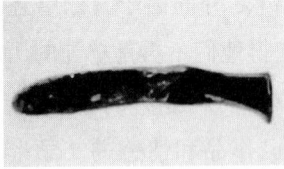
图 4-82　Ⅰ式戈

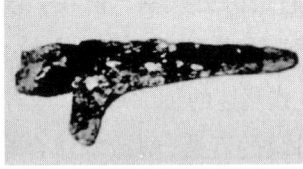
图 4-83　Ⅱ式戈

图 4-84　Ⅰ式斧

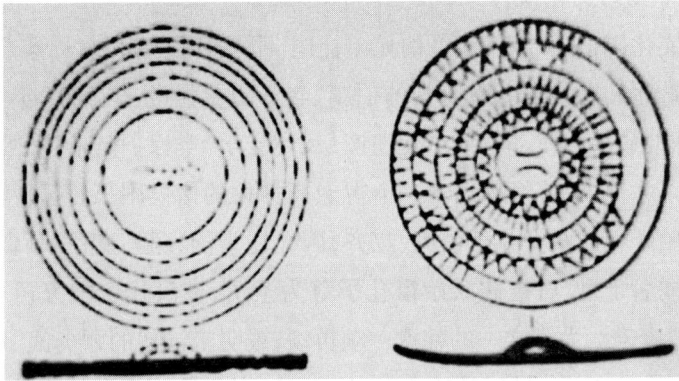
图 4-85　同心圆凸弦纹、火焰纹铜镜对比图

志,不辱其身'也。"①而《孟子》亦云:"闻伯夷之风者,贪夫廉,懦夫有立志。""奋乎百世之上,百世之下莫不兴起,非贤人而能若是乎!"②

罗泌《路史·后纪·炎帝纪》:伯夷、叔齐未到西周,"西伯薨,武急伐商,叩谏不及,义弃周禄,北之,止阳上,俾摩子难之,逮闻淑媛之言,遂摘薇终焉"。(《钦定四库全书·路史·卷十二》)

《古史考》:"夷齐采薇,野有妇人曰:'子不食周粟,此亦周之草木也。'于是饿死。"③

这里简单记载了伯夷、叔齐的故事,认为伯夷、叔齐对于武王伐纣,最后迁九鼎于洛邑的事不认可,所以不接受其俸禄,最后饿死首阳。

2."辽水漂棺"传说

与孤竹国、夷齐相关的故事,还有关于继承孤竹君之位中子的故事,即他的棺椁飘于水上,后来被安葬。《搜神记·卷十六》和《水经注·卷十四》记录了相关传说。

《搜神记·卷十六》载:

> 汉不其县有孤竹城,古孤竹君之国也,灵帝光和元年,辽西人见辽水中有浮棺,欲斫破之;棺中人语曰:"我是伯夷之弟,孤竹君也。海水坏我棺椁,是以漂流。汝斫我何为?"人惧,不敢斫。因为立庙祠祀。吏民有欲发视者,皆无病而死。④

《水经注·卷十四》载:

> 《史记》曰:孤竹君之二子伯夷、叔齐,让国于此,而饿死于首阳。汉灵帝时,辽西太守廉翻梦人谓己曰:余,孤竹君之子,伯夷之弟,辽海漂吾棺椁,闻君仁善,愿见藏覆。明日视之,水上有浮棺,吏嗤笑者皆无疾而死,于是改葬之。《晋书地道志》曰:辽西人见辽水有浮棺,欲破之,语曰:我孤竹君也,汝破我何为?因为立祠焉。祠在山上,城在山侧。肥如县南十二里,水之会也。⑤

---

①　班固:《汉书》,中华书局1962年版,第3055页。
②　杨伯峻译注:《孟子译注》,中华书局2010年版。
③　《六臣注文选》卷五十四,四部丛刊景宋本,第1734页。
④　上海古籍出版社编:《汉魏六朝笔记小说》,上海古籍出版社1999年版,第398页。
⑤　郦道元著,陈桥驿注:《水经注》,浙江古籍出版社2013年版,第193页。

图4-86　采薇图

"辽水漂棺"的故事发生地辽西与孤竹国相关,其版本大同小异,有小说、散文、史书,因此传达的意蕴是有差异的。如东晋《搜神记》所载颇为传奇,故事地为不其县孤竹城,辽西人见有棺椁漂于辽河,想要劈开却听到里面有人说话,自称伯夷弟弟。那人心存戒惧,乃立庙祠祭祀,而嗤笑之人均无疾而死。北魏郦道元《水经注》在讲故事前,先铺垫夷齐让国及最终饿死首阳之事,多了善恶相报的道德意味。故事以孤竹君之子托梦辽西太守展开,则多了因果相报的警示意味。之后引述的客观描述"祠在山上,城在山侧"印证了孤竹祠、孤竹城的具体地址,增加了可信度。

3. 齐桓公路遇俞儿

《管子·小问》载:

> 桓公北伐孤竹,未至卑耳之溪十里,阘然止,瞠然视,援弓将射,引而未敢发也,谓左右曰:"见是前人乎?"左右对曰:"不见也。"公曰:"事其不济乎? 寡人大惑。今者寡人见人,长尺而人物具焉:冠右袪衣,走马前疾。事其不济乎? 寡人大惑。岂有人若此者乎?"管仲对曰:"臣闻登山之神有俞儿者,长尺而人物具焉。霸王之君兴,而登山神见。且走马前疾,道也。袪衣,示前有水也。右袪衣,示从右方涉也。"至卑耳之溪,有赞水者曰:"从左方涉,其深及冠;从右方涉,其深至膝。若右涉,其大济。"桓公立拜管仲于马前曰:"仲父之圣至若此,寡人之抵罪也久矣。"管仲对曰:"夷吾闻之,圣人先知无形。今已有形,而后知之,臣非圣也,善承教也。"①

齐桓公讨伐孤竹,还没有走到卑耳之溪的时候,看到了一个人,而别人看不到。刚开始,齐桓公认为这可能是自己这次出征不能成功的预兆。后来管仲认为齐桓公看到的是山神俞儿,说只有霸王之君出现的时候,才可能看见山神,并且说齐桓公所看到的山神俞儿的动作,是在告诉他们如何行军。齐桓公因此而感叹管仲的智慧,而管仲说自己只是善于向圣人学习而已。显然,这则故事明显带有传说意味,意在烘托齐桓公成就春秋霸业乃是天意,否则不会有山神俞儿显灵。

4. 老马识途、寻蚁求水

《韩非子·说林上》记载关于齐桓公伐孤竹的故事:

---

① 《管子》卷第十六,《四部丛刊初编子部》,上海商务印书馆 1936 年版,第 20—22 页。

管仲、隰朋从于桓公而伐孤竹,春往冬返,迷惑失道。管仲曰:"老马之智可用也。"乃放老马而随之,遂得道。行山中无水,隰朋曰:"蚁冬居山之阳,夏居山之阴。蚁壤一寸而仞有水。"乃掘地,遂得水。以管仲之圣而隰朋之智,至其所不知,不难师于老马与蚁。今人不知以其愚心而师圣人之智,不亦过乎?①

公元前 664 年,齐桓公应燕庄公之邀,为救燕率师北上,征伐山戎。山戎首领答里呵命元帅黄花到齐军诈降,元帅黄花为取得齐桓公信任,将令支首领密卢献上,谎称孤竹国君已弃国逃往沙漠。齐桓公信以为真,命黄花为前部先锋,率军追赶。黄花将齐军诱入迷谷后,自己则乘人不备逃之夭夭。此时,天色已晚,迷谷之地,寒气逼人,飞沙走石,道路难辨,齐军大乱,前后队伍也失去联系。齐桓公不禁大惊失色,忙向管仲求计:"似此绝境,如何得出?"管仲献计道:"臣闻老马识途,可使老马数头,观其所往而随之,宜可得路也。"齐桓公听从管仲之言,果然走出了瀚海迷谷。这就是著名的成语典故"老马识途"。

齐军行于山地,士卒口渴难耐。士卒按照隰朋所说"蚂蚁窝口的土封高一寸,蚁窝下面七八尺处就有水"士卒寻找蚁窝掘地,果然得水,这就是"寻蚁求水"。

齐桓公为感谢老马引路,乃封"马"为官。迁安灵山脚下有马官营村,传说与此事有关。齐军迷路之地,据说为滦州市榛子镇西乱石山一带叫"迷沟"的地方(另一说为滦州市何庄乡迷谷村)。

5. "龙过嘴"传说②

在山东昌乐首阳山上,有一种春天发芽的野菜,叫"龙过嘴"。传说当年伯夷、叔齐采集此野菜充饥,而伯夷、叔齐为帝王之后,是龙子龙孙,所以当地人称之为"龙过嘴"。其芽柔软多汁、味甜,传说吃了此物,能辟邪消灾、福寿康宁,此俗在山东昌乐一带盛行。首阳山每年三月三有庙会。

6. 民间艺术

冀东民谣有"滦水之北夷齐里,滦水之东孤竹城"的说法。伯夷、叔齐的故事千百年来融入卢龙当地群众喜闻乐见的多种艺术形式中。如大型历史歌

---

① 张觉等:《韩非子译注》,上海古籍出版社 2012 年版,第 194 页。
② 昌乐:《伯夷叔齐与首阳山》,潍坊人民网,见 http://wf.people.com.cn/GB/70093/9535575.html。

舞剧《孤竹浩歌》，评剧《孤竹魂》，歌曲《漆水悠悠》《千秋仰令名》等，秧歌《伯夷下山》，舞狮《夷齐降狮》，剪纸《采薇》、《伯夷驾祥云》等，以及赞颂与纪念伯夷、叔齐的民谣。

正因为夷齐传说中蕴含了丰富的精神价值，从政府到民间，在不同的时代都能寻求到各自与时代吻合的价值观念，无论是正面的肯定，还是反面的消解，都充分证明了其被大众所熟知的历史价值。《国务院办公厅关于加强我国非物质文化遗产保护工作的意见》指出：对于非物质文化遗产应"保护为主、抢救第一、合理利用、传承发展"，"在科学认定的基础上，采取有力措施，使非物质文化遗产在全社会得到确认、尊重和弘扬。"

第五章　孤竹文化的当代价值：
文化传承与区域发展

　　孤竹文化不仅是重要的古史文化，也是宝贵的文化遗产。在不同的时代，人们从不同角度或不同语境对夷齐故事进行阐释和演绎，使其内涵和价值得到传承、创新。研究孤竹文化的当代价值，一方面，要从更宏阔的视野出发，多维度地审视孤竹文化。一是要区分孤竹族文化和孤竹国文化。孤竹国文化以孤竹族文化为主体，包括但不限于孤竹族文化。二是要注意文化的交流、吸收与融合。孤竹国文化以华夏文化为主体，兼有北方游牧文化特征，体现两者的文化融合。三是孤竹国南北文化的差异性。孤竹国地跨燕山南北，同属华夏文化，但又呈现出鲜明的燕南、燕北特色，体现出文化的多元性。四是孤竹上层文化和下层文化的差异性。上层文化决定孤竹文化的属性，下层文化体现孤竹文化的多样性和丰富性。①

　　另一方面，要从更为高远的立意看待孤竹国的历史文化及其当代价值。一是古史文化的视角，孤竹文化既是商周时期冀东、辽西地区重要的侯国文化，也是西辽河文明的重要组成，是多元一体的中华文明的来源之一。② 二是中华传统文化的视角，以夷齐精神为代表的孤竹文化既是中国儒家文化的重要源头，也对中国传统儒道文化产生了重要而深远的影响。③ 三是在建设中国特色社会主义、实现民族复兴中国梦的伟大实践中，具有重要的文史价值、文学价值、教育价值和廉政价值，对于区域经济社会发展具有重要的推动作用。

---

① 参见崔向东：《论商周时期的孤竹国——辽西走廊古族古国研究之一》，《甘肃社会科学》2019 年第 3 期。

② 详见本书第一章的"六、西辽河文明视域下的孤竹古国"的有关阐述，此不赘述。

③ 详见本书第三章的"三、孤竹文化对中国传统文化的影响"的有关阐述，此不赘述。

　　季羡林曾说:"中华素称礼仪之邦,其中以孝悌忠信礼义廉耻为最著,几乎家喻而户晓矣。伯夷叔齐故事能体现孝悌忠信之整体。时至今日,虽时移世迁,而其中蕴含之根本精神仍能适用。"①要用历史和发展的观点评价夷齐,探求孤竹文化与当代社会的结合路径,培养全民重德守廉、谦恭礼让、崇尚正义的气节,弘扬孤竹文化中有利于社会主义先进文化建设的道德与精神。

一、《伯夷列传》的文史价值②

　　《伯夷列传》为伯夷叔齐的合传,对夷齐的记述最权威、最详备,也历来争议最多。(清)鹿兴世《史记私笺·伯夷列传》曰:"本纪世家列传后,皆有太史公赞语,《伯夷传》独无之,今观其文义,并不叙事,纯以议论出之,不似传体,疑即赞语也。"③史书一般为详事实而不加案论,司马迁的人物传记也多以叙事为主,后加"太史公曰"赞语。而本篇列传虽为传记,但记人叙事甚少,开篇列举众多以让国著称之人,遂引出只有 227 字的本传正文,后为长篇议论,并杂引经传。故颇似论而不似传,实为列传之变体。

　　《伯夷列传》体例特殊,大多数研究者认为其以序、赞、论形式而为《史记》列传首篇,非专为伯夷,是以之提示义例,为列传之绪论。故章学诚直陈"传虽以伯夷名篇,而文实兼七十篇之发凡起例,亦非好为是叙议之夹行也"④。太史公在《伯夷列传》中议论胜于叙述,将其作为列传之纲,为伯夷、叔齐立传,表达自我思想。汉代提倡"罢黜百家,独尊儒术",因此,司马迁的《史记》所呈现的价值观必然会带有明显的儒家思想印记。

　　(一)精审之史家卓识

　　(清)何焯《义门读书记》曰:"《伯夷列传》,此七十列传之凡例也。本纪、世家,事实显著,若列传则无所不录。然大旨有二:一曰征信,不经圣人表彰,虽遗家可疑,而无征不信,如由、光是已;一曰阐幽,积仁洁行,虽穷饿岩穴,困

---

　　①　季羡林所书,雕刻于北京紫竹院公园"缘话竹君"景点石刻。
　　②　参见蔚华萍:《从〈伯夷列传〉看司马迁列传的三重意蕴》,《河北科技师范学院学报(社会科学版)》2014 年第 4 期。
　　③　杨燕起、陈可青、赖长扬编:《历代名家评〈史记〉》,北京师范大学出版社 1986 年版,第548 页。
　　④　章学诚:《文史通义新编》,上海古籍出版社 1993 年版,第 17 页。

顿生前,而名施后世者,如伯夷、颜渊是已。"①较为确切地指出了《伯夷列传》体现的史学精神和创作动机。

1. 考信六艺,折中孔子的史料处理原则

司马迁开篇即言"夫学者载籍极博,犹考信于六艺",指出"六艺"乃衡量史册是非存去的标准。太史公尊崇儒家,对史料的采择尤为谨慎。(日)泷川资言《史记会注考证》引:"太史公欲求节义最高者为列传首,以激叔世浇漓之风,并明己述作之旨。而由、光之伦已非经义所说,则疑无其人,未如伯夷经圣人表彰,事实确然,此传之所以作也。"②许由、卞随、务观等空见庄子寓言,而无事实可考、经传可传,故司马迁虽提出"由、光义至高,其文辞不少概见,何哉"的疑问,但并未选录。伯夷、叔齐虽在先秦典籍中评价不一,但孔子首倡并称许其为"古之贤人""求仁而得仁,又何怨?""不降其志,不辱其身",提到了二者不食周粟、饿死首阳山的情节。可见,孔子对夷齐是持肯定态度的。

司马迁遵循博采先秦诸家、考信六艺、折中孔子的史料处理原则,同时慎用《庄子》《韩非子》中相关情节,为伯夷叔齐作传,虽简短朴质,却内容完整。他对夷齐史料的精审不仅为后世研究提供了较为全面的材料,也体现了"其文质、其事核,不虚美、不隐恶,故谓之实录"的精神③。他对夷齐故事的阐述,融入了他对儒家思想的态度,承载了他的价值观。夷齐的《采薇歌》,体现了司马迁反对"以暴易暴"的思想。夷齐希望能回到神农、虞夏年代,所以声声叹息,司马迁认为他们是有所遗憾的。但我们不能据此认为夷齐故事影响了儒道思想的建构,反倒是他们的故事成为儒道甚至法家阐释思想的载体。换言之,伯夷、叔齐的故事不是建构了思想,而是用来阐释思想,他们的行为在诸子百家眼里具有不同意义。

2. 让贤者留名于世的创作动机

孔子曰:"君子疾没世而名不称焉。"不一定只是怕在当时被遗忘,更是害怕被历史湮没。可是司马迁已经看到有一些隐居于山林、品德清高的"岩穴之士"被历史渐渐遗忘。司马迁追根溯源,认为伯夷、叔齐虽有贤德,但也是

---

① 韩兆琦:《〈史记〉笺证》,江西人民出版社 2004 年版,第 3724 页。
② 转引自韩兆琦:《〈史记〉笺证》,江西人民出版社 2004 年版,第 3724 页。
③ 班固:《汉书》,中华书局 2010 年版,第 143 页。

"得夫子而名愈彰";颜渊虽专心好学,也只因追随孔子,德行才愈加彰显。那么对于其他贤人呢? 司马迁感慨:一个人即使能砥砺德行,但如果不依靠德隆望尊之人,也无以扬名后世! 这既是答案,也是司马迁写史记的一个动机——让贤者著名于世。

司马迁具有强烈的史官责任和立名意识,在《太史公自序》里认为"废明圣盛德不载,灭功臣世家贤大夫之业不述,堕先人所言,罪莫大焉",用自己的正义原则来衡量历史上的人和事,要为那些"扶义俶傥,不令己失时,立功名于天下"①之人作传。《史记》七十列传,共为三百零八人作传,有的以立德著称,如《伍子胥列传》《廉颇蔺相如列传》;有的以功勋著称,如《蒙恬列传》《孟尝君列传》等;有的以立言为主,如《孟子荀卿列传》《韩非子列传》等。司马迁希望通过自己所写的历史能让这些可能被其他史家忽略的历史人物留名于后世。他晚年更希望《史记》能"藏之名山,传于其人,通邑大都",实现其父遗愿"成一家之言,立身扬名于后世"②。

(二)悲情之诗人情怀

《伯夷列传》是《史记》中抒情性最强的篇章之一。太史公以诗人气质写史,不仅为伯夷叔齐而悲,也为自我身世遭遇而悲。

1. 援诗入史,深入历史人物心灵

《伯夷列传》不惮于人物故事的叙述,而更多是作者的议论,其中"怨"字提到最多。先从孔子的评价提起,孔子曰:"伯夷叔齐不念旧恶,怨是用希。""求仁得仁,又何怨乎?"而后在叙述完夷齐故事后提出疑问:"由此观之,怨耶? 非耶?"孔子认为夷齐能放下过去的仇敌,所以怨恨就少了。相对于当时卫国父子争夺国君之位,孔子更肯定夷齐的让国,他们能求仁得仁,没有什么可怨悔的。作为先秦儒家的开创者,孔子构建了以仁为核心的道德体系,通过个体心性的发掘与培育进而实现其社会理想,夷齐是孔子所树立的士大夫理想人格的典型,"不念旧恶"是其人际关系和族类生存之"和"的具体体现,而"求仁得仁"体现的是孝与让,是孔子克己复礼的典型表现,更符合儒家所推崇的个体道德标准。

---

① 司马迁:《史记》,中华书局 2000 年版,第 2483 页。
② 司马迁:《史记》,中华书局 2000 年版,第 2490 页。

孔子所希冀的不怨天、不忧人毕竟是理想人格,不切人情。司马迁认为"悲伯夷之意,睹轶诗可异焉",从其《采薇歌》中发出疑问:"登彼西山兮,采其薇矣。以暴易暴兮,不知其非矣。神农、虞、夏忽焉没兮,我安适归矣?于嗟徂兮,命之衰矣。"这可以看作是伯夷、叔齐的临死之际的绝命词。全诗情动于衷而形于言,直抒胸臆,在议论中表达了夷齐作为生命个体的悲壮情怀。"'何怨'是夫子说,'是怨'是司马子长说。翻不怨以为怨,文为至精至妙也。何以怨?怨以暴之易暴,怨虞、夏之不作,怨适归之无从,怨周土之薇之不可食,遂含怨而饿死。"①司马迁以己度人,认为伯夷、叔齐并非天生就是孔子笔下的道德楷模,他们内心也有困惑、无奈和不平。他们向往神农、唐尧、虞舜时代的大同社会,可是现实却是周德衰、仁义失、天下兵戎相见,甚至骨肉相残;他们恪守君臣之义、怀抱美好理想却不被认可,无力阻止战争,无力改变现实,怎能不怨?"于嗟徂兮,命之衰矣"是一种对理想追求不得实现的咏叹,是一种生不逢时的凄楚。历史上又有多少人像伯夷一样悄然泯灭于黄尘,他们的志向、坚持、努力毫无作用,他们真的能够坦然地死去吗?

2. 以议代叙,融入自我强烈情感

《伯夷列传》叙事少、议论多,引文和提问较多,但给出答案却较少。《管锥编》曰:"此篇记夷、齐行事甚少,感慨议论居其大半,反论赞之宾为传记之主。马迁牢骚孤愤,如喉鲠之快于一吐,有欲罢而不能者。"②司马迁把夷齐作为具有高尚道德的榜样立传,赞美其"让国"行为,但这样积仁洁行之人,却饿死首阳,让深信天命的他苦惑不已:"若伯夷、叔齐,可谓善人者非邪?积仁洁行,如此而饿死。且七十子之徒,仲尼独荐颜渊为好学。然回也屡空,糟糠不厌,而卒蚤夭。天之报施善人,其何如哉?"如果有天道,何以不帮助伯夷、叔齐?何以社会与理想境界越离越远?司马迁由伯夷、叔齐念及自己"绝宾客之知,忘室家之业,日夜思竭其不肖之材力,务壹心营职,以求亲媚于主上"(《报任安书》),结果却因坚持原则为李陵辩护,下狱惨遭宫刑,更加怀疑天道是否"常与善人",以致怀疑"天道"是否存在。正是对宇宙永恒的困惑,对自己经历的不平,加之对夷齐的强烈同情,对圣人之言的怀疑,种种压抑在司马

① 杨燕起、陈可青、赖长扬编:《历代名家评〈史记〉》,北京师范大学出版社 1986 年版,第539 页。

② 章学诚:《文史通义新编》,上海古籍出版社 1993 年版,第 3726 页。

迁心中的矛盾、愤懑、彷徨、苦惑相互交杂，瞬间爆发，一股怨气从胸中喷涌而出，抒发了他对善恶不分、是非颠倒的污浊世界的激愤抗争之情。

（三）至善之道德追寻

司马迁在列传中将伯夷、叔齐誉为"善人"，虽因现实尚存盗跖般横行不轨却"富厚""寿终"的不公现象而对天道有所质疑，但依然保持对至善的追寻。

1. 让位大同之社会政治理想

伯夷、叔齐临终作《采薇歌》，感叹"神农、虞、夏忽焉没兮，我安适归矣？"神农、虞夏时代的极盛政治，不仅是夷齐的政治理想，也是司马迁所追求的理想社会。在他看来，"天下重器，王者大统，传天下若斯之难也"，国家政权是最重要的宝器，帝王是天下主宰，因此传授管理天下的政权是不能掉以轻心的。神农、虞夏时期民风淳朴，尧、舜、禹禅让都是由"岳牧推荐"而代行帝王职位，主持政事做出功绩才能"授政"让位，真正体现选贤与能、和睦不争的儒家大同理想。因此"让国"是司马迁所倾心赞美的一种品德，是他向往的一种政治局面。其"本纪""世家""列传"都是推崇让德的："唐尧逊位，虞舜不台，……作三王本纪第一"，"嘉伯之让，……作吴太伯世家第一"，"让国饿死，天下称之，……作伯夷列传第一"（《太史公自序》），故陈直曰："世家首吴太伯，列传首伯夷，推崇让德，其意至微至显。"①《伯夷列传》以一系列让国著称的人为切入点，从上古时期尧让位于许由到商汤把天下让位于卞随和务光，强调许由、卞随和务光的不争和高义。而后引出了伯夷和叔齐让国逃往西周，因不齿于武王以乱治暴，不食周粟饿死于首阳山的传记故事情节。司马迁凸显"让"国，推举尧舜的实例做通照万古的宝鉴，又借重伯夷、叔齐反对"以暴易暴"的鲜明态度和坚决立场来批判历史及现实社会中的"争"。②夏启开启了以暴制暴的先例，从此皇权的确立伴随着白骨和鲜血，社会动荡，人民流离失所。而到了汉武帝时期，统治集团内部之间的斗争愈演愈烈，这样的行为彻底背离了尧舜之风。司马迁期望沿袭尧舜礼让大同理想的政治制度，用《伯夷列传》来保留传统的文化，彰显完美的文化精神及至善之社会理想。

---

① 陈直：《史记新证》，中华书局 2006 年版，第 1 页。

② 虚舟：《从尧舜禅让到"以暴易暴"——读〈史记·伯夷列传〉》，《南京理工大学学报（社会科学版）》2000 年第 1 期。

2. 超越生死的道德坚守

孔子以齐景公为例，认为伯夷、叔齐"饿于首阳山,民到于今称之"(《论语·季氏》),是因为其品格卓越,遇到任何事情能坚守自我直道,"不降其志、不辱其身",能够克己礼法。伯夷、叔齐认为武王不孝不仁,以暴易暴,周德衰,因此隐居而求其志,情愿不食周粟,饿死首阳山,舍弃生命来坚守自己的节操,维护他们所追求之道。在他们身上体现了生命的价值,他们的壮举赢得后人的称颂并流传百世。

司马迁在文中选用了《论语》的三段文字肯定了伯夷、叔齐的道德坚守,也表明了自己的人生方向。他认为虽然"道不同,不相为谋"(《论语·卫灵公》),人各从其志,各行其道,但如伯夷叔齐这样的善人君子不会因为行善招致灾祸就改变其道。"富贵如可求,虽执鞭之士,吾亦为之。如不可求,从吾所好"(《论语·述而》),其主要借此表明司马迁对义与利之关系的看法,强调"从吾所好",即行仁义,坚守其道。"岁寒,然后知松柏之后凋也。"(论语·子罕)借此松柏冬天不凋为喻,阐述伯夷、叔齐恪守理想坚守其道的高远追求已占领了精神道德的制高点,超越了生死,成为中国典型的文化符号。

伯夷、叔齐的超越生死的道德坚守,也激起了司马起对生死的思考,正是因为他把道德操行看得那样重,所以才把穷困甚至于生死看得如此之轻。所以当他因替李陵仗义执言后面临生与死的抉择时,提出了"人固有一死,或终于泰山,或轻于鸿毛"的生死观,而甘受宫刑奇耻大辱,效仿"西伯拘而演《周易》,仲尼厄而作《春秋》,屈原放逐,乃赋《离骚》,左丘失明,厥有《国语》"[1]等先圣先贤而发愤著书,成就一家之言,名留青史,真正实现了自己的生命价值。

《伯夷列传》千古绝调,意蕴隐曲,"此传如蛟龙,不可捕捉。又曰势极曲折,词极工致,若断若续,超玄入妙"[2]。研究者虽然仁者见仁、智者见智,但有两点是不可否认的:一是伯夷、叔齐因司马迁而又一次扬名于后世,以二人为核心的孤竹文化研究也在悄然兴起,此篇成为后世夷齐精神解读的发轫之作;二是体现了《伯夷列传》背后司马迁的深层表达:从考信六艺折中孔子的史料

---

① 司马迁:《史记》,中华书局 2000 年版,第 2494 页。
② 杨燕起、陈可青、赖长扬编:《历代名家评〈史记〉》,北京师范大学出版社 1986 年版,第539 页。

处理原则和使贤者留其名的创作动机知性选择,到深入历史材料、探寻人物内心的悲情阐释,最终沉淀为对至善的追求与坚守的理性思考,《伯夷列传》成为解读司马迁及其列传的钥匙。

二、夷齐故事的廉政文化价值[①]

夷齐是中国古代"清廉"的楷模,"守廉"是夷齐精神的重要内涵,也是中国廉政文化的道德源泉。虽然在秦朝之后出现了以法促廉,但是夷齐之廉对后世的道德影响是深远的。倡导夷齐之廉,是现代社会自觉的道德追求。挖掘夷齐精神中的廉德,对促进社会主义先进文化建设具有重要的推动作用。

(一)先秦典籍中的夷齐之"廉"

先秦典籍中有关夷齐"廉"的论述,主要在《孟子》《战国策》和《吕氏春秋》中。

1.《孟子》的夷齐之"廉"

《孟子·万章下》曰:"伯夷,目不视恶色,耳不听恶声;非其君不事,非其民不使;治则进,乱则退;横政之所出,横民之所止,不忍居也;思与乡人处,如以朝衣朝冠坐于涂炭也。当纣之时,居北海之滨,以待天下之清也。故闻伯夷之风者,顽夫廉,懦夫有立志。"[②]

《孟子·尽心下》曰:"圣人,百世之师也,伯夷、柳下惠是也。故闻伯夷之风者,顽夫廉,懦夫有立志。"[③]

"故闻伯夷之风者,顽夫廉,懦夫有立志。"(东汉)赵岐《孟子章句》训为:"顽贪之夫更思廉洁,懦弱之人更思有立义之志也。"意谓:听闻伯夷风范,原本贪得无厌之人也会变得愈发廉洁,原本怯懦之人也会更有刚正不屈之气。他肯定了伯夷的道德行为和人格力量是有积极教化作用的,也说明孟子推崇伯夷的原因是其"廉"。

孟子是如何界定"廉"的呢? 须从两个角度分析:一是孟子所认可的"伯

---

① 参见蔚华萍:《夷齐之"廉"探源》,《河北科技师范学院学报(社会科学版)》2014年第2期。

② 杨伯峻:《孟子译注》,中华书局1981年版,第232页。

③ 杨伯峻:《孟子译注》,中华书局1981年版,第329页。

夷之风",二是孟子所认可的"廉"。

《孟子》关于伯夷的评价共7处,除了《公孙丑下》提到"伯夷隘",对其稍有微词外,其他几处皆为夸赞之语。

《公孙丑上》曰:"伯夷,非其君不事;非其友不友。不立于恶人之朝……是故诸侯虽有善其辞命而至者,不受也者。不受也,是亦不屑就已。"①

《告子下》曰:"居下位,不以贤事不肖者,伯夷也。"②

《离娄下》曰:"伯夷辟纣,居北海之滨,闻文王作,兴曰:'盍归乎来!吾闻西伯善养老者。'"③

《万章下》曰:"伯夷,目不视恶色,耳不听恶声;非其君不事,非其民不使。治则进,乱则退。"④

显然,孟子认为伯夷行为失之于过清而为"隘",但仍能看出他对伯夷之"廉"的认可。伯夷志行高洁、个性刚直,有严格的道德标准:"非其君不事""不立于恶人之朝",故不侍奉不符合道德标准的君王,不屑诸侯的美言相邀,以免玷污其高洁品行。因此,伯夷避纣王暴政而隐居北海以待天下清明,听闻西伯善养老而趋之,体现其"治则进,乱则退"的标准。故孟子称其"圣之清者",为垂范后人之标榜。

从另一个角度而言,《孟子》中"廉"字出现7次⑤,除了"去飞廉于海隅而戮之"⑥中的"飞廉"为商纣王宠臣名字外,"闻伯夷之风,使顽者廉"出现两次,强调伯夷风操的影响力和号召力。以下为其余4处。

《离娄下》曰:"可以取,可以无取,取,伤廉。"⑦

《滕文公下》曰:"陈仲子岂不诚廉士哉?居于陵,三日不食,耳无闻,目无见也。井上有李,螬食实者过半矣,匍匐往,将食之,三咽,然后耳有闻目有见。"⑧

---

① 杨伯峻:《孟子译注》,中华书局1981年版,第96页。
② 杨伯峻:《孟子译注》,中华书局1981年版,第284页。
③ 杨伯峻:《孟子译注》,中华书局1981年版,第192页。
④ 杨伯峻:《孟子译注》,中华书局1981年版,第232页。
⑤ 周文德、杨晓萱:《孟子数据库》,巴蜀书社2002年版,第157页。
⑥ 杨伯峻:《孟子译注》,中华书局1981年版,第148页。
⑦ 杨伯峻:《孟子译注》,中华书局1981年版,第200页。
⑧ 杨伯峻:《孟子译注》,中华书局1981年版,第159页。

《滕文公下》曰:"于齐国之士,吾必以仲子为巨擘焉。虽然,仲子恶能廉?充仲子之操,则蚓而后可者也。"①

《尽心下》曰:"非之无举也,刺之无刺也,同乎流俗,合乎污世,居之似忠信,行之似廉洁,众皆悦之,自以为是。"②

它们从不同角度反映了孟子对"廉"的看法:第一处面对"取"与"无取"认为"取"就是"伤廉",廉为"无取"。在孟子看来,"廉"就是不恋身外之物,不贪不义之财;取,要不伤廉,要"取于民有制"。第二、三处则以廉洁名士陈仲子为例,孟子认为他以兄之禄为不义之禄而不食、以兄之室为不义之室而不居,并不是真正的廉,是故作姿态的伪廉。因为"仲子所居之室,伯夷之所筑与? 抑亦盗跖之所筑与? 所食之粟,伯夷之所树与? 抑亦盗跖之所树与? 是未可知也"(《尽心下》)③。陈仲子心中当有收受、享用他人财物的标准,毋庸置疑,是"廉",但他把"廉"仅局限在外在的形式——受用别人财物上,而未强化在思想和行动上。孟子心中真正的"廉"是伯夷,他有自己的是非观,有分辨,不苟取。唯有伯夷能达到孟子的理想境界。第四处则指"乡原",那种表里不一、四面讨好的玲珑之人表面看似廉洁,实则损害廉德。这四处不仅是对廉德的正面界定,也从反面阐述了廉德不仅要外化为行,更要树立廉洁的自律意识。

"廉"是儒家政治伦理的重要内容,孟子以伯夷为例,回答了"何为廉""为何廉""何以廉"的问题。廉为不取,但不是纯粹的外在表现,而是个人修身成就完美品质的必然要求,是基本的道德操守。夷齐的清廉之风,亦警醒世人——虽不能达其境界,但要坚守道德底线,坚定见不义而坚决不为的志向。

2.《战国策》的夷齐之"廉"

《战国策》中的谋士、策士在论辩时常提到伯夷,把他作为廉洁典型来论证自己的观点共有3次。

《燕策一·人有恶苏秦于燕王者》曰:"使臣信如尾生,廉如伯夷,孝如曾参,三者天下之高行。"④

---

① 杨伯峻:《孟子译注》,中华书局1981年版,第159页。
② 杨伯峻:《孟子译注》,中华书局1981年版,第341页。
③ 杨伯峻:《孟子译注》,中华书局1981年版,第341页。
④ 诸祖耿:《〈战国策〉集注汇考》,浙江古籍出版社1985年版,第1519页。

《燕策一·人有诬苏秦于燕王者章》曰:"廉如伯夷,不取素餐,污武王之义而不臣焉,辞孤竹之君,饿而死于首阳之山。廉如此者,何肯步行数千里,而事弱燕之危主乎?"①

《秦策三·蔡泽见逐于赵》曰:"君何不以此时归相印,让贤者授之,必有伯夷之廉;长为应侯,世世称孤,而有乔、松之寿。"②

作为战国策士正反论证的论辩依据,可以看出"伯夷之廉"是公认的。苏秦用尾声、伯夷、曾参的事迹反驳他人对自己的诽谤,指出政治行为不能用普通的仁义道德来评价,肯定了尾声诚信、伯夷廉洁、曾参孝顺的高洁品行,并指出了伯夷之廉的主要表现:拒不接受孤竹君位,不臣于周武王,不食周粟饿死首阳山。蔡泽以盛极则衰的充分论辩说服权臣范雎,让他纳还相印,虚相国之位以待贤人。如此既可博取与伯夷一样的美名,又可长享富贵,世代称孤,更能和仙人王子乔、赤松子一般长寿。在此,蔡泽认为伯夷之廉主要体现在拒受爵禄。

《战国策》所体现的廉,还可从对伯夷的评价和对廉的认识进一步理解。《韩策三·或谓韩王》曰:"秦之欲并天下而王之也,不与古同。事之虽如子之事父,犹将亡之也;行虽如伯夷,犹将亡之也;行虽如桀、纣,犹将亡之也。虽善事之无益也。"③这里的"伯夷",主要是指伯夷让国的典故。《燕策·苏代谓燕昭王》曰:"今有人于此,孝如曾参、孝己,信如尾生高,廉如鲍焦、史鳅,兼此三行以事王,奚如?""廉如鲍焦、史鳅,则不过不窃人之财耳。今臣为进取者也。臣以为廉不与身俱达,义不与生俱立。仁义者,自完之道也,非进取之术也。"④这里的"廉"可与伯夷之廉相互参照,是指"不窃取人之财"的仁者品性,是后天修得的,而不是与生俱来的。

战国时期诸侯纷争兼并,儒家思想被打破,国与国间更多是以智相争、以谋相夺,谋臣策士大都是个人主义和功利主义,朝秦暮楚、唯利是图、寡廉鲜耻。他们的论述虽然与儒家思想相悖,但也从反向论证中表明伯夷之廉不恋君权、不食素餐、不窃取人之财的行为,是"天下之高行也"。从历史的角度

① 诸祖耿:《〈战国策〉集注汇考》,浙江古籍出版社 1985 年版,第 519 页。
② 诸祖耿:《〈战国策〉集注汇考》,浙江古籍出版社 1985 年版,第 336 页。
③ 诸祖耿:《〈战国策〉集注汇考》,浙江古籍出版社 1985 年版,第 1465 页。
④ 诸祖耿:《〈战国策〉集注汇考》,浙江古籍出版社 1985 年版,第 1566 页。

看,战国时期的谋士策士们把伯夷、叔齐奉为行动之高蹈、精神之楷模,恰恰反映了在诸侯争霸与谋士策士百舸争先的纷乱局面下,他们虽主张谋策,但不可否认的是不论社会处于战争还是和平状态,无疑需要伯夷这种内心世界对"廉"的坚守,强化某种道德规范的作用。

3.《吕氏春秋》的夷齐之"廉"

《吕氏春秋》在《季冬纪·诚廉》中用伯夷、叔齐的故事来论证自己的观点——"石可破也,而不可夺坚;丹可磨也,而不可夺赤"。原文如下:

> 石可破也,而不可夺坚;丹可磨也,而不可夺赤。坚与赤,性之有也。性也者,所受于天也,非择取而为之也。
>
> 豪士之自好者,其不可漫以污也,亦犹此也。昔周之将兴也,有士二人,处于孤竹,曰伯夷、叔齐。二人相谓曰:"吾闻西方有偏伯焉,似将有道者,今吾奚为处乎此哉?"……伯夷、叔齐闻之,相视而笑曰:"嘻! 异乎哉! 此非吾所谓道也。……割牲而盟以为信,因四内与共头以明行,扬梦以说众,杀伐以要利,以此绍殷,是以乱易暴也。吾闻古之士,遭乎治世,不避其任;遭乎乱世,不为苟在。今天下暗,周德衰矣。与其并乎周以漫吾身也,不若避之以洁吾行。"二子北行,至首阳之下而饿焉。人之情,莫不有重,莫不有轻。有所重则欲全之,有所轻则以养所重。伯夷、叔齐,此二士者,皆出身弃生以立其意,轻重先定也。①

《诚廉》以石坚丹赤为喻,对伯夷、叔齐给予极高的评价,指二人为其道而能保持其操守志节,甚至舍生取义。伯夷、叔齐西行周朝主要是追求其道,他们深入观察西周的道德风尚,发现武王派叔旦去策反纣王的高官胶鬲,以"加富三等,就官一列"为条件,签订盟约。又派召公去策反微子,许诺世世代代为长侯,把桑林和孟诸这两个地方送给微子为条件签订盟约。这和二人所秉持的仁道是不符合的,在"治则出,乱则隐"的人生原则指导下,他们选择归隐,不惜以死来捍卫其信仰,保持其个性。这里"廉"被视为士应具有的品格,以践行义作为士人至高的追求,强调人格的独立。《吕氏春秋》中除了《诚廉》,在《仲冬纪·忠廉》中还有对廉的界定:"故临大利而不易其义,可谓廉

---

① 《吕氏春秋》,九州出版社 2001 年版,第 141 页。

矣。廉,故不以贵富而忘其辱"①,认为廉就是面对诱惑能坚守本心。总之,《吕氏春秋》认可的夷齐之廉主要体现在一种以道为是非观的道德自律。

《吕氏春秋》是战国末期总汇百家之作,十二纪是全书的大旨所在,是全书的重要组成部分,《冬纪》主要是讨论人的品质问题,《诚廉》和《忠廉》即是对先秦诸多故事去粗取精的结果,其中有对先秦伯夷、叔齐之廉的肯定,也表明伯夷、叔齐之"诚廉"是秦国实现统一、维护社会稳定必须弘扬和提倡的道德品格。伯夷、叔齐之廉深入人心,是时代的选择,也是后代万世楷模。

(二)伯夷之"廉"的内涵

《孟子》《战国策》《吕氏春秋》代表了先秦时期对夷齐之廉的看法。伯夷之"廉"的内涵,主要表现在以下方面。

1. 特立独行的人格

许慎《说文解字》曰:廉,"从广,兼声"②。"堂之边曰廉","廉"本义是指堂屋的侧边,引申为物体的棱角。对于伯夷而言,"廉"指其"不事其君"、"不立于恶人之朝"的个性气质,有独特的见解和操守,不随波逐流。他不认可的君主,不去侍奉,也不屑于侍奉。武王、周公均为圣人,他们带领天下贤士、诸侯去攻打商纣,鲜有人指责。而伯夷、叔齐,却偏偏认为不能这样做。殷商灭亡后,天下尊奉周朝统治,夷齐却以食周粟为耻,饿死不回头,体现了坚守自我、不为外物所动的个性气质。一介匹夫,无功业可言,无权势可依,笃信己志,我行我素,韩愈称之为"特立独行",这是中国文化极为稀有的人格。

2. 谦让不取的高节

段玉裁《说文解字注》:"廉之言敛也。引申为清也、俭也、严利也。"③《韩非子·解老》:"所谓廉者,必生死之命也,轻恬资财也。"④伯夷之廉也指其对君权的不贪恋,辞让孤竹之君;面对财富不贪,面对官职不受。《庄子·让王》提及夷齐到西周,"武王闻之,使叔旦往视之,与之盟曰:'加富二等,就官一列'",夷齐认为"此非吾所谓道"⑤,因此选择离去以保持品节之高洁。它与

---

① 《吕氏春秋》,九州出版社 2001 年版,第 128 页。
② 许慎撰,段玉裁注:《说文解字注》,上海古籍出版社 1981 年版,第 444 页。
③ 许慎撰,段玉裁注:《说文解字注》,上海古籍出版社 1981 年版,第 444 页。
④ 王士禎撰,钟哲点校:《〈韩非子〉集解》,中华书局 1998 年版,第 137 页。
⑤ 杨柳桥:《庄子译诂》,上海古籍出版社 1991 年版,第 617 页。

《吕氏春秋》所述大体相似，体现夷齐在权利、金钱、官职方面的不取，是"临大利而不易其义"的清廉。

夷齐的谦让不取也体现了早期的义利观。他们向往西伯仁政，希望去养老，可见他们也不否认利，但这种利须以义为基础，以义为准绳，以义导利，追求义利兼得。夷齐的典型性在于：面临义利不能两全时，他们选择先义后利——谦让去国，舍利取义；不臣武王，甚至舍生取义，饿死首阳山。夷齐之廉，是后世义利观取舍的典范。

3. 笃道守节的自律精神

"廉"之本义含有边角、隅角、棱角的特点，就是"逼仄、狭窄"。段玉裁《说文解字注·广部》"廉"字条："此与广为对文，谓逼仄也。"[①]指偏狭、狭小。《孟子·公孙丑上》曰："伯夷隘，柳下惠不恭，隘与不恭，君子不由也。"看似是对夷齐的批评，但从另外一个角度说明了伯夷之气节不可易。孔子赞其"求仁得仁""不降其志，不辱其身"。《战国策·季冬纪·诚廉》中的表述即对伯夷之气节精神的歌颂。

伯夷之"廉"不是陈仲子之伪廉，也非乡原表里不一之廉，而是执着坚守的道德信念。故他们不为外物所动，坚守其道甚至以身殉道，这是一种从内心开始构建的自我价值标准，并以此作为践行仁义的最高人生追求。

"廉"是仁、义品德的具现，是从内到外自律的主体意识。夷齐之廉是一种自觉的行为，他们以去为洁，不为物势所迫，不求口腹之欲，崇尚自我约束、自我完善。他们并非畏惧法律不敢取，也非崇尚名节不苟取，而是洞明事理不妄取，为廉之最高境界。

由此可见，先秦时期的夷齐之廉，主要指道德操守和道德境界，主要依靠自我约束和自我修行，是人自觉的精神追求。它以道德追求为旨归，以道德是非为归宿，而非为名利、有所求而为，强调遵循道德之本心。尽管后世对夷齐有不同观点，但这种用生命践行道德信仰的境界，却是夷齐之廉的魅力所在。

三、孤竹文化的文学价值

从《采薇歌》到唐宋以降的诗词文赋，在中国文学发展的漫漫长河中形成

---

① 许慎撰，段玉裁注：《说文解字注》，上海古籍出版社1981年版，第444页。

了意涵稳定、形式多样的孤竹意象。以地域文学的视角研究孤竹意象,是孤竹文化在代际文学中的艺术呈现,是夷齐形象和夷齐精神在文学作品中的诗意栖居。

(一)《采薇歌》及"薇"意象考辨①

1.《采薇歌》

《采薇歌》是早于《诗经》的早期诗歌代表作,也是中国最古老的一首作者署名的抒情诗,在中国古代文学史上具有重要地位。朱自清《古逸歌谣集说》将《采薇歌》作为首篇。《史记·伯夷列传》序文曰:"余悲伯夷之意,睹轶诗可异焉。"司马贞《史纪索隐》亦言:"谓见逸诗之文,即下《采薇》之诗是也。"司马迁说得很直白,他是亲眼看到《采薇歌》②的:

> 登彼西山兮,采其薇矣。
>
> 以暴易暴兮,不知其非矣。
>
> 神农、虞、夏忽焉没兮,我安适归矣?
>
> 吁嗟徂兮,命之衰矣!

这是夷齐的决绝之作。其歌辞形式可能为汉代以前文人加工过,但其事并非虚构。《采薇歌》写出了夷齐首阳采薇、不食周粟而死等情节,揭示了夷齐饿死首阳山的真正原因。

2."薇"意象考辨

从夷齐传说的故事情节而言,有三部分内容需要辩证清晰:"薇"的植物意象考证、"采薇"人的身份考证、"采薇"的文化意义考证。因为在后世文学作品中,不同系列的含义常相互混融,有的是有意为之,有的则是以讹传讹,虽使得文化意涵更加丰富,但也会有模糊、不清晰的成分。我们从西山采薇入手,通过细节的考辨,考证"薇"意象在夷齐故事中所承载的文化内涵。辨清源流有利于确定其真正的文化价值。

《诗经·召南·草虫》中"陟彼南山,言采其薇"③与采摘文化所表达的意义是相同的,无关生活的艰难与否,只是表达对于爱人的思念之情。《诗经·

---

① 参见王芳、秦学武、赵志强:《伯夷叔齐之"薇"意象考辨》,《河北科技师范学院学报(社会科学版)》2013 年第 4 期。

② 司马迁:《史记》,中华书局 1959 年版,第 2123 页。

③ 姜亮夫:《先秦诗鉴赏辞典》,上海辞书出版社 1998 年版,第 29 页。

小雅·采薇》用"薇"的生长过程表现出征的士兵经历了漫长的征战,采薇而
食也能体现出征战士生活之苦。对于伯夷叔齐历史传说而言,它们归属不同,
并不影响传说本身的意义,但采薇人的身份不同却会影响其故事情节本身。
《楚辞·天问》中有"惊女采薇,鹿何祐"①,有人认为这是在讲伯夷、叔齐的故
事,在后世流传的作品中,还增加了一些演绎情节,且在文学作品中得到继承,
甚至被进一步夸大。"惊女采薇"、"麋子往难"、"天谴鹿祐"这些情节的增
益,超越了历史真实,呈现出人们对伯夷、叔齐的情感。正因为故事深入人心,
才坚定了人们演绎、丰富、传承的决心。

(1)"薇"注疏考辨

在源流考辨之前,首先要清楚"薇"字的本义。《尔雅注疏》、《诗经注疏》
等典籍详细考证梳理了"薇"的归属。据《通志》及相关文献可知,白薇又叫白
幕、薇草、春早、骨美等。各种"薇"不仅生长的环境不同,名字也不同。

关于"薇"字的注疏,主要有以下几种:

有的认为是山菜。《诗经·召南·草虫》:"陟彼南山,言采其薇。"②(三
国吴)陆玑《毛诗草木鸟兽虫鱼疏》云:"薇,山菜也。茎叶皆似小豆,蔓生,其
叶亦如小豆,藿可作羹,亦可生食。今官园种之,以供宗庙祭祀。"③(明)李时
珍《本草纲目·菜部·薇》:"薇生麦田中,原泽亦有,故《诗》云'山有蕨、薇',
非水草也,即今野豌豆,蜀人谓之巢菜。蔓生,茎叶气味皆似豌豆,其藿作蔬、
入羹皆宜。"④(日本)冈元凤《毛诗品物图考》:"蕨,指蕨类山菜,可食。……
薇,巢菜,又名野豌豆。"⑤

水边生长的植物。《尔雅·释草》:"薇,垂水。"郭璞注:"生于水边。"邢
昺疏:"草生于水滨而枝叶垂于水者曰薇。"⑥

《四库全书总目提要》记(清)吴仁杰《离骚草木疏补》(四卷):"本畯有
《闽中海错疏》,已著录。是书以宋吴仁杰《离骚草木疏》多有未备,特于'香
草'类增入麻、柤、黍、薇、藻、稻、粢、麦、梁八种。"又纪(明)王夫之《诗经稗

①　姜亮夫:《先秦诗鉴赏辞典》,上海辞书出版社 1998 年版,第 800 页。
②　姜亮夫:《先秦诗鉴赏辞典》,上海辞书出版社 1998 年版,第 29 页。
③　陆机:《毛诗草木鸟兽虫鱼疏》,湖南书局刻本 1889 年版,第 13 页。
④　李时珍:《本草纲目》,见 http://www.lzbook8.com/readonline-130145-125294-78.aspx。
⑤　冈元凤:《毛诗品物图考》,见 http://www.esgweb.net/html/mspwtk/01/07.htm。
⑥　宗福邦等:《故训汇纂》,商务印书馆 2003 年版,第 1975 页。

疏》（四卷）："薇自为可食之菜,而非不可食之蕨。"

在这些注疏中,"薇"有香草说、野菜说、山菜说;有生长在水边说,有生长在麦田说;关于与"薇"一起的意象"蕨"也有可食用与不可食用两种说法。司马迁《史记·伯夷叔齐列传》中有伯夷、叔齐隐居首阳山、采薇而食的情节,因此,"薇"不是香草而是可以食用的野菜,至于生长的地方、"蕨"菜可否食用并不影响对于"薇"的文化意义的梳理。当然,"蕨"本身是可以食用的,并且其文化意义依附于"薇"意象。

(2)"薇"意象渊源考辨

源流考辨能够使我们更清晰地了解同时代的"薇"意象有无特殊含义,这种文化意义在《采薇歌》中有无体现。夷齐故事发生在商周易代之际,《采薇歌》最晚也应在西周初年写成。与之年代相近且有"薇"意象的诗作有《诗经·召南·草虫》、《诗经·小雅·采薇》等。

《诗经·召南·草虫》曰:

> 喓喓草虫,趯趯阜螽。未见君子,忧心忡忡。亦既见止,亦既觏止,我心则降。
>
> 陟彼南山,言采其蕨。未见君子,忧心惙惙。亦既见止,亦既觏止,我心则说。
>
> 陟彼南山,言采其薇。未见君子,我心伤悲。亦既见止,亦既觏止,我心则夷。①

对这首诗所提及的"言采其蕨""言采其薇",张启成的《诗经风雅颂研究论稿》认为:"这些具有食用性的绿色植物,都是古代女子经常采摘的对象,但由于绿色是春天和青春的象征,因此每当女子们在采摘这些绿色植物的时候,便情不自禁地会引起他们对恋人或丈夫的思念。"②此时,诗中的"薇""蕨"本身是可食用的,但其突出的文化意义是在表现对恋人或者丈夫的思念,且这种文化意义不是"薇"意象的独特意义,而是融汇在采摘的绿色植物中的共同意象中,承载了爱情和思念的文化意义。

《诗经·小雅》的作品少数是写于西周初期,多数是在西周后期完成的。

---

① 姜亮夫等:《先秦诗鉴赏辞典》,上海辞书出版社1998年版,第29页。
② 张启成:《诗经风雅颂研究论稿》,学苑出版社2003年版,第246页。

可以断定《诗经·小雅·采薇》①是写于西周的作品,前三段的内容是对战争的回忆。"采薇采薇,薇亦作止。曰归曰归,岁亦莫止。""采薇采薇,薇亦柔止。曰归曰归,心亦忧止。""采薇采薇,薇亦刚止。曰归曰归,岁亦阳止。""作""柔""刚"这三个字是指节令的变化,表达了将士在外征戍期间,从薇菜从嫩到老,一年年的光阴中融入了他们对家乡和亲人浓重的思念之情。其中最为著名的句子——"昔我往矣,杨柳依依。今我来思,雨雪霏霏。行道迟迟,载渴载饥。我心伤悲,莫知我哀!"——表达了出征归来的士兵对于战争的厌倦和对家乡殷切思念的情怀。"薇"意象承载了战争艰难、士兵厌战及其对于家园的惦念的文化意义。这种文化意义在后世的诗歌中依然有体现,如谢灵运《苦寒行》:"悲矣采薇唱,苦哉有余酸。"

《诗经·召南·草虫》中的"薇"意象则汇入了采摘文化的洪流中,并不具有独特性,而是与其他植物同样呈现出对恋人或者丈夫的思念,成为一种闺怨词的表达方式。《诗经·小雅·采薇》中的"薇"意象作为战争厌恶和思乡情怀的文化内涵与后世文学作品保持了一致性。而《采薇歌》中的"登彼西山,采其薇矣",讲述伯夷、叔齐在混乱的时代不认同周武王的政治主张,因此采取了避世的方式,不食周粟,以"薇"菜来维持生存。"薇"意象承载了物质生活匮乏、坚持名节、避世等文化内涵,是对混乱时代的疏离。《采薇歌》的"薇"的意象在具体表达时呈现出多角度的方式,从而丰富了这一意象的文化内涵。

总之,"薇"意象是从这三个源头延展而来,它们各自有着自己的发展脉络。在文化承载的意义上,《采薇歌》中的"薇"意象因为有了气节在,不断延伸出新的含义,引起了后人对于道德理想和生存困境的思考。

3."薇"意象延续性考辨

《采薇歌》中"薇"意象在后世流传过程中,展现了多义性和多层次性,因此,有必要逐一考辨。不同时代、不同身份的人在运用"薇"意象时,更多的是表达自己的情怀,但同时借用了"薇"意象的原型,因此也丰富了这一意象。

（1）"薇"意象体现艰难生活的状态和对混乱政治疏离的态度

（三国魏）曹植的《杂诗》第二首:"毛褐不掩形,薇藿常不充。"这里曹植以"薇藿常不充"来表达自己在受到曹丕、曹睿打击之后的艰难生活。

---

① 姜亮夫等:《先秦诗鉴赏辞典》,上海辞书出版社1998年版,第331页。

（东晋）陶渊明的《拟古诗》："少时壮且厉，抚剑独行游。谁言行游近，张掖至幽州。饥食首阳薇，渴饮易水流。不见相知人，惟见古时丘。路旁两高坟，伯牙与庄周。此士难再得，吾行欲何求？"该诗塑造了壮志难酬、充满侠气而又寂寞孤独的形象。"薇"在这里传达出来的是伯夷、叔齐是知己一样的人物，与他一样寂寞孤独，体现了他疏离政治之后理想不能实现的寂寞情怀，而不是渴望悠闲的隐逸生活。

（唐）杜甫的《草堂》："饮啄愧残生，食薇不敢馀。"《早发》："薇蕨饿首阳，粟马资历聘。"《送卢十四弟侍御护韦尚书灵榇归上都二十韵》："空里愁书字，山中疾采薇。"这三首诗里的"薇"意象，有的直指杜甫贫困的生活状态，也有的是他对夷齐保守名节、不为生活放弃理想的肯定，表达了他不愿像苏秦那样放弃自己坚守的理想，为了物质生活而奔波的坚定态度。

（2）"薇"意象体现远离政治是非、坚守理想自由的气节

（三国魏）阮籍的《咏怀诗·十一》："夷叔采薇，清高远震。""薇"意象中蕴含着伯夷、叔齐的气节。

（唐）白居易的《读古史》："朝采山上薇，暮采山上薇。岁晏薇已尽，饥来何所为？坐饮白石水，手把青松枝。击节独长歌，其声清且悲。枥马非不肥，所苦长执维。豢豕非不饱，所忧竟为牺。行行歌此曲，以慰常苦饥。"这里的"薇"意象也已经蕴含了生存的困境状态，但是煞尾句却体现了诗人的一种生活态度：不担心生存的困境，担心的是不能拥有坚守理想的自由。

（元）卢挚的《采薇曲》："服药求长年，孰与孤竹子，一食西山薇，万古犹不死。"这里赞叹的是求得生命的延长不如获得名节在万古流传，"薇"意象的内涵是坚守气节。

（北周）庾信的《谨赠司寇淮南公诗》："遂令忘楚操，何但食周薇。""薇"意象代指伯夷、叔齐坚守气节，与自己屈节仕周对比，诗人深感愧疚之情。

（3）"薇"意象体现隐逸情怀和对上古的向往之情

（三国魏）嵇康的《忧愤诗》："采薇山阿。散发岩岫。永啸长吟。颐性养寿。"这首诗抒发了嵇康的忧愤之情，最后几句表达了嵇康沉迷于大道的理想状态，与之前所抒写的不幸遭遇形成了鲜明的对比，表达了嵇康渴望不萦绕于世俗的情怀。"薇"意象承载了自由与摆脱世俗的隐逸之情怀，但更多的应该是对当时政局的不满，隐晦地表达了嵇康如同伯夷、叔齐一般与统治者不合作

的政治态度。

(东晋)陶渊明的《读史述九章·夷齐》:"二子让国,相将海隅。天人革命,绝景穷居。采薇高歌,慨想黄虞。贞风凌俗,爰感懦夫。""薇"意象是表现他同夷齐一样对理想世界的向往,诗人想回到远古的黄虞时期,那里同他的《桃花源记》所呈现出来的理想世界一般,是没有战乱的理想时代。

(唐)吴筠的《高士咏·伯夷叔齐》:"夷齐互崇让,弃国从所钦。事来及宗周,乃复非其心。世浊不可处,冰清首阳岑。采薇咏羲农,高义越古今。"这首诗的"薇"意象也同样表达了对上古时代的向往之情,是对隐居生活的赞赏。

(唐)王绩的《野望》:"东皋薄暮望,徙倚欲何依。树树皆秋色,山山唯落晖。牧人驱犊返,猎马带禽归。相顾无相识,长歌怀采薇。"这里"薇"意象是代指隐居生活。

(唐)常建的《空灵山应田叟》:"白水可洗心,采薇可为肴。"(唐)储光曦的《吃茗粥作》曰:"淹留膳茗粥,共我饭蕨薇。"这里的"薇""薇蕨"意象表达的是闲适的生活情趣,同时也保留了向往清风高洁、遗落世务的情怀。

(唐)王维的《送綦毋潜落第还乡》:"圣代无隐者,英灵尽来归。遂令东山客,不得顾采薇。既至金门远,孰云吾道非?江淮度寒食,京洛缝春衣。置酒长安道,同心与我违。行当浮桂棹,未几拂荆扉。远树带行客,孤城当落晖。吾谋适不用,勿谓知音稀。"虽然这首诗是对落第者的劝慰,但是却依然充满了时代的自信和豪迈之气。"薇"意象是指隐逸的生活,但是在这样的时代,却反其意而用之,即无暇顾及隐逸的生活。

(4)"薇"意象体现让国的高风亮节和洁身自好的高尚品德

(清)康熙的《夷齐庙》:"兄弟以义让,富贵如敝屣。扣马谏武王,数语昭青史。循迹首阳山,薇蕨何其美。万载挹高风,顽懦闻之起。苍苍台下松,荡荡台前水。劲节与澄流,不愧相比拟。"

(清)乾隆的《夷齐庙》:"轩冕泥涂是本肠,肯容儒雅污冠裳。薇苓依旧两山岵,顽儒羞登夫子堂。只为心惭踪异武,敢叫口实罪归汤。岂争陇右还蒲左,天下清风尽首阳。"

康熙和乾隆这两首诗中的"薇蕨""薇苓"意象所承载的不是隐逸的情怀,且他们在内容表达上各不相同:一个"何其美",充分表达了康熙肯定夷齐"高风亮节"和"洁身自好"的文化内涵;一个"依旧",表达了乾隆从敦化社会风气出发,希望天下处处清风的愿望。对于康、乾二帝而言,采薇本身并非最重要的,伯夷、叔齐对于王位的谦让态度才是他们所注重的。

通过对相关文献的梳理,《采薇歌》中的"薇"意象在后人的应用过程中,基本沿袭了故事中多元的文化内涵:生活艰难,对政治生活的疏离,坚持理想的气节,隐逸的情怀,让国的高风亮节,等等。这些文化内涵在应用的过程中不是单独存在的,而更多的是融合在一起,呈现出丰富性。

4."薇"意象拓展性考辨

夷齐故事的"薇"意象以不同的艺术形式和不同的角度呈现,使得"薇"的文化内涵在传承的过程中更加丰富。而从相反角度的解析,进一步拓展了"薇"意象的广度,在不同的年代展示着其深远的文化影响。

(南宋)李唐的《采薇图》是作者在民族危亡之际所创作的作品,是山水和人物结合在一起的优秀画作。元代宋杞认为:"意在规劝,表夷齐不臣于周者,为南渡降臣发也。"[1]南宋时,民族的气节在各种艺术中得到了很重要的呈现。这幅图使得采薇的意义更多凸显出的不是隐逸,不是生活的贫困状态,而是民族气节,是创作者爱国情怀的展现,拓展了"薇"意象的文化内涵。

(元)王翰的《送陈仲实还潮阳》:"归去故人如有问,春山从此蕨薇多。"[2]"蕨薇"意象蕴含了作者生不逢时而又不肯苟且于元代遗民的悲剧情怀。

清康熙帝为笼络读书人开设博学鸿词科,很多隐居的文人出来应试。有人写诗来讽刺这种现象:"圣朝特旨试贤良,一队夷齐下首阳。家里安排新雀领,腹中打点旧文章。当年深悔惭周粟,此日翻思吃国粮。非是一朝忽改节,西山蕨薇已精光。"[3]这首讽刺诗并没有消解"薇"所蕴含的夷齐气节,而是借此来对比,表达对追逐名利的伪隐者的讽刺。

鲁迅的《故事新编·采薇》是借用原来故事的内容,用冷峻的态度解剖人生的困境。其中"无薇可食,饿死"的"薇"意象代表了生存的困境,正是这种人生的困境消解了夷齐所坚守的理想道德。"又传说因贪嘴想吃鹿肉而饿

① 刘兰芝:《从采薇图到愚公移山看画家的爱国情怀》,《美术界》2009 年第 5 期。

② 王翰:《送陈仲实还潮阳》,2013 年 10 月 17 日,见 http://bbs.tianya.cn/post-no01-342925-1.shtml。

③ 褚人获:《坚瓠五集卷三引诗》,2013 年 10 月 17 日,见 http://ahm1028.blog.163.com/blog/static/。

死"，使得"听到故事的人们，临末都深深地叹一口气，不知怎的，连自己的肩膀也觉得轻松不少了"，这样的结局，直指人性世俗的弱点，面对生活的"卑琐性"①、吃的困境、生存的困境，使得历史上所赞扬的他们的坚持道义和恪守理想的文化内涵最终落入虚无。在这篇故事中所展现的作者态度是直面人生、对人性最为直接而冷静的反省。

通过以上不同角度的考辨，可以看到"薇"意象的文化内涵极其丰富，既承载了道德的内容，也承载了道德以外的内容，比如隐逸的生活方式、面临的政治困境、面临的生活困境等。"薇"意象在夷齐故事中不是单一存在，而是与夷齐让国、反对暴政、对上古的向往以及饿死首阳山等内容融合在一起的。这些"薇"意象，容纳了时代和个人的情怀，使得其文化内涵得以拓展，延伸了原有的文化脉络，充分展示了其可容纳的深度。对于夷齐饿死首阳等故事情节，后世有不同的理解甚至争议，但"薇"意象却无这样问题。因此我们试图剥离"薇"与它们的牵连，发掘它在后世传承过程中所承载的意象内容。这种剥离意象的方式，更容易寻找夷齐故事中的积极意义，更便于清晰地找到其文化内涵。

（二）唐诗宋词中的孤竹意象群②

"孤竹"意象群在传统诗词中大量存在且内涵丰富、稳固。除了上文所述"薇"意象，还有"孤竹""采薇""首阳""伯夷""夷齐""饿死""让国"和"叩马"等子意象，且各有变化形式。

1. 唐诗宋词中的孤竹意象比较

孤竹意象群出现在唐宋诗词中的单篇达百余首。

（1）唐诗中的"孤竹国"

唐诗以"孤竹"意象直接入诗，表达期许的，共计有 6 篇。③

李白《上留田行》曰："孤竹延陵，让国扬名。"

白居易《访陶公旧宅》曰："永惟孤竹子，拂衣首阳山。夷齐各一身，穷饿

---

① 马世年、赵晓霞：《故事新编·采薇的复合型文本特征及意蕴探析》，《海南大学学报》2013 年第 1 期。

② 参见安静：《唐诗宋词之孤竹古国意象群综述》，《兰台世界》2015 年第 36 期；安静：《诗词中的孤竹古国意象及文献价值探讨》，《河北科技师范学院学报（社会科学版）》2015 年第 3 期。

③ 《全唐诗》，中华书局 1979 年版。

未为难。"

张祜《首阳竹》曰:"首阳山下路,孤竹节长存。"

李成田《依韵修睦上人山居十首·之四》曰:"好学尧民偲舜日,短裁孤竹理云韶。"

胡曾《咏史诗·首阳山》曰:"孤竹夷齐耻战争,忘尘遮道请休兵。首阳山倒为平地,应始无人说姓名。"

韦庄《鹧鸪》曰:"孤竹庙前啼暮雨,汨罗祠畔吊残晖。"

李白之诗,将伯夷、叔齐兄弟与延陵季子挂剑赠友之典并用,强调情义,反对杀伐征战;白居易诗文,多存隐逸思想,为感怀陶渊明"斯可谓真贤",《访陶公旧宅》借述论夷齐将古今并提,抒发不畏困顿的隐逸情怀;张祜之句,简练厚重,除了点明对孤竹隐士的称道,还一语双关将看似空心的竹节对应下文出现的"无心草",将坚韧的贤士与摇摆的小人对立,更凸显"孤竹"的本意与其作为文化意象的丰富内涵;李成田诗中"孤竹"看似指乐器,实际暗将尧舜典故与孤竹典故并举;胡曾《咏史诗》共151首,《首阳山》居第107首。借古喻今是唐诗极重要的一类题材,本诗概括孤竹精神的由来与含义,出现了孤竹意象等多个已稳定的关键词,高度赞誉了恶战之举;韦庄素多伤时诗文,《鹧鸪》即借物抒情,"孤竹庙"与"汨罗祠"的典故带有深深的时代沧桑感,与"旧时王谢堂前燕"有异曲同工之妙,情辞恳切、扣人心弦。

可见,首先,"孤竹"已成典故,诗人仅撷取此二字即可表意明确,提到"孤竹"则全诗基调为恶战守廉;其次,用典可使诗义委婉隽永,而对仗能使诗句更加协调。第四、六首即以古喻今,分别以孤竹对应尧舜和屈原,抒发个人对上古名士的赞同,不仅概括力强,更能体现孤竹意象在时人心中的地位与意义,特别第四首中"孤竹"一语双关,也为我们追寻"孤竹"成典提供了线索。另外,第二、三、五首不单引一典,也嵌入相关的"首阳""夷齐"之典,为孤竹意象群的外延与表现形式提供了参考。

(2)宋词中的"孤竹国"

宋词①有4首以孤竹国名抒发赞誉之情。

赵以夫《贺新郎》曰:"冰姿带露如新沐,想当年,夷齐二子,独清孤竹。"

---

① 唐圭璋编纂:《全宋词》,中华书局1999年版。

黎廷瑞《秦楼月·梅花十阕》曰："商山四皓，首阳孤竹。"

陈纪《念奴娇·梅花》曰："除是孤竹夷齐，商山四皓，与尔方同调。"

辛弃疾《鹧鸪天》曰："谁知孤竹夷齐子，正向空山赋采薇。"

宋词中用孤竹国意象总量少，并常与"商山四皓"对仗，侧重表示隐士的孤傲清雅，弱化了对其维护君臣纲常的肯定；多用于咏物言志，不似唐诗多直抒胸臆，而是更加含蓄。

2."首阳"意象

（1）唐诗中的"首阳"

在古典诗词中，"首阳"在"孤竹"的子意象中出现频率最高，仅唐诗[①]便存单篇25例。限于篇幅，此处仅举十余例。

李白《行路难三首》曰："有耳莫洗颍川水，有口莫食首阳蕨。含光混世贵无名，何用孤高比云月。"

李白《赠宣城宇文太守兼呈崔侍御》曰："饮水箕山上，食雪首阳颠。回车避朝歌，掩口去盗泉。"

李白《月下独酌·之四》曰："辞粟卧首阳，屡空饥颜回。"

李颀《登首阳山谒夷齐庙》曰："寂寞首阳山，白云空复多。"

岑参《客华阴东郭客舍忆阎防》曰："关月生首阳，照见华阴祠。"

杜甫《早发》曰："薇蕨饿首阳，粟马资历骋。"

吴融《首阳山》曰："首阳山枕黄河水，上有两人曾饿死。"

陈陶《悲哉行》曰："悲哉二廉士，饿死于首阳。"

顾况《从江西至彭蠡入浙西淮南界道中寄齐相公》曰："首阳及汨罗，无乃褊其衷。"

孟郊《感怀七首》曰："唯忆首阳路，永谢当时人。"

孟郊《感怀七首》曰："举才天道亲，首阳谁采薇。"

白居易《效陶潜体诗十六首》曰："太公战牧野，伯夷饿首阳。同时号贤圣，进退不相妨。"

前三首同出李白之手，却意境不同。第一首与通常赞扬夷齐的说法不尽一致，"有口莫食首阳蕨"与"含光混世贵无名"清楚表明了诗仙的一贯处世态

---

① 《全唐诗》，中华书局1979年版。

度,诗风别致豪爽;另两首则更符合大众评判的"耻战""守廉"取向,而岑参、杜甫与孟郊之句均体现此类认知。李颀诗感怀古迹情辞深沉,似惆怅满腹,实则后文还有直抒胸臆的"毕命无怨色,成仁其若何"之句。吴融、陈陶与顾况之句,形式上都是将两个相近意象并用,即"首阳"加上"饿死"或"汨罗";内涵上则均体现对此意象所代表的饿死"不食周粟"之赞誉态度。白居易诗同时歌颂太公与伯夷,将当时看似冲突的两位"贤圣"置于各自的立场加以评论,体现了这位伟大诗人对客观局势的历史态度,意境更胜一筹。

可见,"首阳"作为古迹名山、夷齐避世之地,更多是在唐诗用典时使用,也是孤竹意象群中极大发挥作用的单一意象。

(2)宋词中的"首阳"

"首阳"意象用在宋词①中仅有4首。

汪莘《水调歌头》曰:"看取首阳二子,扣住孟津匹马,天讨不枝梧。"

刘克庄《沁园春·梦中作梅词》曰:"冷艳谁知,素标难褒,又似夷齐饿死首阳。"

陈德武《望海潮》曰:"薇老首阳,芝深商谷,时遥雾拥云平。此意已羞评。"

黎廷瑞《秦楼月·梅花十阕》曰:"商山四皓,首阳孤竹。"

第一例为本词上阕末三句,而其开篇"志可洞金石,气可塞堪舆"即肯定了夷齐的勇气;继而"问君所志安在,富贵胜人乎"进一步显示出首阳意象的"耻战""守廉"精神。第二例咏梅词属中国古典文学中借物言志的典型,将梅人化,与夷齐比较,展示作者清虚傲世的心性;此处的"首阳"意象明显延续其一贯含义。第三首词"此意已羞评"似与"首阳"的传统文化含义相悖,实则本词还以"问当时道德,今日功名"呼应"薇老首阳",提示了词人意在惋叹世事沧桑,故"首阳"内涵依旧稳固。可见,"首阳"意象至宋时仍广为使用,且形式与意义稳定。

3."夷齐"意象

夷齐作为孤竹代表人物,有着丰富的文化特征。古典诗词中的"夷齐"意象的常见形式有"伯夷"和"夷齐","叔齐"从未单独使用。

---

① 唐圭璋编纂:《全宋词》,中华书局1999年版。

(1)唐诗中的"夷齐"

唐诗中单独出现"伯夷"形象的计16篇;"夷齐"并举的为15篇,皆为颂扬之词。

首先,白居易诗多誉隐士,他一人便有4篇借"夷齐"意象言志之诗。如《首夏》"食饱惭伯夷,酒足愧渊明",将伯夷与有"隐士之最"称誉的陶潜并举,可谓"夷齐"意象之本意。另由上文可知,"许由"也常与"伯夷"并指隐士,如李邕《铜雀歧》"颍水有许由,西山有伯夷"。

"夷齐"意象的第二个含义指"耻战",如元稹《阳城驿》"公方伯夷操,事殷不事周";第三个含义指"守廉",如孟郊《罪松》"伊吕代封爵,夷齐终身饥",又庚寅《有鸟二十一章·第十四》"可惜官仓无限粟,伯夷饿死黄口肥"。

另外,行事超脱的李白在面对"夷齐"意象时仍保持独特用法,如《梁园吟》有"持盐把酒但饮之,莫学夷齐事高洁"之句,容易令人望文生义,实则本诗之末点题云"歌且谣,意方远。东山高卧时起来,欲济苍生未应晚",孤高脱俗却心怀天下之意一呼而出。而"食饱惭伯夷,酒足愧渊明",仍将伯夷与陶潜并举,可谓"夷齐"意象之本意。

可见,"夷齐"意象有三种基本含义,其意蕴典雅、用法稳固、形象立体。

(2)宋词中的"夷齐"

宋词中单独出现"伯夷"形象的计3篇,"夷齐"并举的5篇,基本意涵未变。辛弃疾、刘克庄、汪莘等词人均有作品歌颂。

辛弃疾《玉楼春》曰:"伯夷饥采西山蕨,何异捣荠餐杵铁。"

汪莘《西江月·赋红白二梅》曰:"早春风日野人家,相对伯夷柳下。"

蒲寿宬《贺新郎·赠铁笛》曰:"百岁光阴弹指过,算伯夷、盗跖俱尘土。"

前述"孤竹""首阳"意象时,已有3篇宋词将"夷齐"分别此两者并举,兹不赘述,另有2篇单用"夷齐"之词。

洪适《番禺调笑·贪泉》曰:"晋时贤牧夷齐比,酌水题诗心转厉。"

辛弃疾《鹧鸪天·有感》曰:"谁知孤竹夷齐子,正向空山赋采薇。"

可见,除蒲寿宬借古之名士感怀世事沧桑、功名浮云外,余者篇章虽不多,但"夷齐"意象稳定。

4. 饿死首阳

夷齐饿死首阳。"饿死"在唐诗宋词中亦有出现,但数量极少,共6篇。

李白《笑歌行》曰:"巢由洗耳有何益,夷齐饿死终无成。君爱身后名,我爱眼前酒。"

卢仝《扬州送伯龄过江》曰:"夷齐饿死日,武王称圣明。"

吴融《首阳山》曰:"首阳山枕黄河水,上有两人曾饿死。"

庚寅《有鸟二十一章·之十四》曰:"可惜官仓无限粟,伯夷饿死黄口肥。"

陈陶《悲哉行》曰:"悲哉二廉士,饿死于首阳。"

刘辰翁《莺啼序》曰:"区区相望,饿死西山。"

可见,"饿死"与"首阳采薇"意象相似,亦须并举确指。"饿死"作为谓语,其所指一般由主语确定,即"夷齐",或言上古"两人";此外,"饿死"的状语,即地理位置"首阳""西山"也可确定该谓语所指。因此,"饿死"意象含义单纯、形式灵活。

5. 让国、叩马(扣马)

与"首阳采薇""饿死首阳"一样,伯夷叔齐"让国""叩马"之举亦千古流芳,其用例极少,仅在唐诗中有3例。

李白《相和歌辞·上留田》曰:"孤竹延陵,让国扬名。"

周昙《三代门·夷齐》曰:"让国由衷义亦乖,不知天命匹夫才。将除暴虐诚能阻,何异崎岖助纣来。"

杜甫《八哀诗·赠太子太师汝阳郡王琎》曰:"袖中谏猎书,扣马久上陈。"

可见,"让国"与"叩马"意象虽属孤竹经典事件,但运用于诗文创作却属非典型意象。其意象单纯、形式稳固,唐以后便较少出现在浓缩型的诗词篇章中。

总之,唐诗宋词中的孤竹意象群内涵丰富、形式灵活,通过名人名篇定型,使得"孤竹""首阳""夷齐"等意象得以广泛传播;意象群内除却重复性或层叠性意象形态,各典故间亦不免交织、互现的情况,如"巢由洗耳"与"夷齐饿死";就人物意象的使用情况看,"伯夷""夷齐"常常入诗,而"箕子""叔齐"易被遗落;就名物与举动来看,对名物类意象的评价与再创造居多,而诸如"采薇""饿死""让国"和"叩马"这样的经典举动却很少直接用入诗词创作。

四、孤竹文化的区域社会价值

孤竹文化、长城文化、红色文化、呔商文化、民俗文化和滨海休闲文化等冀东文化丰富多彩、兼容共生，是实施"京津冀协同发展战略"的重要文化资源。在冀东区域的规划、发展中融入孤竹文化，深度挖掘孤竹文化的区域社会价值，能够提升区域经济社会发展的软实力，为区域经济社会发展提供厚重的文化支撑。

（一）教育传承价值

传统文化是相对于当代文化、外来文化的一种文化传统。"传统文化产生于历史过程，带有明显的时代烙印；传统文化形成于民族传承，带有独特的民族色彩；传统文化成长于当地环境，带有浓郁的地域特征。"①继承传统文化，是为了文化发展的连续性和完整性，是知来路、知兴替、知存亡，而不是抱残守缺；弘扬传统文化，就是要汲取文化传统中的精华和优长，做到鉴古而知今，以便更好地走向未来。

地域文化具有重要的教育价值，学校是传承地域文化的载体。一方面，要在教育全球化和多元文化的碰撞、融合的背景下，让不同年龄段的受教育者更多地体验多彩多姿的在地文化，熏陶培养学生良好的品性，促进学生的文化认同、身份认同和家国情怀，使优秀地域文化在一代代学生的成长中得到弘扬；另一方面，应通过地域文化进学校、进课堂，使地域文化在学生知识体系的建构中得以传承，提高他们的学习、探究能力，促进优秀传统文化的代际赓续和永续发展。②

一方水土养育一方人。孤竹文化是冀东、辽西地区的本土特色文化，蕴含着丰富的德育教育信息。为使孤竹文化在冀东、辽西大地生根发芽，植根百姓的日常生活，在大中小学校园中传承、发扬、光大，我们应做到：通过孤竹文化进校园、进社区，建设孤竹文化研学、传承基地。开设传统文化课程、校本课程，将孤竹文化等地域文化引入课堂教学。依托特色学科、研究平台、特色期

---

① 单霁翔：《城市文化与传统文化、地域文化和文化多样性》，《南方文物》2007 年第 2 期。
② 参见陈婷：《论地域文化的教育价值》，《西北师大学报（社会科学版）》2013 年第 6 期。

刊(栏目)、社团活动、校园馆网等资源,开展富有孤竹文化特色的教育教学活动和研究活动,更好地实现孤竹文化的教育传承价值。

(二)文化旅游价值

孤竹文化是植根冀东大地的本土文化。作为一种历史文化积淀,其价值并不局限于文化本身,关键要通过挖掘、保护来进行展示,通过旅游形式带动其文化价值的延伸。要重视打造具有广泛影响力的地域文化品牌,充实、完善、提升孤竹文化内涵,拓展孤竹文化外延展示空间,形成促进区域社会经济发展的强大推力。同时,依托孤竹文化,大力发展特色产业和文创产品,提高产品的文化内涵和文化附加值。

大力发展孤竹文化旅游产业,首先要在冀东地区的秦皇岛、唐山市,统筹打造孤竹文化旅游圈。以卢龙县为中心,统筹规划、复建迁安、滦州等地的物质遗迹和标志性人文景观,打造清圣山孤竹文化研学基地;将《孤竹浩歌》的演出和景观游览有效结合起来,打造标志性文化演出品牌;结合特色民俗文化活动,进一步丰富孤竹文化游的内涵。其次要坚持"大旅游"理念,实现区域旅游一体化。一方面,将孤竹文化游与休闲度假游、山地采摘游、长城文化游等秦皇岛市的丰富资源统筹谋划,与已有的旅游项目形成互补开发、错位发展的旅游产业格局;另一方面,实施京承秦旅游一体化战略,将孤竹文化游置身"京承秦"旅游大三角,打造精品旅游线路和独具特色的文化旅游产品,扩大区域影响力。

(三)城市文化价值

地域文化是城市发展的历史根脉,城市文化是地域文化发展的时间轴。孤竹文化是秦皇岛地区独具特色的地域文化资源,对于塑造城市形象,提升城市整体竞争力,意义重大。

地域文化体现城市发展的精神底色和人文之美,如同音乐之于维也纳,绘画之于巴黎,京剧之于北京。秦皇岛市要建设一流的国际化旅游城市①,需要一流的城市文化做支撑,也需要城市精神作引领。既要充满现代化、国际化的昂扬气息,也要具有浓郁特色、可触摸的地域文化,使得城市的发展既有深刻

---

① 2017年秦皇岛市第十二次党代会,提出建设"沿海强市、美丽港城、国际化城市"的发展战略。

的历史纵深，也要充满向前向上的现实张力。

城市精神是城市文化的灵魂。城市精神，源于对城市发展历史的高度总结、对发展现实的全面把握、对未来发展的深刻思考。城市精神是城市发展的精神积淀和理性升华，反映了城市文化的内在气质和城市文明的发展高度，反映了一座城市的格局、心胸和气派。要总结、凝练秦皇岛的城市精神，为秦皇岛的城市发展汇聚起磅礴向上的力量。

秦皇岛精神，从做人、做事、格局、境界四个维度，初步概括为：厚德、勇毅、开放、卓越。

一曰：厚德。《周易》曰："天行健，君子以自强不息；地势坤，君子以厚德载物。"厚德，意味着做人要诚实、守信、明礼、守法，有君子之风。这是中华传统美德的基石，也是我们这座港口城市最该珍视的价值准则和行为操守。

秦皇岛有着悠久的城市发展史，如果从始皇东巡碣石驻跸算起，有 2200 余年；如果从冀东地区最早的国家孤竹国算起，则有 3600 年。孤竹文化被奉为儒家文化的先导，崇仁、尚礼的夷齐精神在冀东文化绵延至今，是中华民族优秀传统文化的重要来源。

二曰：勇毅。《论语·泰伯》曰："士不可以不弘毅，任重而道远。"弘毅，强调作为士人、君子，必须要有弘大的志向、坚毅的品质，做事要有百折不挠的韧劲儿，不达目的，誓不罢休；勇毅，则强调胸怀弘毅，做事时多一份果敢和勇气，要有敢闯、敢试、敢为天下先的魄力和一股抓铁有痕的狠劲儿。这恰是我们需要大力弘扬的做事品格！

秦皇岛作为国家首批沿海开放城市，同时也是众多的试点城市、示范区。这些难得的发展机遇，是几代人用不懈努力换来的！我们只有志存高远、脚踏实地，发扬钉钉子建设，才能抓住机遇、实现赶超，才能把建设国际化城市的宏伟蓝图变为现实。

三曰：开放。意味着发展格局要包容、多元、国际化，就是以国际化城市建设为牵引，自觉站位全局，顺应国家和国际发展大势，建立与之适应的体制、机制和多元文化，以全方位的开放促进经济社会的全面发展，以此焕发社会发展的蓬勃内生动力。

文化多样性是城市文化发展的不竭动力。秦皇岛是因开放而生的港口城市。近代以来，从 1898 年北戴河开埠，到 1984 年列入首批沿海开放城市，再到党的十八大以来新一轮的全面改革,我们需要的是抓住开放的发展机遇,务实、创新地做大做强开放的发展格局。以全方位的大开放,促进经济社会的大发展、大繁荣,实现从区域港口城市向国际化滨海名城的飞跃。

四曰:卓越。强调干事创业和社会发展的境界:事争一流,唯旗必夺! 卓越,既表现为城市的发展目标,也体现在城市治理的细节,更体现在追求精彩、拒绝平庸的人生追求,体现在以人民为中心、以事业为中心的发展理念和使命担当。

百舸争流,奋楫者先! 2018 年秦皇岛市当选全国文明城市,这既是城市精神文明精神的里程碑,也是城市发展的新起点、新契机。要摒弃城市发展中小富即安的农耕文化、小进即满的市井文化、不求有功但求无过的平庸文化,努力与国际国内的现代化、国际化的沿海发达城市看齐,实现城市的观念、行动、工作和生活的节奏由慢变快的提升。

参考文献

（一）著作

1. 班固：《汉书》，中华书局 1962 年版。

2. 北京市文物研究所：《北京考古四十年》，北京燕山出版社 1990 年版。

3. 毕建虹、李肇翔：《吕氏春秋》，九州出版社 2001 年版。

4. 陈士元：《论语类考（卷二）》，清文渊阁四库全书本。

5. 陈成译注：《山海经译注》，上海古籍出版社 2008 年版。

6. 陈直：《史记新证》，中华书局 2006 年版。

7. 程妮娜：《东北史》，吉林大学出版社 2004 年版。

8. 邓名世撰，王力平点校：《古今姓氏书辩正》，江西人民出版社 2006 年版。

9. 杜预：《春秋左传集解》，上海古籍出版社 1997 年版。

10. 杜佑：《通典》，浙江古籍出版社 1988 年版。

11. 范晔：《后汉书》，中华书局 1965 年版。

12. 范文澜：《中国通史》，人民出版社 2009 年版。

13. 房玄龄、褚遂良、许敬宗监修：《晋书》，中华书局 1974 年版。

14. 傅朗云：《东北民族史略》，吉林人民出版社 1983 年版。

15. 傅斯年：《东北史纲（第一卷）》，上海古籍出版社 2012 年版。

16. 傅斯年：《傅斯年全集（第二卷）》，湖南教育出版社 2000 年版。

17. 伏胜：《尚书大传》，上海书店 1989 年版。

18.《管子》，上海商务印书馆 1936 年版。

19.《国学备要》，北京国学时代文化传播有限公司 2005 年版。

20.《国语》，上海古籍出版社 1978 年版。

21. 顾祖禹：《读史方舆纪要》，中华书局 2005 年版。

22. 郭沫若：《青铜时代》，科学出版社 1957 年版。

23. 郭沫若：《中国古代社会研究》，人民文学出版社 1954 年版。

24. 郭沫若：《殷契粹编考释》，科学出版社 1965 年版。

25. 郭大顺：《龙出辽河源》，百花文艺出版社 2001 年版。

26. 郭大顺、张星德：《东北文化与幽燕文明》，江苏教育出版社 2005 年版。

27. 郭庆藩撰，王孝鱼点校：《庄子集释》，中华书局 1982 年版。

28. 郭知达：《九家集注杜诗》，（台北）台湾大通书局 1974 年版。

29. 葛剑雄：《中国历代疆域的变迁》，商务印书馆 1997 年版。

30. 龚维英：《原始崇拜纲要》，中国民间文艺出版社 1989 年版。

31. 胡渭：《禹贡锥指》，上海古籍出版社 1996 年版。

32. 黄怀信等撰：《逸周书汇校集注》，上海古籍出版社 2007 年版。

33. 黄薇：《特殊鼎类卷》，张懋镕：《中国古代青铜器整理与研究》，科学出版社 2016 年版。

34. 何晏等注：《论语》，中华书局 1998 年版。

35. 皇甫谧：《高士传》，辽宁教育出版社 1998 年版。

36. 韩兆琦：《〈史记〉笺证》，江西人民出版社 2004 年版。

37. 姜亮夫：《先秦诗鉴赏辞典》，上海辞书出版社 1998 年版。

38. 金岳：《北方民族方国历史研究》，中州古籍出版社 1996 年版。

39. 翦伯赞：《先秦史》，北京大学出版社 1990 年版。

40. 黎翔凤撰，梁云华整理：《管子校正》，中华书局 2004 年版。

41. 罗振玉：《三代吉金文存》，中华书局 1983 年版。

42. 罗竹风：《汉语大词典》，汉语大辞典出版社 1998 年版。

43. 罗泌：《路史》，中华书局（《四部备要》影印本）1936 年版。

44. 刘源溥、孙成、范勷：《锦州府志》，康熙二十一年抄本，1682 年版。

45. 刘昫等：《旧唐书（百衲本）》，（台北）台湾商务印书馆 2010 年版。

46. 刘国祥：《红山文化研究》，科学出版社 2015 年版。

47. 刘国祥：《红山文化研究（下）》，科学出版社 2009 年版。

48. 郦道元注，杨守敬、熊会贞疏：《水经注疏》，江苏古籍出版社 1989 年版。

49. 郦道元著,陈桥驿校证:《水经注校证》,中华书局 2007 年版。

50. 梁漱溟:《中国文化要义》,上海人民出版社 2005 年版。

51. 李孝定:《甲骨文字集释》,中央研究院历史语言研究所 1982 年版。

52. 李茂林:《卢龙县志》,(台北)成文出版社 1968 年版。

53. 李贤、彭时:《大明一统志》,巴蜀书社 2018 年版。

54. 李白凤:《东夷杂考》,齐鲁书社 1981 年版。

55. 李德山:《东北古民族与东夷渊源关系考论》,东北师范大学出版社 1996 年版。

56. 李德山等:《中国东北古民族发展史》,中国社会科学出版社 2003 年版。

57. 林沄:《甲骨文中的商代方国联盟》,《古文字研究》(第六辑),中华书局 1982 年版。

58. 陆羽:《茶经》,中国纺织出版社 2006 年版。

59. 陆玑:《毛诗草木鸟兽虫鱼疏》,湘南书局刻本 1889 年版。

60. 吕思勉:《中国民族史》,北京联合出版公司 2014 年版。

61. 蒙古语文研究所:《蒙汉词典》,内蒙古大学出版社 1999 年版。

62. 穆彰阿等:《嘉庆重修一统志》,上海商务印书馆 1935 年版。

63. 内蒙古自治区文物考古研究所、宁城县辽中京博物馆:《小黑石沟—夏家店上层文化遗址发掘报告》,科学出版社 2009 年版。

64. 钱穆:《史记地名考》,商务印书馆 2001 年版。

65. 邱国金、陈天国:《园林树木》,江苏科学技术出版社 2007 年版。

66. 阮元等:《十三经注疏》,中华书局 1980 年版。

67. 任雪莉:《青铜簋卷》,张懋镕:《中国古代青器整理与研究》,科学出版社 2016 年版。

68. 尚学锋、夏德靠译注:《国语》,中华书局 2007 年版。

69. 商承祚、罗振玉:《殷墟文字类编(第 9 卷)》,1923 年版。

70. 沈约注,张元济等辑:《竹书纪年(上海涵芬楼藏明天一阁刊本)》,民国八年上海商务印书馆景印十八年重印本。

71. 司马迁:《史记》,中华书局 1959 年版。

72. 宋坤:《中国孤竹文化》,中国文史出版社 2013 年版。

73.《十三经注疏》整理委员会整理:《尔雅注疏》,北京大学出版社 1999 年版。

74. 上海古籍出版社编:《汉魏六朝笔记小说》,上海古籍出版社 1999 年版。

75. 孙进己、王绵厚主编:《东北历史地理(第一卷)》,黑龙江人民出版社 1988 年版。

76. 孙海波:《甲骨文编(第 9 卷)》,哈佛燕京学社 1934 年版。

77. 苏秉琦:《中国文明起源新探》,辽宁人民出版社 2009 年版。

78. 苏秉琦:《苏秉琦考古学论述选集》,文物出版社 1984 年版。

79. 苏秉琦:《华人·龙的传人·中国人——考古寻根记》,辽宁大学出版社 1992 年版。

80. 脱脱:《辽史》,中华书局 1974 年版。

81. 谭其骧:《中国历史地图集》,中国地图出版社 1996 年版。

82. 谭其骧:《中国历史地图集释文汇编·东北卷》,中央民族学院出版社 1988 年版。

83. 魏征:《隋书》,中华书局 2005 年版。

84. 魏收:《魏书》,中华书局 1974 年版。

85. 韦昭:《国语》,上海古籍出版社 2008 年版。

86. 王弼注,楼宇烈校释:《老子道德经注》,中华书局 2011 年版。

87. 王应麟、周兴嗣编撰:《三字经　百家姓　千字文》(双色插图版),中国纺织出版社 2015 年版。

88. 王钟翰:《中国民族史》,中国社会科学出版社 1994 年版。

89. 王宏:《青铜罍卷》,张懋镕:《中国古代青铜器整理与研究》,科学出版社 2016 年版。

90. 王国维:《水经注校》,上海人民出版社 1984 年版。

91. 王葆玹:《黄老与老庄》,中国人民大学出版社 2012 年版。

92. 王孝鱼点校:《庄子》,中华书局 1961 年版。

93. 王先慎注:《韩非子集解》,中华书局 1954 年版。

94. 王士祯撰,钟哲点校:《〈韩非子〉集解》,中华书局 1998 年版。

95. 王震中:《中国古代国家的起源与王权的形成》,中国社会科学出版社

2013 年版。

96. 许慎撰,段玉裁注:《说文解字注》,上海古籍出版社 1981 年版。

97. 萧统:《文选》,中华书局 1987 年版。

98. 夏鼐:《中国文明的起源》,文物出版社 1985 年版。

99. 徐中舒:《甲骨文字典》,四川辞书出版社 1987 年版。

100. 徐寒:《中华私藏书》,中国书店出版社 2001 年版。

101. 徐震堮:《世说新语校笺》,中华书局 2001 年版。

102. 俞华剑:《中国画论类编》,人民美术出版社 1986 年版。

103. 叶玉森:《殷墟书契前编集释(第 2 卷)》,大东书局刊本 1934 年版。

104. 杨伯峻:《孟子译注》,中华书局 2008 年版。

105. 杨伯峻:《论语译注》,中华书局 2006 年版。

106. 杨燕起、陈可青、赖长扬编:《历代名家评〈史记〉》,北京师范大学出版社 1986 年版。

107. 杨柳桥:《庄子译诂》,上海古籍出版社 1991 年版。

108. 杨柳桥:《庄子译注》,上海古籍出版社 2012 年版。

109. 杨文鼎:《滦州志》,(台北)成文出版社 1968 年版。

110. 于省吾:《释中国》,《中华学术论文集》,中华书局 1981 年版。

111. 余迺永:《新校互注宋本广韵》,上海辞书出版社 2000 年版。

112. 唐圭璋:《全宋词》,中华书局 1999 年版。

113. 吴小如等:《汉魏六朝鉴赏辞典》,上海辞书出版社 1992 年版。

114. 钟哲点校:《韩非子集解》,中华书局 2003 年版。

115. 朱熹:《四书章句集注(点校本)》,中华书局 1982 年版。

116. 朱芳圃:《甲骨学文字编(第 9 卷)》,商务印书馆 1934 年版。

117. 章学诚:《文史通义新编》,上海古籍出版社 1993 年版。

118. 赵吉惠:《儒学与中国文化》,陕西人民出版社 1991 年版。

119. 张博泉:《箕子与朝鲜论集》,吉林文史出版社 1994 年版。

120. 张博泉:《东北地方史稿》,吉林大学出版社 1985 年版。

121. 张博泉、魏存成:《东北古代民族·考古与疆域》,吉林大学出版社 1998 年版。

122. 郑玄注,贾公彦疏,周礼注疏:《中华书局聚珍仿宋版〈十三经注疏〉》,中华书局 1957 年版。

123. 张文瑞、翟良富:《后迁义遗址考古发掘报告及冀东地区考古学文化研究》,文物出版社 2016 年版。

124. 张守节:《史记正义》,中华书局 1959 年版。

125. 张觉:《韩非子译注》,上海古籍出版社 2012 年版。

126. 张启成:《诗经风雅颂研究论稿》,学苑出版社 2003 年版。

127. 张璋:《历代词话》,大象出版社 2002 年版。

128. 周文德、杨晓莲:《孟子数据库》,巴蜀书社 2002 年版。

129. 诸祖耿:《〈战国策〉集注汇考》,浙江古籍出版社 1985 年版。

130. 宗福邦等:《故训汇纂》,商务印书馆 2003 年版。

131. 章定:《名贤氏族言行类稿》,(台湾)商务印刷馆(影印《文渊阁四库全书》)1983 年版。

132. 科技部社会发展科技司,国家文物局博物馆与社会文物司:《中华文明探源工程文集·社会与精神文化卷(I)》,科学出版社 2009 年版。

133. 中华书局编辑部点校:《全唐诗》,中华书局 1979 年版。

134. 中国社会科学院考古研究所:《中国考古学·夏商卷》,中国社会科学出版社 2003 年版。

(二)论文

1. 安志敏:《唐山石棺墓及其相关的遗物》,《考古学报》1954 年第 1 期。

2. 安静、秦学武:《论儒道文化之隐逸传统》,《河北科技师范学院学报(社科版)》2014 年第 3 期。

3. 安静:《诗词中的孤竹古国意象及文献价值探讨》,《河北科技师范学院学报(社科版)》2015 年第 3 期。

4. 安静:《唐诗宋词之孤竹古国意象群综述》,《兰台世界》2015 年第 36 期。

5. 包凯:《陈寿祺学术思想研究》,湖南大学硕士学位论文 2011 年。

6. 滨田耕作、水野清一:《赤峰红山后》,《东方考古学丛刊》(第六册(东亚考古学会))1938 年。

7. 北京市文物工作队:《北京平谷刘家河遗址调查》,《北京文物与考古》

（第三辑），北京燕山出版社 1992 年版。

8. 陈国庆、郑君雷：《北票市盖子顶夏家店下层文化和战国时期遗址》，《中国考古学年鉴·2000》，文物出版社 2002 年版。

9. 陈方媛：《隐逸思想对中国古代绘画的影响》，曲阜师范大学硕士学位论文 2010 年。

10. 陈姗姗：《〈逸周书·王会篇〉中的东北古国》，《语文学刊》2013 年第 15 期。

11. 陈梦家：《西周铜器断代（二）》，《考古学报》1955 年第 10 期。

12. 陈平：《略论"山戎文化"的族属及相关问题》，《华夏考古》1995 年第 3 期。

13. 陈平：《夏家店下层文化研究综述》，《北京文物与考古》2002 年第 5 辑。

14. 陈波玲：《先唐采摘诗歌研究》，上海师范大学硕士学位论文 2010 年。

15. 陈家宁：《〈史记〉殷、周、秦〈本纪〉新证图補》，厦门大学，2008 年。

16. 陈婷：《论地域文化的教育价值》，《西北师大学报（社科版）》2013 年第 6 期。

17. 崔向东：《先秦时期辽西地区古氏族述论》，《渤海大学学报（哲社版）》2016 年第 1 期。

18. 崔向东：《论辽西地区在中国历史上的地位》，《渤海大学学报（哲社版）》2014 年第 1 期。

19. 崔向东：《论商周时期的孤竹国——辽西走廊古族古国研究之一》，《甘肃社会科学》2019 年第 3 期。

20. 曹定云：《殷代的"竹"和"孤竹"——从殷墟"妇好"墓石磬铭文论及辽宁喀左北洞铜器》，《华夏考古》1988 年第 3 期。

21. 佟柱臣：《赤峰东八家石城址勘查记》，《考古通讯》1957 年第 6 期。

22. 杜金鹏：《试论夏家店下层文化中的二里头文化因素》，《华夏考古》1995 年第 3 期。

23. 董文义：《巴林右旗发现青铜短剑墓》，《内蒙古文物考古》1981 年（创刊号）。

24. 董铁柱：《论司马迁对伯夷和叔齐的评价》，《中北大学学报（社会科学版)》2013 年第 1 期。

25. 段天璟:《从塔照遗址看夏时期的燕山南部地区—夏时期燕山以南地区文化结构的形成》,《边疆考古研究(第 5 辑)》,科学出版社 2006 年版。

26. 杜志军:《孤竹国都城区位考析》,《物鉴定与鉴赏》2019 年第 6 期。

27. 傅斯年:《夷夏东西说》,《庆祝蔡元培先生六十五周岁论文集》,中央研究院历史语言研究所 1935 年版。

28. 冯金忠:《孤竹国研究的回顾与思考》,《文物春秋》2014 年第 3 期。

29. 冯艳丽:《先秦孤竹国史料辑考》,东北师范大学硕士学位论文2014 年。

30. 干志耿、李殿福、陈连开:《商先起源于幽燕说》,《历史研究》1985 年第 5 期。

31. 干志耿、李殿福、陈连开:《商先起源于幽燕说的再考察》,《民族研究》1987 年第 1 期。

32. 顾颉刚:《古史地域的扩张》,《禹贡(半月刊)》1934 年第 2 期。

33. 顾颉刚:《三监的结局》,《文史》(第 30 辑),中华书局 1988 年版。

34. 顾颉刚:《殷人自西徂东札记》,《甲骨文与殷商史》(第 3 辑),上海古籍出版社 1991 年版。

35. 郭大顺:《辽河流域文明起源研究的回顾与前瞻》,《辽宁师范大学学报(社科版)》2007 年第 1 期。

36. 郭大顺:《大南沟的一种后红山文化类型》,《考古学文化论集》,文物出版社 1989 年版。

37. 郭仁:《北京房山县考古调查简报》,《考古》1963 年第 3 期。

38. 胡厚宣:《甲骨文所见商族鸟图腾的新证据》,《文物》1977 年第 2 期。

39. 胡厚宣:《关于商周史学习问题》,《文史知识》1983 年第 5 期。

40. 金景芳:《商文化起源于我国东北说》,《中华文史论丛(第七辑)》,1978 年。

41. 龚维英:《对孤竹、伯夷史实的辨识及评价》,《江汉考古》1995 年第 2 期。

42. 葛炜:《从〈孟子〉析伯夷形象》,《河北科技师范学院学报(社科版)》2014 年第 2 期。

43. 葛英会：《殷墟甲骨刻辞与商周金文中的孤竹史迹》,《中国孤竹文化》,中国文史出版社 2013 年版。

44. 高明英：《商周淇国研究》,天津师范大学硕士学位论文 2016 年。

45. 高明英：《孤竹国地望试析》,《黑龙江史志》2015 年第 9 期。

46. 高美璇：《兴城县仙灵寺商周时期古遗址发掘收获》,《锦州文物通讯》,1985 年。

47. 高美旋：《兴城县仙灵寺夏家店下层文化遗址》,《中国考古学年鉴（1985）》,文物出版社 1986 年版。

48. 河北省文物管理委员会：《河北唐山市大城山遗址发掘报告》,《考古学报》1959 年第 3 期。

49. 河北省文物研究所：《唐山市古冶商代遗址》,《考古》1984 年第 9 期。

50. 河北省文物研究所：《河北省考古工作 50 年回顾》,《文物春秋》1999 年第 5 期。

51. 河北省文物管理处：《河北省三十年来的考古工作》,《文物考古工作三十年》,文物出版社 1979 年版。

52. 何光岳：《孤竹的来源和迁徙》,《黑龙江民族丛刊》1991 年第 2 期。

53. 何贤武：《朝阳市热电厂夏家店下层文化遗址》,《中国考古学年鉴》,文物出版社 1987 年版。

54. 韩嘉谷等：《宝坻歇马台战国遗址》,《中国考古学年鉴》,文物出版社 1985 年版。

55. 郝维彬：《内蒙古库伦旗南泡子崖夏家店下层文化遗址调查简报》,《北方文物》1996 年第 3 期。

56. 纪烈敏：《燕山南麓青铜文化的类型谱系及其演变》,《边疆考古研究》2002 年第 1 辑。

57. 纪烈敏等：《蓟县青池新石器时代及商周遗址》,《中国考古学年鉴》,文物出版社 1998 年版。

58. 金耀：《亚微罍考释——兼论商代孤竹国》,《社会科学战线》1983 年第 5 期。

59. 蒋波：《秦朝的隐逸现象及隐士政策》,《河北学刊》2013 年第 4 期。

60. 季南：《〈昭明文选〉中招隐诗解读》,《现代语文》2009 年第 5 期。

61. 靳枫毅：《辽宁建平县的青铜时代墓葬及相关遗物》，《考古》1983 年第 8 期。

62. 靳枫毅：《夏家店上层文化及其族属问题》，《考古学报》1987 年第 2 期。

63. 吉林大学考古系等：《辽宁锦西部集屯古城址勘查与试掘报告》，《考古学集刊(十一)》，中国大百科全书出版社 1997 年版。

64. 贾鸿恩：《翁牛特旗大泡子青铜短剑墓》，《文物》1984 年第 2 期。

65. 康群：《孤竹与朝鲜》，《河北社会科学论坛》1996 年第 3 期。

66. 孔华、杜勇：《孤竹姓氏与都邑变迁新考》，《中国高校社会科学》2017 年第 2 期。

67. 喀左县文化馆等：《辽宁喀左县北洞村出土的殷周青铜器》，《考古》1974 年第 6 期。

68. 喀左县文化馆等：《辽宁省喀左县山湾子出土殷周青铜器》，《文物》1977 年第 12 期。

69. 刘谦：《锦州山河营子遗址发掘报告》，《考古》1986 年第 10 期。

70. 刘谦：《辽宁锦西县乌金塘东周墓调查记》，《考古》1960 年第 5 期。

71. 刘震：《河北遵化县发现一座商代墓葬》，《考古》1995 年第 5 期。

72. 刘军、孟凡栋：《孤竹国都城就在卢龙城南》，《秦皇岛日报》2011 年 8 月 19 日第 2 版。

73. 刘国祥：《红山文化与西辽河流域文明起源探索》，《中华文明探源工程文集·社会与精神文化卷(Ⅰ)》，科学出版社 2009 年版。

74. 刘国祥：《夏家店上层文化青铜器研究》，《考古学报》2000 年第 4 期。

75. 刘晋祥：《敖汉旗大甸子遗址 1974 年试掘简报》，《考古》1975 年第 2 期。

76. 刘廷善：《内蒙古宁城县小榆树林子遗址试掘简报》，《考古》1965 年第 12 期。

77. 刘观民：《西拉木伦河流域不同系统的考古学文化分布区域的变迁》，《考古学文化论集》，文物出版社 1987 年版。

78. 刘观民：《考古学文化与族称研究的问题》，《昭乌达蒙族师专学报(汉文哲社版)》1990 年第 3 期。

79. 刘观民、刘晋祥:《苏秉琦先生与大甸子》,《苏秉琦与当代中国考古学》,科学出版社 2001 年版。

80. 刘观民、徐光冀:《宁城南山根遗址发掘报告》,《考古学报》1975 年第1 期。

81. 刘观民、徐光冀:《内蒙古东部地区青铜时代的两种文化》,《内蒙古文物考古》1981(创刊号)。

82. 刘兴林:《司马迁的生命意识与〈史记〉悲剧精神》,《武汉大学学报(哲学社会版)》1999 年第 6 期。

83. 刘兰芝:《从采薇图到愚公移山看画家的爱国情怀》,《美术界》2009年第 5 期。

84. 刘湘兰:《从〈世说新语〉看魏晋名士的隐逸思想》,《湘潭师范学院院报(社科版)》2001 年第 6 期。

85. 刘子敏:《孤竹不是游牧民族》,《延边大学学报(社会科学版)》1994年第 1 期。

86. 李路、白军鹏:《孤竹与古燕族、燕国关系考论》,《古籍整理研究学刊》2017 年第 1 期。

87. 李民:《商王朝疆域探索》,《史学月刊》2004 年第 12 期。

88. 李绍连:《关于商王国政体问题——王国疆域的考古佐证》,《中原文物》1999 年第 12 期。

89. 李志毅:《幽燕古国——孤竹探秘》,《北京社会科学》2003 年第 2 期。

90. 李学勤:《试论孤竹》,《社会科学战线》1983 年第 2 期。

91. 李学勤:《考古发现与古代姓氏制度》,《考古》1987 年第 3 期。

92. 李学勤:《先秦人名的几个问题》,《历史研究》1995 年第 5 期。

93. 李德山:《论孤竹国及对汉文化的继承与传播》,《渤海大学学报(哲社版)》2016 年第 2 期。

94. 李廷俭:《热河凌源县海岛誉子村发现的古代青铜器》,《文物参考资料》1955 年第 8 期。

95. 李宗山、尹晓燕:《河北省迁安县出土两件商代铜器》,《文物》1995 年第 6 期。

96. 李焕青:《"山戎"名号考》,《中央民族大学学报(哲社版)》2010 年第

1 期。

97. 李伯谦:《中国古代文明演进的两种模式——红山、良渚、仰韶大墓随葬玉器观察随想》,《中华文明探源工程文集·社会与精神文化卷(I)》,科学出版社 2009 年版。

98. 李伯谦:《论夏家店下层文化》,《纪念北京大学考古专业三十周年论文集》,文物出版社 1990 年版。

99. 李强华等:《孤竹国的农业文明探讨》,《河北科技师范学院学报(社科版)》2014 年第 1 期。

100. 李捷民、孟昭林:《河北卢龙县双望乡发现细石器与陶器》,《考古通讯》1958 年第 6 期。

101. 李经汉:《试论夏家店下层文化的分期和类型》,《中国考古学年会第一次年会论文集》,文物出版社 1980 年版。

102. 李经汉:《天津蓟县张家园遗址第二次发掘》,《考古》1984 年第1 期。

103. 李经汉、梁宝玲:《天津蓟县围坊遗址发掘报告》,《考古》1983 年第10 期。

104. 李恭笃、高美璇:《夏家店下层文化分期探索》,《辽宁省考古》(博物馆学会成立大会会刊)1981 年。

105. 李恭笃、高美璇:《夏家店下层文化若干问题研究》,《辽宁大学学报(哲社版)》1984 年第 5 期。

106. 李恭笃、高美璇、冯永谦:《内蒙古赤峰县四分地东山嘴遗址试掘简报》,《考古》1983 年第 5 期。

107. 李恭笃:《辽宁敖汉旗小河沿三种原始文化的发现》,《文物》1977 年第 12 期。

108. 李恭笃:《辽宁凌源县三官甸子城子山遗址试掘报告》,《考古》1986 年第 6 期。

109. 李振石:《辽宁喀左县北洞村出土的殷周青铜器》,《社会科学辑刊》1981 年第 3 期。

110. 李向平:《春秋战国时代的姓氏制度》,《广西师范大学学报(哲学社会科学版)》1984 年第 3 期。

111. 鲁琪、葛英会:《北京市出土文物展览巡礼》,《文物》1978 年第 4 期。

112. 鲁作文:《关于夏家店上层和下层文化的几个问题》,《文物》1973 年第 11 期。

113. 梁宝玲:《天津宝坻县牛道口遗址调查发掘简报》,《考古》1991 年第 7 期。

114. 勒枫毅:《北京延庆军都山东周山戎部落墓地发掘纪略》,《文物》1989 年第 8 期。

115. 林沄:《关于中国早期国家形式的几个问题》,《吉林大学社会科学学报》1986 年第 6 期。

116. 林沄:《释史墙盘铭中的"逖且髟"》,《林沄学术文集》,中国大百科全书出版社 1998 年版。

117. 辽宁省博物馆等:《辽宁喀左县北洞村发现殷代青铜器》,《考古》1973 年第 4 期。

118. 辽宁省博物馆、朝阳县博物馆:《建平水泉遗址发掘简报》,《辽海文物学刊》1986 年第 2 期。

119. 辽宁省博物馆、朝阳地区博物馆:《辽宁喀左南洞沟石椁墓》,《考古》1977 年第 6 期。

120. 辽宁省文物干部培训班:《辽宁北票县丰下遗址 1972 年春发掘简报》,《考古》1976 年第 3 期。

121. 辽宁省文物普查训练班:《一九七九年朝阳地区文物普查发掘的主要收获》,《辽宁文物》1980 年第 1 期。

122. 辽宁省文物考古研究所:《兴城马圈子青铜时代遗址发掘报告》,《辽宁省道路建设考古报告集》,辽宁民族出版社 2004 年版。

123. 辽宁省文物考古研究所等:《锦州前西山青铜时代遗址发掘报告》,《辽宁省道路建设考古报告集》,辽宁民族出版社 2004 年版。

124. 辽宁省文物考古研究所:《阜新内蒙古自治县西灰同夏家店下层文化城址》,《辽宁考古年报——铁朝高速公路特刊》,2006 年。

125. 辽宁省文物考古研究所、吉林大学考古学系:《辽宁省阜新平顶山石城址发掘报告》,《考古》1992 年第 5 期。

126. 辽宁省文物考古研究所:《朝阳市龙城区上河首夏家店下层文化大

型聚落遗址》,《辽宁考古年报——铁朝高速公路特刊》,2006 年。

127. 辽宁省文物考古研究所等:《朝阳罗锅地夏家店下层文化遗址发掘报告》,《辽宁省道路建设考古报告集·2003》,辽宁民族出版社 2004 年版。

128. 辽宁省博物馆文物工作队、朝阳地区博物馆文物组:《辽宁建平县喀喇沁河东遗址试掘简报》,《考古》1983 年第 11 期。

129. 辽宁省博物馆文物工作队:《辽宁林西县大井古铜矿 1976 年试掘简报》,《文物资料丛刊》(第 9 辑)。

130. 廊坊市文物管理所等:《河北香河县庆功台村夏家店下层文化墓葬》,《文物春秋》1999 年第 6 期。

131. 孟凡栋等:《实地踏查取证,寻找孤竹国都城》,《秦皇岛日报》2011 年 3 月 1 日第 B2 版。

132. 孟古托力:《孤竹国释论——一支华夏化的东北夷》,《学习与探索》2003 年第 3 期。

133. 孟昭永、赵立国:《河北滦县出土晚商青铜器》,《考古》1994 年第 4 期。

134. 蒙文通:《赤狄白狄东迁考》,《禹贡》第七卷 1.2.3 期合刊。

135. 苗威:《关于孤竹的探讨》,《中央民族大学学报:哲学社会科学版》2008 年第 3 期。

136. 苗威:《山戎、东胡考辨》,《中国边疆史地研究》2008 年第 4 期。

137. 马世年、赵晓霞:《故事新编·采薇的复合型文本特征及意蕴探析》,《海南大学学报》2013 年第 1 期。

138. 马洪路:《河北省玉田县发现新石器和青铜时代遗存》,《考古》1987 年第 5 期。

139. 马利清:《夏家店下层文化源流考》,《内蒙古大学学报(哲学社会科学版)》1996 年第 6 期。

140. 马雍:《中国姓氏制度的沿革》,《中国文化研究丛刊(第 2 辑)》,复旦大学出版社 1983 年版。

141. 聂云峰:《虞夏商周之际辽西区的建置及古族研究》,辽宁师范大学,2005 年。

142. 宁城县文化馆等:《宁城县新发现的夏家店上层文化墓葬及其相关

遗物的研究》,《文物资料丛刊(第 9 辑)》,2009 年。

143. 欧阳健:《伯夷精神之解读——伯夷文化论之一》,《厦门教育学院学报》2004 年第 6 期。

144. 欧阳健:《伯夷精神之解读——伯夷文化论之二》,《厦门教育学院学报》2004 年第 9 期。

145. 欧阳叔雯:《浅谈古诗中的绿色植物——薇菜》,《华人诗刊》2012 年第 8 期。

146. 潘其风:《20 世纪我国古人类学研究的历史回顾》,《四川文物》2008 年第 2 期。

147. 潘其风:《内蒙古和东北地区商周时期至汉代居民的人种类型及相互关系》,《中国考古学会第八次年会论文集》,文物出版社 1996 年版。

148. 潘其风:《我国青铜时代居民人种类型的分布和演变趋势》,《庆祝苏秉琦考古五十五龟论文集》,文物出版社 1989 年版。

149. 彭邦炯:《从商的竹国论及商代北疆诸氏》,《甲骨文与殷商史(第 3 辑)》,上海古籍出版社 1991 年版。

150. 秦学武等:《孤竹文化溯源、流变及其当代价值》,《河北科技师范学院学报(社科版)》2015 年第 1 期。

151. 秦学武等:《孤竹文化及其对中国传统文化的影响》,《河北科技师范学院学报(社科版)》2013 年第 3 期。

152. 齐晓光:《内蒙古克什克腾旗龙头山遗址发掘的主要收获》,《内蒙古东部区考古学文化研究文集》,海洋出版社 1991 年版。

153. 齐晓光:《敖汉旗范仗子古墓群发掘简报》,《内蒙古文物考古》1984 年第 1 期。

154. 齐亚珍、刘素华:《锦县水手营子早期青铜时代墓及铜柄戈》,《辽海文物学刊》1991 年第 1 期。

155. 任亚珊:《迁安县古遗址调查》,《文物春秋》1991 年第 3 期。

156. 任继昉、刘江涛:《"廉"的词义、词源探索》,《语言科学》2011 年第 4 期。

157. 孙思贤、邵福玉:《辽宁义县发现商周铜器窖藏》,《文物》1982 年第 2 期。

158. 孙继民:《从青铜礼器看夏家店下层文化与商代文化的关系》,《昭乌达蒙族师专学报(汉文哲社版)》1990 年第 4 期。

159. 孙国平:《朝阳胜利三角城子遗址群调查记》,《辽宁文物》1982 年第 3 期。

160. 三宅宗悦等:《赤峰红山后石撑墓人骨の人类学的研究》,《赤峰红山后(附录一)》,1938 年。

161. 邵国田:《内蒙古敖汉旗发现的青铜器及有关遗物》,《北方文物》1993 年第 1 期。

162. 苏秉琦:《燕山南北地区考古——1983 年 7 月在辽宁朝阳召开的燕山南北、长城地带考古座谈会上的讲话(摘要)》,《文物》1983 年第 12 期。

163. 苏秉琦:《辽西古文化古城古国——兼谈当前田野考古工作的重点或大课题》,《文物》1986 年第 8 期。

164. 单霁翔:《城市文化与传统文化、地域文化和文化多样性》,《南方文物》2007 年第 2 期。

165. 沈长云:《华夏民族的起源与形成过程》,《中国社会科学》1993 年第 1 期。

166. 沈长云:《中国古代国家起源与形成问题的几点思考》,《光明日报》2012 年 2 月 13 日。

167. 沈长云:《中国早期国家阶段的社会形态问题——兼介绍一种关于三代社会性质的提法》,《河南大学学报(社会科学版)》2003 年第 4 期。

168. 沈达材:《伯夷考:呈顾颉刚先生》,《海滨》1933 年第 6 期。

169. 汤莹:《顾颉刚的"民族不出于一元论"及其影响》,《史学月刊》2017 年第 8 期。

170. 唐兰:《关于商代社会性质的讨论(对于省吾先生"从甲骨文看商代社会性质"一文的意见)》,《历史研究》1958 年第 1 期。

171. 唐兰:《中国古代社会使用青铜农器问题的初步研究》,《故宫博物院院刊》1960 年第 10 期。

172. 唐兰:《从河南郑州出土的商代前期青铜器谈起》,《文物》1973 年第 7 期。

173. 唐贤秋:《中国古代廉政思想源流辨》,《陕西师范大学学报》2006 年第 6 期。

174. 田广林:《山戎初探》,《昭乌达蒙族师专学报(社会科学版)》1986 年第 2 期。

175. 田广林:《关于夏家店下层文化燕北类型的年代及相关问题》,《内蒙古大学学报(人社版)》2003 年第 2 期。

176. 田广林:《论夏家店下层文化燕北类型中的中原文化因素》,《禹城与大禹文化文集》,中国文联出版社 2002 年版。

177. 滕铭予:《半支箭河中游先秦时期遗址的分群与结构》,《中华文明探源工程文集·社会与精神文化卷(I)》,科学出版社 2009 年版。

178. 天津市文物管理处考古队:《天津蓟县张家园遗址试掘简报》,《文物资料丛刊(1)》,文物出版社 1977 年版。

179. 天津市文化局考古发掘队:《河北大厂回族自治县大坨头遗址试掘报告》,《考古》1966 年第 1 期。

180. 唐山市文物管理处等:《唐山滦南县东八户遗址发掘简报》,《文物春秋》1996 年第 2 期。

181. 王琳、施马琪:《薇与诗经·采薇的主旨》,《文山学院学报》2012 年第 4 期。

182. 王芳、秦学武、赵志强:《伯夷叔齐之"薇"意象考辨》,《河北科技师范学院学报(社科版)》2013 年第 4 期。

183. 王巍:《红山文化与中华文明起源研究》,《中华文明探源工程文集·社会与精神文化卷(I)》,科学出版社 2009 年版。

184. 王巍:《聚落形态研究与中华文明探源》,《中华文明探源工程文集·社会与精神文化卷(I)》,科学出版社 2009 年版。

185. 王健:《论夏商周三代政治疆域的主要特征》,《殷都学刊》2002 年第 12 期。

186. 王志丽:《夏家店下层文化族属研究综述》,《赤峰学院学报(汉文哲社版)》2008 年第 9 期。

187. 王禹浪、孙军、王文轶:《大、小凌河流域的古代文明与历史文化》,《黑龙江民族丛刊》2008 年第 1 期。

188. 王长丰:《"令支"方国族氏考》,《东南文化》2007 年第 2 期。

189. 王士立:《古域唐山与儒学流布》,《唐山师范学院学报》2010 年第 11 期。

190. 王士立:《关于滦河文化几个问题的初步探讨》,《唐山学院学报》2008 年第 5 期。

191. 王玉亮:《试论孤竹的地望与疆域——兼论辽西出土"孤竹"器物之原因》,《沈阳教育学院学报》2000 年第 12 期。

192. 王玉亮:《孤竹地望试析》,《廊坊师专学报》1998 年第 4 期。

193. 王玉亮:《河北北部文明起源进程中的特点》,《文物春秋》2003 年第 6 期。

194. 王玉哲:《殷商疆域史中的一个重要问题——"点"和"面"的概念》,《郑州大学学报(社会科学版)》1982 年第 2 期。

195. 王柳芳、孙伟:《佛学、神仙与隐逸:六朝时期的庐山诗》,《南昌大学学报(人文社科版)》2010 年第 1 期。

196. 王立新、齐晓光:《龙头山遗址的几个问题》,《北方文物》2002 年第 1 期。

197. 王立新、齐晓光、夏保国:《夏家店下层文化渊源刍论》,《北方文物》1993 年第 2 期。

198. 王红利:《试论秦皇岛地域文化发展与时代价值——以孤竹文化为中心》,《中华历史与传统文化研究论丛》,中国社会科学出版社 2016 年版。

199. 武家昌:《山戎族地望考略》,《辽海文物学刊》1995 年第 1 期。

200. 武家昌:《北票西大川夏家店下层文化遗址》,《中国考古学年鉴·1998》,文物出版社 2000 年版。

201. 文启明:《河北滦南县东庄店遗址调查》,《考古》1983 年第 9 期。

202. 文启明:《唐山市古冶商代遗址》,《考古》1984 年第 9 期。

203. 文启胆:《河北卢龙县东阚各庄遗址》,《考古》1985 年第 11 期。

204. 吴鹏:《试论燕北地区夏家店下层文化的分期——兼谈燕南地区所谓"夏家店下层文化"性质及相关问题》,《华夏考古》1988 年第 4 期。

205. 魏凡:《就出土青铜器探索辽宁商文化问题》,《辽宁大学学报(哲社版)》1983 年第 5 期。

206. 虚舟:《从尧舜禅让到"以暴易暴"——读〈史记·伯夷列传〉》,《南京理工大学学报(社科版)》2000年第1期。

207. 席永杰等:《夏家店上层文化研究述论》,《赤峰学院学报(汉文哲社版)》2011年第5期。

208. 夏保国:《"流共工于幽州"的考古学释读——以夏家店下层文化源自后岗二期文化为证》,《北方文物》2008年第3期。

209. 夏鼐:《我国近五年来的考古新收获》,《考古》1964年第10期。

210. 谢维扬:《商朝中央与地方关系的早期性特征及其历史地位》,《黑龙江社会科学》2013年第1期。

211. 辛迪:《春秋诸戎及其地域分布考》,《中国国家博物馆馆刊》2013年第4期。

212. 辛岩、李维宇:《辽宁北票市康家屯城址发掘简报》,《考古》2001年第8期。

213. 许晓晴:《论儒道的隐逸观与隐士形象》,《社会科学家》2006年第6期。

214. 徐中舒:《夏史初曙》,《中国史研究》1979年第3期。

215. 徐中舒:《从古书中推测之殷周民族》,《国学论丛》1927年第1期。

216. 徐凌云:《论司马迁的儒学思想》,《史学月刊》1999年第1期。

217. 徐光冀:《赤峰蜘蛛山遗址的发掘》,《考古学报》1979年第2期。

218. 徐光冀、朱延平:《辽西区古文化(新石器至青铜时代)综论》,《苏秉琦与当代中国考古学》,科学出版社2001年版。

219. 徐山:《释"廉隅"》,《苏州大学学报》1988年第1期。

220. 蔚华萍:《从〈伯夷列传〉看司马迁列传的三重意蕴》,《河北科技师范学院学报(社科版)》2014年第4期。

221. 蔚华萍:《夷齐之"廉"探源》,《河北科技师范学院学报(社科版)》2014年第2期。

222. 叶罕云:《伯夷"义不食周粟"的原因探析》,《安徽农业大学学报(社会科学版)》2008年第1期。

223. 严文明:《文明起源研究的回顾与思考》,《文物》1999年第10期。

224. 严文明:《龙山时代考古新发现的思考》,《纪念城子崖发掘60周年国际学术讨论会文集》,齐鲁书社1993年版。

225. 杨虎、顾智界:《内蒙古敖汉旗周家地墓地发掘简报》,《考古》1984年第5期。

226. 杨虎:《辽西地区新石器——铜石并用时代考古文化序列与分期》,《文物》1994年第5期。

227. 杨锡璋:《殷人尊东北方位》,《庆祝苏秉琦考古五十五年论文集》,文物出版社1989年版。

228. 尹小燕:《孤竹国都在迁安考略》,2017年10月28日河北迁安第二届"轩辕黄帝文化"研讨会发言。

229. 严军:《〈左传〉姓氏相关问题的探索》,《浙江学刊》1994年第4期。

230. 余兼胜:《顾颉刚古史观的形成与其古今文经学认识的关系》,《历史教学问题》1992年第3期。

231. 于省吾:《驳唐兰先生"关于商代社会性质的讨论"》,《历史研究》1958年第8期。

232. 袁俊红:《试论姓氏合一》,《内蒙古农业大学学报(社会科学版)》2007年第6期。

233. 张翠莲:《先商文化、岳石文化与夏家店下层文化关系考辨》,《文物季刊》1997年第2期。

234. 张俊成:《商代淇国及其相关问题》,《内江师范学院学报》2009年第1期。

235. 张亚初:《从古文字谈胡、胡国与东胡》,《文博》1992年第3期。

236. 张忠培:《中国古代文明之形成论纲》,《考古与文物》1997年第1期。

237. 张忠培等:《夏家店下层文化研究》,《考古学文化论集(一)》,文物出版社1987年版。

238. 张博泉:《关于殷人的起源地问题》,《史学集刊》1981年第1期。

239. 张博泉:《箕子与朝鲜研究的问题》,《吉林大学社会科学学报》2000年第3期。

240. 张文瑞、翟良富:《后迁义遗址考古发掘报告及冀东地区考古学文化研究》,文物出版社2016年版。

241. 张文瑞:《滦县后迁义遗址商代铜镜探源》,《文物春秋》2017年第

2 期。

242. 张震泽:《喀左北洞村出土铜器铭文考释》,《社会科学辑刊》1979 年第 2 期。

248. 张星德:《与燕文化起源相关的两个问题》,《文化学刊》2007 年第 4 期。

244. 张家口考古队:《蔚县夏商时期考古的主要收获》,《考古与文物》1984 年第 1 期。

245. 张弛:《比较视野中的红山文化》,《中华文明探源工程文集·社会与精神文化卷(I)》,科学出版社 2009 年版。

246. 张怀通:《中山国相关史实申论》,中国社会科学报 2018 年 3 月 12 日。

247. 章炳麟:《伯夷叔齐种族考》,《华国月刊》1925 年第 9 期。

248. 邹衡:《试论夏文化》,《夏商周考古论文集》,文物出版社 1980 年版。

249. 邹衡:《关于夏商时期北方地区诸邻境文化的初步探讨》,《夏商周考古学论文集》,科学出版社 2001 年版。

250. 赵辉:《中华文明的曙光》,《中华文明探源工程文集·社会与精神文化卷(I)》,科学出版社 2009 年版。

251. 赵朕:《冀东文化圈的历史特质》,《社会科学论坛》2010 年第 16 期。

252. 赵信、田敬东:《北京琉璃河夏家店下层文化墓葬》,《考古》1976 年第 1 期。

253. 赵志强:《孤竹相关词语考证》,《汉字文化》2013 年第 4 期。

254. 赵文刚等:《蓟县邦均商代遗址》,《中国考古学年鉴》,文物出版社 1985 年版。

255. 赵宾福、马海玉:《红山文化与辽西地区新石器时代考古相关问题》,《红山文化研究(第四辑)》,2017 年。

256. 朱贵:《辽宁朝阳十二台营子青铜短剑墓》,《考古学报》1960 年第 1 期。

257. 朱延平等:《内蒙古喀喇沁旗大山前遗址 1996 年发掘简报》,《考古》1998 年第 9 期。

258. 朱活:《谈山东临淄齐故地出土的尖首刀化——兼论有关尖首刀化

的内个问题》,《考古与文物》1980 年第 3 期。

259. 朱玉环、田军民、洪娟:《试论孤竹文化》,《中州今古》2002 年第 6 期。

260. 周建忠:《伯夷通考——兼释〈楚辞〉〈史记〉有关疑义》,《喀什师范学院学报》1988 年第 1 期。

261. 翟良富、尹晓燕:《河北迁安县小山东庄西周时期墓葬》,《考古》1997 年第 4 期。

262. 郑绍宗:《有关河北长城区域原始文化类型的讨论》,《考古》1962 年第 12 期。

263. 郑绍宗:《河北青龙县抄道沟发现一批青铜器》,《考古》1962 年第 12 期。

264. 郑绍宗:《山戎民族及其文化考——关于夏家店上层文化社会性质的研究》,《环渤海考古国际学术讨论会论文集》,知识出版社 1996 年版。

265. 中国科学院考古研究所体质人类学组:《赤峰、宁城夏家店上层文化人骨研究》,《考古学报》1975 年第 2 期。

266. 中国科学院考古研究所内蒙古发掘队:《内蒙古赤峰药王庙、夏家店遗址试掘简报》,《考古》1961 年第 2 期。

267. 中国科学院考古研究所内蒙古工作队:《赤峰药王庙、夏家店遗址试掘报告》,《考古学报》1974 年第 1 期。

后 记

《古孤竹国文化探源》，是 2014 年教育部人文社科规划基金项目"地域文化视角下的孤竹国历史文化及其当代价值研究"（14YJA850009）的结题成果。

孤竹文化是植根冀东、辽西大地的地域文化。2009 年，我们以参加中国文联中国孤竹文化研究中心在卢龙县举办的"孤竹文化研讨会"为契机，开始组建科研团队并把孤竹文化作为特色研究方向。此后，团队协助《河北科技师范学院学报》（社会科学版）开办了"孤竹文化"专栏，并有计划地开展了田野调研、文献整理、课题研究等卓有成效的工作。经过十余年积累，研究团队逐步发展壮大，形成了"冀东历史文化与区域发展""冀东民俗文化与'非遗'传承""滨海旅游文化与京津冀协同"等三个研究方向，取得了一批理论和应用成果。以此为基础，先后于 2013 年获批河北省非物质文化遗产研究基地，2014 年获批河北省人文社科重点研究基地——冀东文化研究中心，为冀东文化研究搭建了合作、发展的平台。

本书是孤竹文化团队集体劳动的结晶。从 2014 年申报立项到 2020 年课题结项，团队成员克服孤竹文化体量小、史料零散、主持人罹患重病等多重困难，完成了本书的田野调查、史料收集和书稿撰写工作。全书由秦学武提出内容框架，负责体例统一、内容整合，以及统稿、定稿工作。课题组成员：秦学武、王芳、蔚华萍、李强华、安静、姚念等老师，参加了书稿的撰写工作。课题组成员：韩国春、赵志强、赵丽娜、马会会、袁宏宾等老师，参加了课题的史料收集和前期调研工作。衷心感谢团队成员不计名利、无怨无悔的辛劳付出！

本书的顺利出版，得益于多方面的理解和支持。感谢教育部人文社科基金的立项资助和后期管理中的人文关怀！感谢河北科技师范学院主管领导的关心和科研处的长期支持！尤其要感谢人民出版社的领导和编辑老师克服疫情带来的诸多困难，为本书顺利出版所付出的艰辛和努力！

孤竹文化研究是地域文化、古史文化和中国传统文化领域的重要课题。孤竹文化的内涵与外延,孤竹文化的源流演变,孤竹文化的价值与当代发展,孤竹文化的文脉整理,孤竹文化的流布与传播等相关问题,还有待持续、深入、系统的研究。由于时间仓促和水平所限,书中难免存在疏漏和不足,敬请专家、同仁不吝指正。

秦学武

2020 年 8 月

责任编辑：刘松弢

图书在版编目（CIP）数据

古孤竹国文化探源/秦学武 等 著. —北京：人民出版社，2020.12
ISBN 978－7－01－020837－4

Ⅰ.①古… Ⅱ.①秦… Ⅲ.①辽河流域-文化史-研究-商周时代 Ⅳ.①K293

中国版本图书馆 CIP 数据核字（2020）第 181961 号

古孤竹国文化探源
GUGUZHUGUO WENHUA TANYUAN

秦学武 等 著

人民出版社 出版发行
（100706 北京市东城区隆福寺街 99 号）

北京汇林印务有限公司印刷 新华书店经销

2020 年 12 月第 1 版 2020 年 12 月北京第 1 次印刷
开本：710 毫米×1000 毫米 1/16 印张：15.5
字数：246 千字

ISBN 978－7－01－020837－4 定价：50.00 元

邮购地址 100706 北京市东城区隆福寺街 99 号
人民东方图书销售中心 电话 （010）65250042 65289539